高等学校内部审计知识系列丛书
Series On Internal Audit In Higher Education

经济责任审计
知识读本

复旦大学审计处 /编

复旦大学 出版社

编委会

丛书策划：袁正宏

丛书编委会：主　编　郁　炯
　　　　　　　编　委　张　育　郑　勇　谢静芳
　　　　　　　　　　　刘丹丹

本书编委会：主　编　谢静芳
　　　　　　　编写组　高卫强　刘　妍　刘　萍
　　　　　　　　　　　许梦龙　张怡然

序

近年来,党中央作出了完善审计制度、保障依法独立行使审计监督权的一系列重大决策;中办、国办下发《关于完善审计制度若干重大问题的框架意见》及相关配套文件,国务院下发《关于加强审计工作的意见》,为审计事业发展指明了方向,提供了强有力的制度保障。李克强总理对审计功能提出了六个形象定位(国家利益的捍卫者,公共资金的守护者,权力运行的紧箍咒,反腐败的利剑,深化改革的催化剂,中央重大决策部署的督查员),进一步强调审计是国家宏观调控的重要工具,是党和国家监督体系的重要组成部分,是国家治理的重要手段,具有预防、揭示和抵御的"免疫系统"功能。

在当前形势下,教育审计工作所面临的环境和任务,正在发生巨大的变化。一批有志于教育审计工作的同志,紧紧抓住教育审计工作中的重点、难点和焦点问题,组织开展专项课题研究等多种形式的学术活动,以服务教育改革和发展的大局为中心,着力研究教育内部审计的新情况、新问题,总结新经验,丰富新方法,探索新理论,提升新水平。随着形势的不断发展,审计将面对更多的新问题,将挑战有深度的教育审计研究课题,如:高校财务治理结构、高校资产的所有权管理、高校内控体系建设和完善、高校建设工程的科学管理、学校多级法人之间的管理体系和法人体系监控与调节、大学办学绩效评价及大数据审计应用等,都需要我们花大力气跟进研究。另一方面,教育审计的研究,需要通过实践案例的研讨,用集体智慧来破解教育审计实践中的热点、难点问题。在这样的背景下,一批高质量的教育审计成果,正在不断地涌现出来。

以复旦大学审计处为代表的一批教育审计工作者,根据高等学校内部审计工作的内涵和规律,本着开放和共享的理念,现已着手将多年来审计实践所积累的成果经验,梳理提炼为可以按图索骥的教育审计知识丛书,极具实务参考价值,奉献给全国的同行们,旨在推动教育审计整体水平的提高、推动加快教育审计发展与转型,这也是教育审计工作者向党的"十九大"献礼的具体表现。

《经济责任审计知识读本》作为这套丛书的第一本,现率先与大家见面。领导干部经济责任审计,一直是教育审计工作的重中之重。大家知道,权力、责任、利益的科学运用是领导的基本职能。领导干部在经济行为中能否科学履行自己的责任,是干部制度评价、考核的重要依据,也是检验领导干部的廉耻心和公德心的基本手段。领导干部的经济责任审计工作,一定要围绕以下四点进行:

一是要围绕贯彻落实国家教育方针政策,办好社会主义现代化大学这条主线。领导干部履行职责的核心是全责推动本单位事业的科学发展。因此,关注国家政策落实和学校事业的发展,是领导干部经济责任审计的应有之义。

二是要突出"三重一大"制度落实这一重点。作为一个单位的主要领导干部,其履行经济职责的主要表现就是单位重大经济决策的制定和执行情况,这些决策,也是最影响一个单位事业发展的,所以要改变以往审计更多关注财务收支合法合规方面,把重点放在单位"三重一大"政策决策执行的效果上。

三是要关注主要风险把控点。要了解领导干部所在单位主要经济活动和业务活动的特点,关注重点领域和关键风险点,着眼于权力运行、责任落实、资金绩效,重点检查领导干部守法、守纪、守规、尽责情况,促进领导干部依法行政、有效作为、不断提高大学综合治理能力。

四是要客观求实进行审计评价和审计结果的运用。教育审计要严格遵循国家基本法律法规,以合法性、真实性和效益性为审计内容,积极推进财政资金统筹使用和提高大学资金绩效的创新能力。

希望各高校内部审计机构把本单位领导干部经济责任审计作为一个重要抓手,按照新的政策精神,继续做实做好,不断提高质量,真正促进领导干部依法作为、积极作为,从而实现推动本单位事业科学发展的审计工作目标。

我相信,本套丛书的出版,一定会促进我国教育审计事业的进步和发展。

中国教育审计学会会长 施建军教授
2017 年 12 月 4 日

前　言

对领导干部经济责任履行情况进行检查、评价的经济责任审计，是党中央、国务院为加强领导干部监督管理而采取的一项重要举措，也是促进高校领导干部全面贯彻落实国家方针政策、增强责任意识、廉洁勤政、依法治校和提高管理水平的有效手段。

根据教育主管部门的统一部署，各高等学校从 20 世纪末就开展了对学校中层领导干部和有关所属企业领导人员（以下统称领导干部）的经济责任审计。十多年来，通过实施审计发现问题、提出建议，对推动学校领导干部正确履行经济责任、推动学校各级组织不断改善和优化管理、促进学校事业发展，起到了积极而重要的作用。在审计中，我们发现有少数领导干部，因对应当履行的经济责任认识模糊而未能正确履行职责，个别领导干部甚至因违规违法而受到处分乃至刑事处罚，教训深刻，发人深省。

因此，为帮助高校中层领导干部和领导人员进一步提高对经济责任审计的认识，同时也帮助高校审计从业人员更好地履行审计职责，我们立足审计工作实践，组织编印了"高等学校内部审计知识系列丛书"之《经济责任审计知识读本》（以下简称《读本》）。

本《读本》由四章及附录共五部分内容组成。

第一章为"经济责任审计知识问答"。它通过一问一答的形式，讲解了包括基本概念、组织形式、审计内容、实施程序、审计评价和责任界定、审计结果运用等经济责任审计的基本知识，帮助学校领导干部循序渐进地熟悉了解，也方便作有针对性的检索。

第二章是"经济责任审计案例选编"。案例选编撷取了近年来在高校经济责任审计实施中发现的普遍性或典型性案例,通过案例事实、审计处理、处理依据的阐述并配以简要的案例评析,向领导干部具象地警醒何为违纪违规行为,帮助审计人员了解问题的表现形式及处理方法等。

第三章为"部分审计常见问题的法规依据"。本章针对高校内部审计工作中经常发现的部分问题,从"三重一大"决策、内部控制、财务管理、国有资产管理、招投标采购、建设项目管理、合同管理等七方面分别举例,引用部分法规条款,为审计人员提供问题定性方面的参考。

第四章为"经济责任审计实务操作表格及表式参考"。本章内容主要选自主编单位在实践工作中总结提炼的相关内部文本、审前调查资料表式等,可为高校审计从业人员提供一定借鉴意义。

附录为"经济责任审计相关法规制度选编"。制度选编收录了经济责任审计涉及的国家法律法规、教育部相关文件、有关审计准则、实施指南等,使领导干部了解经济责任审计检查与评价的要求和依据,也为高校完善审计制度体系提供参考。

《读本》的主要阅读群体为高等学校领导,所属单位、部门、附属医院和有关独立法人单位的主要负责人以及高等学校审计从业人员等。希冀通过《读本》的印发,对高等学校各层级领导干部增强依法行政意识,正确履行有关事业发展、经济决策、经济管理、执行法律法规和经济政策以及廉政建设等经济责任,有所裨益;同时,也希望借此增强高校之间内部审计工作的交流,促进教育内部审计事业的转型发展。

内部审计任重道远,挑战和机遇始终同在。展望未来,内部审计如何真正被最高管理层看作是值得信赖的顾问,如何真正成为学校其他职能部门寻求看法和前瞻性意见的值得尊敬的对象,是一个需要深度思考和不断实践的课题。

本书的内容是高等学校经济责任审计工作发展的阶段性成果,主要源于我校多年的经济责任审计实践,是众多审计从业人员的智慧结晶。在编写过程中,也参考了部分高校审计成果性资料,在此,一并表示由衷的感谢。

由于时间和水平有限,《读本》难免存在不足或有疏漏之处,敬请包涵并指正。

丛书编委会
2017 年 8 月

目 录

第一章 经济责任审计知识问答　1

第一节 相关知识 …………………………………………… 1
一、什么是经济责任? ……………………………………… 1
二、领导干部应当负有哪些经济责任? …………………… 2
三、依法行政、科学执政、勤政为民、廉洁奉公的内涵是
　　什么? ………………………………………………… 2
四、领导干部在履行经济责任时应强化哪些意识? ……… 3

第二节 基本概念 …………………………………………… 4
一、什么是经济责任审计? ………………………………… 4
二、开展领导干部经济责任审计的意义是什么? ………… 4
三、经济责任审计与财务收支审计的主要区别是什么? … 5
四、高等学校开展经济责任审计的法律和制度依据是
　　什么? ………………………………………………… 6
五、经济责任审计的发展经历了哪些阶段? ……………… 7
六、学校哪些领导干部应当接受经济责任审计? ………… 7
七、学校哪些领导干部不适宜安排经济责任审计? ……… 8
八、什么是经济责任审计的回避制度? …………………… 8
九、审计人员回避方式有哪些? …………………………… 9

第三节 组织形式 …………………………………………… 9
一、高等学校开展经济责任审计的组织体系是什么? …… 9

二、什么是经济责任审计联席会议？ …………………………… 9
三、经济责任审计联席会议的职责是什么？ ………………… 10
四、联席会议中组织、人事部门的主要职责是什么？ ……… 10
五、联席会议中审计处的主要职责是什么？ ………………… 10
六、联席会议中纪监部门的主要职责是什么？ ……………… 11

第四节 审计内容 ……………………………………………… 11
一、高等学校经济责任审计的基本内容有哪些？ …………… 11
二、院、系、所及学校直属单位领导干部经济责任审计的重点
　　关注内容是什么？ ………………………………………… 12
三、机关部处等职能部门领导干部经济责任审计的重点关注
　　内容是什么？ ……………………………………………… 12
四、各附属医院领导干部经济责任审计的重点关注内容是
　　什么？ ……………………………………………………… 13
五、资产经营公司等全资及控股企业领导人员经济责任审计
　　的重点关注内容是什么？ ………………………………… 13
六、接受审计的院、系、所及学校直属单位一般须提供哪些
　　基本送审资料？ …………………………………………… 14
七、接受审计的机关部处一般须提供哪些基本送审资料？ … 14
八、院系及教学辅助部门领导干部述职报告的撰写要点有
　　哪些？ ……………………………………………………… 15
九、机关部处及公共服务部门领导干部述职报告的撰写要点
　　有哪些？ …………………………………………………… 16
十、附属医院等学校所属事业单位领导干部述职报告的撰写
　　要点有哪些？ ……………………………………………… 17
十一、学校全资和控股企业负责人述职报告的撰写要点有
　　哪些？ ……………………………………………………… 18
十二、经济责任审计为什么要实行承诺制？ ………………… 19

第五节 实施程序 ……………………………………………… 20
一、高等学校的经济责任审计年度计划是怎样确定的？ …… 20

二、高等学校经济责任审计实施方式有哪些? …………… 21

三、审计处自审项目与聘请社会中介机构协审项目的相同与
不同之处有哪些? ………………………………………… 21

四、对哪些单位(部门)的领导干部采取进点审计的方式实施
审计? ……………………………………………………… 22

五、经济责任审计主要有哪些阶段? …………………………… 23

六、采用进点审计实施方式的基本程序是什么? ……………… 23

七、采用送达审计实施方式的基本程序是什么? ……………… 24

八、召开经济责任审计进点会(述职会)的目的是什么? …… 25

九、采取进点审计方式的审计进点会如何召开? …………… 26

十、采取送达审计方式的审计述职会如何召开? …………… 27

十一、在经济责任审计实施过程中,被审计领导干部和所在
单位(部门)有哪些权利和义务? ……………………… 28

十二、在经济责任审计实施过程中,审计组可以采取哪些
方法收集了解有关情况? ………………………………… 28

十三、经济责任审计报告如何征求被审计领导干部及其所在
单位的意见? ……………………………………………… 29

十四、被审计领导干部以及所在单位(部门)对经济责任审计
结论有异议怎么办? ……………………………………… 29

第六节 审计评价和责任界定 …………………………………… 30

一、经济责任审计应当形成哪些审计结果性业务文书? …… 30

二、审计报告应当包括哪些主要内容? ………………………… 30

三、审计结果报告的主要用途是什么? ………………………… 31

四、审计决定书、审计移送处理书和审计建议书的用途是
什么? ……………………………………………………… 31

五、经济责任审计评价的基本原则是什么? …………………… 32

六、经济责任审计评价的主要方法是什么? …………………… 32

七、如果发现领导干部在履行经济责任过程中存在问题,
领导干部应当承担什么责任? …………………………… 33

八、何为领导干部的直接责任？……………………………… 33
　　九、何为领导干部的主管责任？……………………………… 34
　　十、何为领导干部的领导责任？……………………………… 34
第七节　审计结果运用……………………………………………… 34
　　一、审计结果运用包括哪些方面？…………………………… 34
　　二、审计整改工作的责任主体是谁？………………………… 35
　　三、被审计单位如何进行审计整改？………………………… 35
　　四、被审计单位提交的审计整改结果报告应包括哪些
　　　　内容？………………………………………………………… 36
　　五、审计结果公开的方式有哪些？…………………………… 36
　　六、审计处在审计结果运用中的具体职责是哪些？………… 36
　　七、组织及人事部门在审计结果运用中的具体职责是
　　　　哪些？………………………………………………………… 37
　　八、纪监部门在审计结果运用中的具体职责是哪些？……… 37
　　九、学校有关职能部门如何运用审计结果？………………… 38
　　十、经济责任审计联席会议在审计结果运用工作中的职责是
　　　　哪些？………………………………………………………… 38

第二章　经济责任审计案例选编　39

第一节　内部管理制度建设和执行方面…………………………… 39
　　一、内部重要行政、经济管理制度和规定缺失……………… 39
　　二、制度条款制定存在漏洞或缺陷…………………………… 41
　　三、内部管理制度未得到有效执行…………………………… 44
第二节　财务管理方面……………………………………………… 45
　　一、在教学经费、基本科研业务费中变相发放人员酬金…… 45
　　二、支出原始票据不合规（假发票）………………………… 46
　　三、收入较长时间滞留账外，公款私存，未及时上缴学校… 47
　　四、私购收据、截留现金收入，设立"小金库"…………… 48

五、在科研配套经费中支出与科研无关的费用 ………… 50
　　六、部分行政事业性收费项目未上报备案并且未获得收费许可 … 51
　　七、部分会计核算不严谨 …………………………………… 52
　　八、对外服务收费业务记录不完整，收费金额统计不准确 …… 53
　　九、财务收支与实际业务不一致 …………………………… 54
第三节　非学历教育办班管理方面 …………………………… 55
　　一、合作办班未经批准，签订协议不符合有关规定 ………… 55
　　二、合作办班合作方不具备相关经营资质 ………………… 57
　　三、长期合作单位的选择缺乏必要程序 …………………… 57
　　四、办班实际合作单位与签署合作协议单位不一致 ……… 58
　　五、办班事项未及时签订合作协议 ………………………… 59
第四节　国有资产管理方面 …………………………………… 60
　　一、资产购置未按照学校规定进行招标 …………………… 60
　　二、资产购置招标程序不规范 ……………………………… 62
　　三、对外投资未入账，形成账外资产 ………………………… 63
　　四、对外投资账实不符 ……………………………………… 64
　　五、对外出租、出借场地未报批 ……………………………… 65
　　六、大型仪器设备日常管理不到位 ………………………… 66
　　七、固定资产日常管理松懈 ………………………………… 67
　　八、其他实物资产管理不严格 ……………………………… 68
第五节　合同及业务记录管理方面 …………………………… 69
　　一、未按规定签订经济合同 ………………………………… 69
　　二、合同未按规定建立台账并存档 ………………………… 70
　　三、未建立相关经济业务记录 ……………………………… 71

第三章　部分审计常见问题的法规依据　　73

第一节　"三重一大"决策方面 ………………………………… 73
　　一、未制订"三重一大"决策制度和议事规则 ……………… 73

二、"三重一大"事项未经集体决策 …………………… 74
　　三、"三重一大"事项决策记录缺失或不完整 ………… 75
　　四、"三重一大"决策有误 ………………………………… 75
第二节　内部控制方面 ………………………………………… 75
　　一、内控制度不健全，制度未及时更新修订 ………… 75
　　二、有关业务未按规定实行归口管理 ………………… 76
　　三、业务流程中的不相容职责未适当分离 …………… 77
　　四、支出控制不严 ………………………………………… 78
　　五、业务资料未妥善保存 ………………………………… 78
第三节　财务管理方面 ………………………………………… 79
　　一、收入未及时入账或未入账 ………………………… 79
　　二、在往来款项科目列收列支 ………………………… 79
　　三、无预算支出或超预算支出 ………………………… 80
　　四、虚列支出、重复列支或者提前列支 ……………… 80
　　五、原始票据不真实，存在虚假发票报账的情况 …… 80
　　六、专项经费未专款专用 ………………………………… 81
　　七、收费项目未报上级有关部门备案，未取得收费许可证 …… 81
　　八、收费工作由非财务部门进行 ……………………… 82
　　九、票据日常管理薄弱 ………………………………… 82
　　十、票据开具不规范 ……………………………………… 83
　　十一、未按照规定取得发票 …………………………… 84
第四节　国有资产管理方面 …………………………………… 84
　　一、对校办产业投资账实不符 ………………………… 84
　　二、对外投资和出租、出借未按规定履行资产评估等程序 …… 84
　　三、对外投资未按规定报批报备 ……………………… 85
　　四、房屋出租、出借未按规定报批报备 ……………… 86
　　五、房屋对外出租未公开招租 ………………………… 86
　　六、对外投资、出租收益未纳入学校预算统一核算和管理 …… 87
　　七、资产使用效率低下 ………………………………… 87

八、擅自处置国有资产，未按规定报批报备 …………………… 88
九、国有资产处置收入未按规定及时足额上缴 ……………… 90
十、对管理不规范、长期亏损、扭亏无望的企业未及时清理 … 90
十一、企业改制未履行清产核资、评估备案和产权登记 …… 90
十二、未按规定办理国有资产产权登记 ……………………… 91
十三、固定资产未及时入账，已完工项目未及时办理竣工
　　　决算 ……………………………………………………… 92
十四、非经营性资产违反规定转经营性资产 ………………… 93
十五、资产账账不符、账卡不符、账实不符 ………………… 93
十六、资产日常管理薄弱，未及时清查盘点 ………………… 94
十七、往来款项长期挂账，未及时清理核销 ………………… 94

第五节　招投标采购方面 ……………………………………… 95
一、超过规定限额的采购事项未经公开招投标程序 ………… 95
二、开标前与意向单位接触或泄露相关信息 ………………… 95
三、招标文件编制不合理 ……………………………………… 96
四、公开招标文件公布方式不符合要求 ……………………… 96
五、投标人数量未达到规定要求 ……………………………… 97
六、评标委员组成不符合规定 ………………………………… 97

第六节　建设项目管理方面 …………………………………… 99
一、建设项目报批手续不齐全 ………………………………… 99
二、建设项目投资超概算 ……………………………………… 99
三、工程项目采购未经规定招投标程序 ……………………… 100
四、工程参建单位资质不符合要求 …………………………… 101
五、建设项目档案资料不齐全，保存不善 …………………… 102

第七节　合同管理方面 ………………………………………… 102
一、有关经济事项未签订合同 ………………………………… 102
二、合同签订主体不规范 ……………………………………… 102
三、合同日常管理不到位 ……………………………………… 103
四、合同签订要素不齐全，条款约定存在缺陷等 …………… 103

第四章　经济责任审计实务操作表格及表式参考　　105

第一节　审计阶段对应表格文本　　105
　　一、审计准备　　105
　　二、审计实施　　106
　　三、审计报告　　107
　　四、审计整改　　107

第二节　经济责任审计常用文本及表格模板　　108
　　一、经济责任审计项目任务下达书　　108
　　二、审计项目立项表　　109
　　三、经济责任审计情况征询函　　110
　　四、审计预通知　　111
　　五、审计通知　　113
　　六、审计公示　　114
　　七、审计实施方案　　115
　　八、审计确认单　　116
　　九、审计确认单送达函　　117
　　十、审计工作底稿　　118
　　十一、审计报告　　119
　　十二、审计报告（征求意见稿）征求意见单　　122
　　十三、关于审计报告征求意见稿回复意见的处理意见　　124
　　十四、审计结果报告　　125
　　十五、审计整改通知书　　126
　　十六、管理建议书　　128
　　十七、审计移送书　　129
　　十八、审计日记　　130
　　十九、审计业务文本内部审批单　　131
　　二十、审计文书报批单　　132
　　二十一、审计文书呈报单　　133

二十二、审计文书阅示单 ………………………………………… 134
　　二十三、审计报告送呈函 ………………………………………… 135
　　二十四、学校领导对审计成果批示移交表 ……………………… 136
　　二十五、经济责任审计相关文书签收表 ………………………… 137
　　二十六、项目审计情况汇总表 …………………………………… 138
　第三节　审前调查资料表式 ………………………………………… 139

附录　经济责任审计相关法规制度选编　　163

　中华人民共和国审计法 …………………………………………… 163
　中华人民共和国审计法实施条例 ………………………………… 172
　中华人民共和国国家审计准则 …………………………………… 185
　中国内部审计准则 ………………………………………………… 223
　审计署关于内部审计工作的规定 ………………………………… 310
　国务院关于加强审计工作的意见 ………………………………… 314
　教育部关于加强直属高等学校内部审计工作的意见 …………… 319
　党政主要领导干部和国有企业领导人员经济责任审计规定 …… 324
　党政主要领导干部和国有企业领导人员经济责任审计规定
　　实施细则 ………………………………………………………… 332
　教育部关于做好教育系统经济责任审计工作的通知 …………… 348
　教育部关于做好领导干部经济责任交接工作并将经济责任
　　审计报告作为交接内容的通知 ………………………………… 351
　教育部经济责任审计整改工作办法 ……………………………… 353
　行政事业单位内部控制规范(试行) ……………………………… 357
　教育部直属高校经济活动内部控制指南(试行) ………………… 371

参考文献　　430

第一章

经济责任审计知识问答

本章主要介绍高等学校领导干部经济责任审计的相关知识、基本概念、组织形式、审计内容、实施程序、审计评价和责任界定、审计结果运用等,旨在普及经济责任审计相关知识。经济责任审计发展至今,已形成较为成熟的理论体系与实践模式,高等教育领域的经济责任审计工作也在不断加强与完善的过程中。实践证明,经济责任审计工作对于促进依法行政、依法治教,以及促进教育事业科学发展具有重要意义。

第一节 相关知识

一、什么是经济责任?

经济责任是指当事人基于其特定职务而应履行、承担的与经济相关的职责、义务,即领导干部在其任职岗位上管理运用其管辖范围内的资金、资源、资产过程中所应当履行的职责和义务。该责任有以下特征:

1. 该责任是一种职责或义务。指当事人在特定的社会生活中所负有的特定的职责或义务,而不是当事人的行为应当承担的特定后果。

2. 该责任是与职务相关的职责或义务。经济责任是基于当事人担任特定的职务而应当承担或履行的法定或约定的职责或义务，与职务无关的其他责任或义务不在该责任的范畴之中。

3. 该责任是与经济相关的职责或义务。基于当事人特定的职务而产生的职责或义务同样很多，包括与经济相关的职责或义务和与经济无关的职责或义务（如政治上的职责或义务等），经济责任审计中经济责任所包含的是当事人与经济相关的职责或义务。

4. 该责任是当事人应当承担或履行的职责或义务。对于一个单位来讲，由于法定或约定的职务、分工，每个人应当承担或履行的职责或义务都不同，而经济责任审计是针对特定的被审计人进行的，因此被审计人的经济责任是其应当承担或履行的法定或约定职责或义务。

二、领导干部应当负有哪些经济责任？

根据《党政主要领导干部和国有企业领导人员经济责任审计规定》（中办发〔2010〕32号）第4条的规定，党政领导干部任期经济责任是指领导干部在任职期间对其所在部门、单位财务收支真实性、合法性和效益性，以及有关经济活动应当负有的责任。经济责任的内涵包括两个部分：

一是职务上的职责、义务，包括法定、约定或本单位制度规定的职责、义务；

二是基于特定的职务身份而应当承担的义务，一般可归纳为五方面的责任：事业发展责任，经济决策责任，经济管理责任，执行法律法规和有关经济政策责任，以及廉政建设责任。

用十六个字概括，就是"依法行政、科学执政、勤政为民、廉洁奉公"。

三、依法行政、科学执政、勤政为民、廉洁奉公的内涵是什么？

1. 依法行政。领导干部对国家制定和颁发的经济方面的政策是否领会,是否执行,是否令行禁止、政令畅通;领导干部及其所在单位是否严格遵守国家财经法纪、政策和财政纪律;领导干部制定出台的文件、政策、制度,是否符合国家法律、法规、政策的规定。

2. 科学执政。中长期工作规划和年度工作计划是否科学、合理、可行;经济责任目标和管理措施、制度、办法是否落实到位;针对经济工作中的各种矛盾、问题是否建立了协调机制,对协调的效果是否进行监控;是否建立了相应的内部控制来确保各项经济目标和工作计划的实现。

3. 勤政为民。领导干部在任职期间各项经济指标的完成情况;领导干部在任职期间单位财务收入来源和资金分配使用过程中履行职责与运用职权等情况;领导干部所在单位人财物管理内部控制的执行情况。

4. 廉洁奉公。领导干部对其所在地区、部门、单位在遵守财经法纪和廉政规定中所采取的措施、制定的办法等是否符合实际并遵照执行;领导干部个人遵守财经法纪和廉政规定的情况;领导干部家属、亲属及身边工作人员遵守财经法纪和廉政规定的情况。

四、领导干部在履行经济责任时应强化哪些意识?

1. 依法行政和按程序办事意识。领导干部应当牢固树立依法行政的观念,严格按照事先设定的程序办事。在实际工作中,务必杜绝把法规制度当摆设的现象,杜绝决策出台前缺乏沟通、实施前不征询意见的现象,杜绝实施中搞"变通"、简单求"快"而违背程序的现象,杜绝因滥施强权而引发干群冲突或工作矛盾的现象。

2. 集体民主决策意识。领导干部应当强化集体民主决策意识,凡属重大决策、重要干部任免、重大项目安排和大额度资金使用等"三重一大"事项,必须实行事先调查论证、会上集体讨论、党政正职末位表态的议事决策规则。在实际工作中,务必杜绝以情况紧急为由搞临时动议,杜绝在表面上按集体决策的程序进行、但暗地里打招呼等使集体决策流于形式的做法。

3. 档案意识。领导干部在经济管理中应重视留档工作。在实际工作中,须进行重点保管的文档有:单位(部门)领导班子会议记录、会议纪要与会签资料;各类合同、协议、往来凭据;"三重一大"事项和有关特别经济事项情况说明、经办人及主管领导签字(批)资料等。

4. 效益意识。随着教育事业改革和发展的深入以及高等学校各类经费的持续增长,教育经费和科研经费的使用效益已成为社会的重要关注点。因此,领导干部应强化效益意识,通过严格预算管理、细化目标执行等手段,避免资金损失浪费,最大限度地提高资金的使用效益。

5. 红线意识。当前,高等学校经济活动比以往更加频繁与复杂,办学风险悄然增大。随着校院两级管理改革的推进,领导干部的经济责任日益增大且边界日趋清晰。在经济管理中,领导干部应当增加自我保护意识,自觉抵制各种诱惑,杜绝"小金库""账外账"行为,杜绝利用职权侵占、挪用资产、收受贿赂行为,杜绝向相关单位或人员进行贿赂、提供回扣、低价出售或处理有关资产及其他行为,任何外部因素不能成为领导干部管理中踩红线、越红线的借口。

第二节 基 本 概 念

一、什么是经济责任审计?

经济责任审计是审计部门通过对领导干部及其所在部门的内部管理、财务收支以及相关经济活动的检查和评价,就领导干部经济责任履行情况进行监督和鉴证的活动。

二、开展领导干部经济责任审计的意义是什么?

领导干部经济责任审计是党管干部的一项经常性制度,是一项常规的干部管理与监督工作。开展经济责任审计,主要是为了加强对党政领导干部的管理和监督,正确评价领导干部任期经济责任履行情况;加强对权力的制约,促进领导干部树立正确的权力观和政绩观;促进领导干部勤政廉政,全面履行职责。

同时,开展领导干部经济责任审计也是促进单位内部管理的重要手段。通过对领导干部任期内履职情况的审计,全面梳理检查所在单位经济管理情况,及时发现管理缺陷,及时整改,能有效防范内控风险,提高单位管理水平。

三、经济责任审计与财务收支审计的主要区别是什么?

区别方面	财务收支审计	经济责任审计
审计对象	对事不对人,以学校所属单位(部门)有关财务收支及有关经济活动为审计评价对象	由人及事,对人也对事,在审查被审单位(部门)财务收支及有关经济活动情况的基础上,以学校所属单位(部门)的主要负责人为审计评价对象
审计目标	监督财务收支的真实、合法及效益性	以财务收支业务检查为切入点,结合"三重一大"决策以及内部控制管理等特定事项,检查、评价领导干部经济责任的履行情况,促进领导干部的全面履责
授权或委托	根据学校的授权(年度审计计划),审计处依照自身职责权限,自主实施审计	根据干部管理和干部监督工作的需要,经联席会议研究并报党委常委会批准,在列入年度审计计划后,由组织部出具审计委托书,审计处组织实施,体现了党管干部的原则和部门联动的合作
审计范围	局限于学校所属单位(部门)财务收支的真实性、合法合规性和有效性	在全面评判被审计领导干部所在单位(部门)财务收支及有关经济活动行为的基础上,以领导干部经济责任职责范畴为主线,对领导干部任期内履职行为作出全方位的评价,并对发现的主要问题作出相应的责任界定

续表

区别方面	财务收支审计	经济责任审计
审计标准	对经济指标进行系统检查,评价被审计单位(部门)收支行为的真实性、合法合规性和有效性	重点关注领导干部履行事业发展责任、经济决策责任、经济管理责任、执行法律法规、经济政策责任和廉政建设责任的情况
审计方法	应用常规审计的查账、谈话、统计、比较等方法,侧重于对数据的分析和查账技巧	以财务收支审计为基础,以"三重一大"事项和内部控制管理为导向,运用询问、谈话、统计、调查等检查方法,从宏观层面上评价与鉴证领导干部的经济责任履行情况
结果用途	促进被审单位会计核算、财务管理、资金使用效益水平的提高,为学校管理和决策提供参考依据	存入被审计领导干部的本人档案,作为干部考核、任免、奖惩的重要依据,促进领导干部廉政勤政、履职尽责,促进被审计人所在单位(部门)改善和优化管理,推进党风廉政建设

四、高等学校开展经济责任审计的法律和制度依据是什么?

国家层面规范经济责任审计工作的最高准则是:中共中央办公厅、国务院办公厅 2010 年制定的《党政主要领导干部和国有企业领导人员经济责任审计规定》(中办发〔2010〕32 号);2014 年 7 月 27 日由中央纪委机关、中央组织部、中央编办、监察部、人力资源社会保障部、审计署、国资委等七部委共同颁布的《党政主要领导干部和国有企业领导人员经济责任审计规定实施细则》。

审计署于 2011 年 7 月 15 日发布《审计署关于印发深化经济责任审计工作指导意见的通知》(审经责发〔2011〕122 号)。

教育部于 2007 年 1 月 4 日下发《教育部关于做好领导干部经济责任交接工作并将经济责任审计报告作为交接内容的通知》(教财〔2007〕2 号);于 2011 年 2 月 17 日发布《教育部关于做好教育系统经济责任审计工作的通知》(教财〔2011〕2 号)。

五、经济责任审计的发展经历了哪些阶段?

经济责任审计是伴随我国经济体制改革而产生的,自20世纪80年代起,历经三十余年探索、发展与深化,已逐步走向法制化、规范化。其发展历程基本可分为四个阶段:

1. 起步阶段:1985—1999年,主要实施国营企业厂长(经理)的承包兑现公证审计和离任审计。

2. 发展阶段:1999—2006年,主要实施县级以下领导干部和国有企业领导人员的经济责任审计。

3. 成熟阶段:2006—2014年。2006年经济责任审计写入《中华人民共和国审计法》,2010年中共中央办公厅、国务院办公厅印发实施《党政主要领导干部和国有企业领导人员经济责任审计规定》,审计范围扩大到地方级、省部级。

4. 创新发展阶段:2014年,中央七部委发布了《党政主要领导干部和国有企业领导人员经济责任审计规定实施细则》,进一步健全和完善经济责任审计制度,规范经济责任审计行为,并提出了党政同审的概念,强化了经济责任审计结果的运用等。

高等学校经济责任审计发展历程与上述各阶段基本相同。

六、学校哪些领导干部应当接受经济责任审计?

由学校任命的各单位(部门)、附属医院及有关独立法人单位的主要负责人应当接受经济责任审计,包括:

1. 院、系、所、中心及学校直属单位的正职或者主持工作一年以上的副职领导干部;

2. 机关部处的正职或者主持工作一年以上的副职领导干部;

3. 附属医院、附属中小学等所属事业单位的正职或者主持工作一年以上的副职领导干部;

4. 资产经营公司等学校全资和控股企业的负责人；

5. 以上各单位（部门）由上级领导干部兼任正职领导干部但不实际履行经济责任时，实际负责本单位或部门工作的副职领导干部。

七、学校哪些领导干部不适宜安排经济责任审计？

遇有下列不具备经济责任审计条件的情况，一般不安排经济责任审计：

1. 领导干部任职的单位已被撤并，有关当事人已经无法找到的；
2. 领导干部已定居国外或死亡的；
3. 领导干部已离开任职岗位两年以上的；
4. 领导干部已被纪检监察部门或司法部门立案调查的；
5. 领导干部已被提拔或任用到可能影响经济责任审计公正进行的岗位的；
6. 其他不宜安排经济责任审计的情况。

八、什么是经济责任审计的回避制度？

回避制度是为避免审计人员以权谋私、违法行政，保证审计行为的客观公正性而设定的一项法律制度。《中华人民共和国审计法》《中华人民共和国审计法实施条例》和《中华人民共和国国家审计准则》等对审计部门和审计人员在审计工作中应当遵守的回避制度作出了专门的规定，学校有关审计制度亦有专门的阐述。遇有下列情形之一的，审计人员应当自行回避：

1. 与被审计单位负责人和有关主管人员之间有夫妻关系、直系血亲关系、三代以内旁系血亲以及近姻亲关系的；
2. 与被审计单位或者审计事项有经济利益关系的；
3. 与被审计单位或者审计事项有其他利害关系，可能影响公正执行公务的。

九、审计人员回避方式有哪些？

1. 审计人员认为自己应当回避的，即自行回避。
2. 由审计部门提出。当审计部门认为在实施经济责任审计时某审计人员应当回避，即可作出有关审计人员实行回避的决定。
3. 被审计领导干部、被审计领导干部所在单位或其他具有利害关系的单位有权申请审计部门要求有关审计人员回避。

审计人员的回避，由审计部门负责人决定。决定或要求回避的时间，可以是审计通知书送达后到审计终结前的任何时间。

第三节 组织形式

一、高等学校开展经济责任审计的组织体系是什么？

经济责任审计是党管干部的重要形式之一。高等学校的经济责任审计组织体系，主要采取党委领导、经济责任审计联席会议（或经济责任审计领导小组等机构）统筹协调、组织部等干部管理部门委托、审计处组织实施的方式。

二、什么是经济责任审计联席会议？

为更好开展经济责任审计工作，建立了经济责任审计联席会议。联席会议采取召集人和成员单位的工作机制运行，通过会议的形式来统筹协调学校的领导干部经济责任审计工作。目前，联席会议的召集人一般由分管学校组织工作和学校审计工作的校领导担任，联席会议的基本成员单位为组织、人事、审计、纪检（监察）等部门，根据会议议题需要，其他职能部门的负责人亦可列席会议。

三、经济责任审计联席会议的职责是什么?

1. 审议相关经济责任审计制度,研究阶段性审计工作原则;
2. 指导、监督、检查学校的经济责任审计工作;
3. 研究确定年度经济责任审计计划和调整事项;
4. 交流、通报审计整改情况和审计结果运用情况,研究、解决经济责任审计工作中遇到的困难和问题。

此外,联席会议审议通过的经济责任审计重要事项,由召集人负责向党委常委会汇报。

四、联席会议中组织、人事部门的主要职责是什么?

1. 根据干部监督工作的需要,每年度末及时向联席会议书面提交下一年度列入经济责任审计计划的领导干部名单,并根据议事规则提出审计实施方式的初步意见,供联席会议研究决策。若因特殊情况,发生非计划内干部变动的情况,应当及时向联席会议召集人报告。
2. 按照联席会议确定的年度经济责任审计计划,向审计处送达审计委托书,并督促审计处在规定的时间内组织实施。
3. 充分运用经济责任审计结果,将其作为干部考核、任免、奖惩的重要依据,并适时向联席会议反馈。

五、联席会议中审计处的主要职责是什么?

1. 根据联席会议确定的年度计划,编制经济责任审计工作计划;根据组织部的委托,制定审计项目实施计划。
2. 按照国家及教育部相关规定和联席会议确认的工作原则与工作重点,具体组织、实施经济责任审计并出具审计报告。
3. 加强同其他成员单位的协调与沟通,听取有关情况介绍和意见、建议,通报审计情况或请示有关问题。

4. 经校领导批准后,向联席会议成员部门、被审计对象所在单位及被审计对象送达审计报告,并可视情况向被审计对象所在单位或相关职能部门送达审计建议书。

5. 对审计中发现的严重违法违纪案件线索,移交纪检监察部门立案查处;对严重违反财经法规以及严重阻碍、拒绝审计的有关责任人员,移交纪检监察、组织部门进行处理;对因审计手段限制而难以查清的问题疑点,移交纪检监察部门进行检查。

6. 拟定经济责任审计的有关规章制度。

7. 对经济责任审计人员进行业务培训,对委托社会审计组织承办的经济责任审计事项进行质量监督。

8. 负责经济责任审计工作领导小组办公室的日常工作。

六、联席会议中纪监部门的主要职责是什么?

1. 结合监督工作的需要,参与审计实施方式的讨论研究,并可根据实际情况,提出审计对象或重点审计内容的建议。

2. 查处阻挠、拒绝开展经济责任审计工作,或出具伪证、毁灭、转移证据、隐瞒事实真相等错误行为,保障审计工作正常进行。

3. 查处审计中发现的违纪违法问题,督促被审计对象及其所在单位及时向审计处提出整改方案,并对落实情况进行监督检查。

4. 对利用审计结果的情况进行监督检查。

第四节　审　计　内　容

一、高等学校经济责任审计的基本内容有哪些?

学校各类领导干部和领导人员经济责任审计的基本内容如下:

1. 本单位(部门)事业科学发展情况;

2. 遵守法律法规,贯彻执行国家、学校有关经济政策和决策部署情况;

3. 重大经济决策情况;

4. 建立与实施对经济活动风险防范的内部控制情况;

5. 预算执行及财务收支情况、资产安全完整情况;

6. 有关目标责任制完成情况;

7. 履行有关党风廉政建设第一责任人职责情况,以及遵守有关廉洁从政、从业规定的情况;

8. 对以往审计中发现问题的整改落实情况。

二、院、系、所及学校直属单位领导干部经济责任审计的重点关注内容是什么?

除上述第一条基本内容外,还应重点关注的审计内容如下:

1. 领导干部任职单位重要经济事项管理制度的建立和执行情况;

2. 本单位"三重一大"制度的决策和执行情况;

3. 本单位教学、科研等重要经济活动内部控制的建立与实施情况;

4. 本单位各类财务收支的真实、合法和效益情况;

5. 本单位物资采购和实物资产的管理情况;

6. 对下属单位或部门的财务收支及相关经济活动的管理和监督情况。

三、机关部处等职能部门领导干部经济责任审计的重点关注内容是什么?

除上述第一条基本内容外,还应重点关注的审计内容如下:

1. 领导干部任职部门管理范畴内相关经济活动的管理制度建设

情况和对相关经济活动监管情况；

2. 本部门重要经济事项管理制度的建立和执行情况；
3. 本部门"三重一大"制度的决策和执行情况；
4. 本部门预算经费支出的真实、合法和效益情况；
5. 本部门物资采购和实物资产的管理情况。

四、各附属医院领导干部经济责任审计的重点关注内容是什么？

除上述第一条基本内容外，还应重点关注的审计内容如下：

1. 领导干部任职单位内部控制制度的建立和执行情况；
2. 本单位"三重一大"制度的决策和执行情况；
3. 本单位财务收支的真实、合法和效益情况；
4. 本单位物资采购和实物资产的管理情况；
5. 本单位作为出资人的经济事项监管职责履行情况；
6. 对下属部门或单位的财务收支及相关经济活动的监管情况。

五、资产经营公司等全资及控股企业领导人员经济责任审计的重点关注内容是什么？

除上述第一条基本内容外，还应重点关注的审计内容如下：

1. 企业内部控制制度的建立和执行情况；
2. 企业发展战略的制定和执行情况及其效果；
3. 企业财务状况及其经营成果的真实、合法及效益情况；
4. 企业与学校经济往来结算情况；
5. 企业国有资本保值增值和收益上缴情况；
6. 企业对学校授权范围内的全资、控股及参股等投资企业履行出资人经营管理、保值增值和监督职责情况。

六、接受审计的院、系、所及学校直属单位一般须提供哪些基本送审资料？

1. 被审计领导干部任期述职报告；
2. 承诺书；
3. 单位基本人员情况表；
4. 单位教职工人员信息表；
5. 制度建设及执行情况表；
6. 经费代码一览表；
7. 预算收支情况表；
8. 自主办班情况表；
9. 联合办班情况表；
10. 各类有关经济活动协议（合同）签订情况表；
11. 收据发票领用、核销情况表；
12. 主办（承办）国际或国内学术会议情况表；
13. 服务收入情况表；
14. 任期内重大事项决策情况表；
15. 单位内部控制自查评估表；
16. 任期内单位会议记录和会议纪要；
17. 任期内单位工作计划和工作总结；
18. 任期内财务预决算资料；
19. 任期内各年度固定资产盘点报告。

（各高校根据自身情况可对送审资料进行补充及完善）

七、接受审计的机关部处一般须提供哪些基本送审资料？

1. 被审计领导干部任期述职报告；
2. 承诺书；

3. 被审计单位基本情况调查表；

4. 单位人员情况信息表；

5. 制度建设及执行情况表；

6. 经费代码一览表；

7. 预算收支情况表；

8. 各类有关经济活动协议（合同）签订情况表；

9. 服务收入情况表；

10. 收据发票领用、核销情况表；

11. 任期内重大事项决策情况表；

12. 单位内部控制自查评估表；

13. 任期内单位会议记录和会议纪要；

14. 任期内单位工作计划和工作总结；

15. 任期内财务预决算资料；

16. 任期内各年度固定资产盘点报告。

（各高校根据自身情况可对送审资料进行补充及完善）

八、院系及教学辅助部门领导干部述职报告的撰写要点有哪些？

1. 任职起讫年月。
2. 任职单位概况。
（1）目标和职能；
（2）组织架构、领导分工和内部管理模式。
3. 任职期间履行岗位职责的情况。
（1）贯彻执行党和国家的方针政策以及学校的各项规定，结合实际，调查研究，提出本单位发展规划和重要事项的实施方案并抓好落实的情况；
（2）贯彻民主集中制，建立健全科学、民主的决策机制，坚持"三重一大"议事决策制度，建立、完善和执行内部规章制度的情况；
（3）主要业绩（包括获奖情况）和经验体会，可从学科建设、教学、科研、师资队伍建设、社会服务、对外交流与合作、财务和其他行政管理工作等方面分别阐述。

4. 单位经济运行及效益和任职期间履行经济责任情况。

（1）单位运行经费的主要来源、构成，以及使用、分配情况（包括各类教学经费、专项经费等）。

（2）重大经济事项的决策程序和执行效果情况（如：内部分配事项、大额资金支出，以及与教学、科研、对外服务等相关的各类重大经济事项）。

（3）履行学院职能情况，在学校发展中的主要业绩和经验体会。围绕学院职能相关的决策、组织等工作进行阐述。

（4）学院内部建设方面的内部规章制度建设及内部管理情况。

（5）在确保国有资产安全完整方面采取的具体措施。

（6）任职期间经手或应负责任的未完重要事项，如签订的合同、协议，发生纠纷尚未解决的经济事项等。

（7）其他需要特别说明的事项。

5. 其他。

（1）单位工作面临的问题和有关管理建议；

（2）本人遵守国家财经法纪及廉政规定的情况。

九、机关部处及公共服务部门领导干部述职报告的撰写要点有哪些？

1. 任职起讫年月。

2. 任职部门概况。

（1）目标和职能；

（2）组织架构、领导分工和内部管理模式。

3. 任职期间履行岗位职责情况。

（1）贯彻执行党和国家的方针政策以及学校的各项规定，结合实际，调查研究，提出学校及本部门发展规划和重要事项的实施方案并抓

好落实的情况;

（2）贯彻民主集中制,建立健全科学、民主的决策机制,建立、完善和执行内部规章制度的情况;

（3）主要业绩（包括获奖情况）和经验体会,可从学科建设、教学、科研、师资队伍建设、社会服务、对外交流与合作、财务和其他行政管理工作等方面分别阐述。

4. 任职期间履行经济责任情况。

（1）部门及部门所掌控经费的构成、来源、使用和分配情况（包括日常办公经费、因部门职能而掌握的切块经费等）。

（2）重大经济事项的决策程序和执行效果情况（如:内部分配事项、大额资金支出,以及与管理职能相关的其他各类重大经济事项）。

（3）履行部门职能情况,在学校发展中的主要业绩和经验体会。可围绕与本部门职责相关的决策、组织、协调等工作进行阐述。

（4）为履行学校职能及部门内部建设方面的内部规章制度建设情况及内部管理状况。

（5）在确保部门及部门所管辖的国有资产安全完整方面采取的具体措施。

（6）任职期间经手或应负责任的未完重要事项,如签订的合同、协议或发生纠纷尚未解决的经济事项等。

（7）本人遵守国家财经法纪及廉政规定的情况。

5. 其他。

（1）部门或学校工作面临的问题和有关管理建议;

（2）需要特别说明的事项。

十、附属医院等学校所属事业单位领导干部述职报告的撰写要点有哪些?

1. 任职起讫年月。
2. 任职单位概况。

（1）目标和职能；

（2）组织架构、领导分工和内部管理模式。

3. 任职期间履行岗位职责的情况。

（1）贯彻执行党和国家的方针政策以及学校的各项规定，结合实际，调查研究，提出本单位发展规划和重要事项的实施方案并抓好落实的情况；

（2）贯彻民主集中制，建立健全科学、民主的决策机制，建立、完善和执行单位各项内部控制制度的情况；

（3）主要业绩（包括获奖情况）和经验体会，可从主要业务、社会服务、对外交流与合作、财务和其他行政管理工作等方面分别阐述。

4. 单位经济运行及效益和任职期间履行经济责任情况。

（1）单位收入主要来源及构成；

（2）重大经济事项的决策程序和执行效果情况（如：基本建设事项、大额采购、其他大额资金支出，以及与对外服务等相关的各类重大经济事项）；

（3）在确保国有资产安全完整方面采取的具体措施；

（4）任职期间经手或应负责任的未完重要事项，如签订的合同、协议，发生纠纷尚未解决的经济事项等；

（5）其他需要特别说明的事项。

5. 其他。

（1）工作面临的问题和有关管理建议；

（2）本人遵守国家财经法纪及廉政规定的情况。

十一、学校全资和控股企业负责人述职报告的撰写要点有哪些？

1. 任职起讫年月。

2. 任职单位概况。

（1）目标和职能；

（2）组织架构、领导分工和内部管理模式。

3. 任职期间履行岗位职责的情况。

（1）贯彻执行党和国家的方针政策以及学校的各项规定，结合实际，调查研究，提出本企业发展规划和重要事项的实施方案并抓好落实的情况；

（2）贯彻民主集中制，建立健全科学、民主的决策机制，建立、完善和执行企业各项内部控制制度的情况；

（3）主要业绩（包括获奖情况）和经验体会，可从社会服务、对外交流与合作、财务和其他管理工作等方面分别阐述。

4. 单位经济运行及效益和任职期间履行经济责任情况。

（1）企业收入主要来源及构成；

（2）企业支出主要类别；

（3）重大经济事项的决策程序和执行效果情况（如：基本建设、对外投资、大额采购、其他大额资金支出，以及与对外服务等相关的各类重大经济事项）；

（4）在确保国有资产安全完整方面采取的具体措施；

（5）任职期间经手或应负责任的未完重要事项，如签订的合同、协议，发生纠纷尚未解决的经济事项等；

（6）其他需要特别说明的事项。

5. 本企业对学校授权范围内的全资、控股及参股等投资企业履行出资人经营管理、保值增值和监督职责情况，本企业与学校经济往来结算情况以及收益上缴情况。

6. 其他。

（1）工作面临的问题和有关管理建议；

（2）本人遵守国家财经法纪及廉政规定的情况。

十二、经济责任审计为什么要实行承诺制？

经济责任审计的承诺制是指审计组在对被审计单位依法实施审计时，被审计领导干部所在单位主要负责人就与审计事项有关资料的真实、完整和其他有关情况进行的客观陈述与保证。实行审计承诺制,是为了约束被审计单位和有关人员向审计组提供真实、完整资料,便于一旦发现提供虚假资料时的责任追究。

经济责任审计的承诺制必须以书面的方式进行,被审计单位应当按照审计组的要求和承诺内容将具体承诺写入审计承诺书。审计组应当将被审计单位交回的承诺书作为审计证据编入审计工作底稿。

第五节 实施程序

一、高等学校的经济责任审计年度计划是怎样确定的?

切实可行的经济责任审计年度计划,是保障经济责任审计顺利进行和保证审计质量的基础和前提。高等学校的经济责任审计年度计划由学校领导干部经济责任审计联席会议(或学校领导干部经济责任审计领导小组等机构)统一协调、集中安排。其确定过程如下:

1. 每年初,由组织、人事部门根据干部管理工作的需要,向联席会议书面提交当年度应列为经济责任审计对象的领导干部名单,并提出审计实施方式的初步意见;纪监部门则结合监督工作的需要,向联席会议提出审计对象的建议。

2. 召开学校经济责任审计联席会议,专题研究经济责任审计年度计划。根据审计对象确定原则和干部监督管理以及党风廉政建设等需要,结合组织部和纪监部门提交的名单,本着突出重点、注重实效的原则,在充分考虑审计处实际承担能力的基础上,初步确定包括领导干部名单和拟采用审计实施方式等内容的经济责任审计年度计划方案。

3. 联席会议召集人向党委常委会报告经济责任审计年度计划方案,获批后执行。

4. 审计处将经济责任审计年度计划方案纳入学校年度审计计划。

二、高等学校经济责任审计实施方式有哪些?

1. 按审计实施的时间,可分为任期审计和任中审计。

(1) 任期审计。任期审计是指领导干部任期届满,或因调任、提任、退休、辞职等原因离开所在岗位,学校对其任职期间履行经济责任情况所进行的检查和评价。任期审计一般在被审计人离开其任职岗位前后的一年内启动实施。

(2) 任中审计。任中审计是指在领导干部任职期间,学校对其已任职期间履行经济责任情况所进行的检查和评价。

2. 按审计实施的方式,可分为进点审计和送达审计。

(1) 进点审计。进点审计是指在审计实施阶段,审计处采用现场核实、访谈取证、内部测试、复核分析等一系列完备的执业手段所开展的检查和评价活动。对于学校所属独立法人单位负责人和经济活动体量较大的院系部处负责人的进点审计,经联席会议批准,可聘请社会中介机构参与审计项目的实施。

(2) 送达审计。送达审计是指以领导干部所在单位(部门)开展自查和领导干部公开述职等活动为基础,审计处对领导干部所在单位(部门)报送的全部资料,按规定的要求所进行的检查和评价活动。若有需要,送达审计项目亦可转换为进点审计。

三、审计处自审项目与聘请社会中介机构协审项目的相同与不同之处有哪些?

对于学校所属独立法人单位领导干部以及经济活动体量较大的院系部处领导干部的进点审计,经联席会议批准,可聘请社会中介机构参与审计项目的实施。根据是否有社会中介机构参与,审计项目可分为自审项目与协审项目。

自审项目与协审项目均是审计处组织开展的审计项目,具有相同的审计目标和审计内容，执行相同的审计程序和审计标准，最后结果文件由审计处统一上报学校。

不同之处主要有三方面：

一是参与实施的审计人员不同。自审项目完全由审计处人员实施，协审项目审计人员既有审计处人员也有外聘社会中介机构人员。

二是项目类型不同。根据每个高校审计力量的配置，以及对于协审单位的定位认知，一部分高校将经济体量大的重点项目作为自审项目，将一般项目作为协审项目；而另一部分高校则将重点项目安排社会中介机构协审，一般项目作为自审。自审项目与协审项目类型的安排应结合本校审计力量的配置情况、审计处对社会中介机构的质量管控模式等进行合理分配。

三是审计结果文书不同。自审项目以审计处名义出具审计报告、结果报告、管理建议书等结果文书；协审项目则一般在外聘社会中介机构独立出具审计报告、结果报告等文书的基础上，再由审计处向学校上报各类审计结果文书。

四、对哪些单位(部门)的领导干部采取进点审计的方式实施审计？

具备下列特征或条件的，将采取进点审计的方式实施审计：

1. 财务收支体量较大或经济活动频繁的院系单位；

2. 担负主要经济管理职能的机关部门，如：财务处、基建处、资产管理处、总务处和科研管理部门等；

3. 学校各附属医院；

4. 学校全资或控股企业；

5. 其他需要重点关注的院系或部门；

6. 在送达审计实施中发现重大问题、经由联席会议批准的转换审计方式的单位(部门)。

五、经济责任审计主要有哪些阶段？

经济责任审计基本分为审计计划、审计准备、审计实施、审计报告、审计整改、审计归档等六个阶段。

1. 审计计划：由组织人事部门拟定审计对象初步名单，经济责任审计联席会议审议并确定计划名单、审计方式等，然后报校领导审批，列入审计项目计划。

2. 审计准备：审计处在审计实施前，编制审计工作方案及审计实施方案，做好包括审计立项、成立审计组、开展审前调查、发送审计通知书及审计承诺书，对送审资料作出明确要求等必要的准备工作。

3. 审计实施：审计处召开审计进点会议，进行审计公示，进入审计取证阶段，然后根据取证阶段发现的问题，提交被审计单位确认审计问题，形成审计工作底稿、审计报告初稿等审计文书。

4. 审计报告：审计处形成征求意见稿，提交给被审计单位和被审计领导干部征求意见，并根据反馈的意见适当修改审计报告，根据情况补充证据形成审计报告（审批稿），呈报学校领导审批；审批同意后，形成正式的审计报告，送呈校领导、组织部门并抄送相关部门。

5. 审计整改：审计处下发审计整改通知书，要求被审计单位根据审计意见进行整改，被审计单位应在规定时间内提交有关整改情况报告，审计处及学校相关部门根据职责对审计整改进行相应的跟踪检查、督促整改等工作，并由审计处向学校汇报整改情况。

6. 审计归档：项目结束后，审计组负责将审计原始材料装订成册，统一归档。

六、采用进点审计实施方式的基本程序是什么？

1. 审计项目立项。审计处在接受干部管理部门的经济责任审计委托后，予以审计立项，对审计的组织方式、分工、协作、汇总、处理等事项作出安排,并成立审计组,确定审计组长。

2. 进行审前调查。审计处向联席会议成员部门和相关职能部门发放审计调查征询函进行审前调查,审计组同时向被审计单位(部门)下发审计预通知,调查了解被审计单位(部门)和被审计领导干部的基本情况,并要求被审计单位(部门)提交按审计要求撰写的述职报告及基本送审资料。

3. 编制审计实施方案。审计组根据被审计领导干部所在单位(部门)的情况,结合相关职能部门的征询函反馈意见,编制审计实施方案并上报审批。

4. 下达审计通知书。在审计实施前,审计组向被审计领导干部及其所在单位(部门)下达审计通知书。

5. 具体实施审计。审计通知书下达的三个工作日之后,审计处召开审计进点会。进点会后,审计组可通过检查、分析、测试等系列执业程序,依法依规地开展具体的审计实施工作。

6. 起草审计报告初稿并征求意见。结合审计检查的情况,由审计组负责起草审计报告初稿,并征求被审计领导干部以及所在单位(部门)的意见。针对被审计领导干部和所在单位(部门)的书面反馈意见,审计组进一步核实情况,并将审计报告初稿和对书面意见的处理说明连同被审计领导干部和所在单位(部门)的书面意见,一并报送审计处负责人审批。

7. 出具审计业务文书。审计实施阶段结束后,审计处出具经济责任审计报告及结果报告,上报学校领导审批后,向被审计领导干部以及所在单位(部门)送达审计报告。同时,抄送经济责任审计联席会议成员部门。必要时,可将涉及其他有关职能部门的情况抄送该部门。

8. 整改督查。落实专人负责,对被审计单位和相关部门的整改落实情况,实施跟踪检查和情况报告。

七、采用送达审计实施方式的基本程序是什么?

1. 审计项目立项。审计部门在接受干部管理部门的经济责任审计委托后,予以审计立项,对审计的组织方式、分工、协作、汇总、处理等事项作出安排。

2. 进行审前调查。审计处向联席会议成员部门和相关职能部门发放审计调查征询函进行审前调查,同时,审计组向被审计单位下发审计通知,调查了解被审计单位和被审计领导干部的基本情况,并要求被审计单位提交按审计要求撰写的述职报告及基本送审资料。

3. 审核资料实施审计。审计组审核被审计领导干部及其所在单位提交的基本送审资料,并根据审核的情况,要求相关人员进一步提供有关资料,收集审计证据,编制工作底稿。

4. 召开述职会议。召开被审计领导干部的述职会议,由被审计领导干部在会上述职,被审计领导干部所在单位的相关人员、经济责任审计联席会议相关部门的人员参加会议。

5. 起草审计报告初稿并征求被审计领导干部及其所在单位意见。述职会议结束后,审计组负责起草审计报告初稿,审计报告初稿应当征求被审计领导干部及其所在单位的意见。针对被审计领导干部和所在单位(部门)的书面意见,审计组进一步核实情况,并将审计报告初稿和对书面意见的处理说明连同被审计领导干部和所在单位的书面意见一并报送审计处。

6. 出具审计报告等文书。审计实施阶段结束后,审计处出具经济责任审计报告及结果报告,上报协管审计的校领导审核批准后,抄送组织、纪检监察等有关部门。同时,向被审计领导干部以及所在单位(部门)送达审计报告。必要时,应将涉及其他有关职能部门的情况抄送该部门。

7. 整改督查。落实专人负责,对被审计单位和相关部门的整改落实情况,实施跟踪检查和情况报告。

八、召开经济责任审计进点会(述职会)的目的是什么?

1. 便于被审计领导干部及其所在单位了解经济责任审计的具体

要求,并做好审计配合工作;

2. 领导干部在会上介绍本人经济责任的履行情况,并接受被审计领导干部所在单位其他人员的监督;

3. 组织部、审计处、纪委监察处共同参加会议,可以有效提高被审计单位及有关人员对经济责任审计的重视;

4. 便于审计组顺利开展审计工作,也可以现场解答被审计领导干部以及其他相关人员提出的具体问题,消除他们思想认识上的顾虑,有利于进一步做好经济责任审计工作。

九、采取进点审计方式的审计进点会如何召开?

采取进点审计方式的经济责任审计项目,审计处在派出审计组实施审计时所召开的会议,被称为经济责任审计进点会。经济责任审计进点会由审计处主持。

一般情况下,下列人员参加进点会:

1. 被审计的领导干部;

2. 被审计单位的新(老)班子成员;

3. 被审计单位与审计事项有关的财务、资产管理人员和教职工代表等;

4. 有关校领导;

5. 组织部、纪检监察等部门的负责人;

6. 审计处负责人以及审计组的审计人员;

7. 其他有必要参加的人员。

进点会的主要议程有:

1. 组织部负责人宣读审计委托书并提出工作要求;

2. 纪检监察部门负责人讲话;

3. 审计处负责人讲话;

4. 审计组宣读审计通知书并介绍审计工作安排和要求;

5. 被审计领导干部对经济责任履行情况进行述职;

6. 被审计领导干部所在单位的负责人讲话(其他参会人员可作补充发言);

7. 有关校领导讲话。

十、采取送达审计方式的审计述职会如何召开?

采取送达审计方式的经济责任审计项目,因审计组不进驻现场实施审计工作,以被审计领导干部及其所在单位提供的资料为审计基础,但在实施过程中,审计处将召集相关人员参加被审计领导干部的述职会议。述职会议由审计处主持。

一般情况下,下列人员参加述职会:

1. 被审计的领导干部;

2. 被审计单位的新(老)班子成员;

3. 被审计单位与审计事项有关的财务、资产管理人员和教职工代表等;

4. 组织部、纪检监察等部门的负责人;

5. 审计处负责人以及审计组成员;

6. 其他有必要参加的人员。

述职会的主要议程有:

1. 组织部负责人宣读审计委托书并提出工作要求;

2. 纪检监察部门负责人讲话;

3. 审计处负责人讲话;

4. 审计组宣读审计通知书并介绍审计工作的安排和要求;

5. 被审计领导干部按照提交审计处的述职报告的主要内容,向与会人员就本人履行经济责任的情况述职;

6. 被审计领导干部所在单位的负责人讲话(其他参会人员可作补充发言,与会人员可针对述职内容,提出质询,经济责任人应予以解答)。

十一、在经济责任审计实施过程中,被审计领导干部和所在单位(部门)有哪些权利和义务?

1. 依照有关规定要求有关审计人员回避。

2. 及时提交下列经济责任履行情况的书面材料:有关财务收支相关资料;工作计划、工作总结、会议记录、会议纪要、经济合同、考核检查结果、业务档案等业务资料;被审计领导干部履行经济责任情况的述职报告;审计需要的其他资料。

3. 对审计组的审计报告征求意见稿反映的情况,作出书面解释或提出书面意见。

4. 对审计结果有异议的,可按程序提出申诉。

5. 其他有关法律法规规定的权利。

6. 对所提供资料的真实性、完整性负责,并作出书面承诺。

7. 审计实施过程中协助与配合审计人员工作。

8. 其他有关法律法规规定的义务。

十二、在经济责任审计实施过程中,审计组可以采取哪些方法收集了解有关情况?

审计组有权收集了解有关情况,相关单位和人员有义务予以配合。审计人员在实施经济责任审计时,通常运用以下方法取得证明材料:

1. 审查会计凭证、会计账簿和会计报表;

2. 查阅与审计事项有关的文件、资料;

3. 检查现金、实物和有价证券;

4. 向有关单位和个人进行调查;

5. 其他常用的调查取证方法。

在经济责任审计中,审计人员还可以运用以下审计方法收集了解有关情况:

1. 查阅被审计单位与审计事项相关的文件、会议记录、纪要、函件、通知等相关资料,以掌握有关领导干部的相关材料;

2. 分别对副职、中层领导、职工代表及相关人员进行个别谈话、询问,广泛听取他们对被审计领导干部的反映和评价;

3. 召开干部职工座谈会,倾听他们对被审计领导干部的评价,并了解有关情况;

4. 对领导干部进行民主测评,就领导干部经济责任审计内容中的有关问题,以问卷的形式进行审计调查。

十三、经济责任审计报告如何征求被审计领导干部及其所在单位的意见?

审计组在结束审计后,负责起草经济责任审计报告初稿,并征求被审计领导干部及其所在单位的意见,要求在规定的期限内予以书面回复。

被审计领导干部及其所在单位应当自接到审计报告之日起在规定的期限内提出书面意见。逾期未提出书面意见的,视同无异议。

被审计领导干部及其所在单位若对审计报告初稿的内容有意见,应当及时以书面的方式提出。所提意见的内容没有限制,但是应当写明对审计报告具体内容的具体意见,客观地阐述自己的观点和依据的事实、法律法规。

审计组在收到被审计领导干部及其所在单位对审计报告初稿的书面意见时,应当逐条进行检查,进一步核实情况,根据所核实的情况对审计报告初稿作必要修改,同时,将审计报告初稿及对书面意见的处理说明连同被审计领导干部和所在单位的书面意见一并报送审计处负责人。

十四、被审计领导干部以及所在单位(部门)对经济责任审计结论有异议怎么办?

被审计领导干部如果对正式下达的审计报告持有异议,应当在收到报告之日起的规定时间内,以书面的形式向审计处提出申诉;审计处应自收到申诉之日起在规定时间内作出复查决定。

若对复查决定仍有异议,领导干部可向经济责任审计联席会议申请复议,经济责任审计联席会议复议决定为最终意见。

第六节　审计评价和责任界定

一、经济责任审计应当形成哪些审计结果性业务文书?

经济责任审计结束后,审计处应按照有关规定向学校领导和有关方面出具审计报告、审计结果报告、审计决定书、审计移送处理书、审计建议书、审计整改通知书、审计要情等审计结果性业务文书。其中,审计报告和审计结果报告是必须出具的审计业务文书,而审计决定书等其他审计业务文书,则由审计处结合审计实施的具体情况酌定是否出具。

二、审计报告应当包括哪些主要内容?

审计终结后,审计处出具的评价领导干部经济责任履职情况的审计业务文书即被称为审计报告。审计报告主要包括以下内容:

1. 审计依据、实施审计的基本情况。

2. 被审计领导干部所任职部门或者单位的基本情况、被审计领导干部的任职及分工情况等。

3. 被审计领导干部履行经济责任的主要情况,其中包括以往审计决定执行情况和审计建议采纳情况等。

4. 审计发现的主要问题和责任认定,其中包括审计发现问题的事实、定性、被审计领导干部应当承担的责任以及有关依据。

5. 审计处理意见和建议以及其他必要的内容。若审计期间被审计领导干部以及所在单位(部门)对审计发现问题已经整改的,报告中也可以作如实反映。

审计中发现的有关重大事项,可以直接报送校领导或者相关部门,不在审计报告中反映。

三、审计结果报告的主要用途是什么?

审计结果报告是审计处在审计报告的基础上,精简提炼形成的反映审计结果的结论性报告。审计结果报告着重反映了被审计领导干部履行经济责任的主要情况、审计发现的主要问题和责任认定、审计处理方式和建议,主要用途是提交给干部管理部门,存入被审计领导干部的个人档案。

四、审计决定书、审计移送处理书和审计建议书的用途是什么?

1. 审计决定书。在审计中发现的明显违反国家法律法规和学校规章制度的问题,审计处在审计实施中或审计结束后出具审计决定书,要求被审计单位(部门)立即予以整改、纠正。

2. 审计移送处理书。对于审计中发现的须由有关部门进一步核查的事项,或者须由有关部门进行纠正、处理、处罚的事项,或者须追究有关人员行政责任、刑事责任的事项,审计处应当出具审计移送处理书,移交学校相关部门处理。

3. 审计建议书。对于在审计中发现的某些管理性问题,审计组可以出具审计建议书,以帮助被审计单位进一步加强和改善管理;对于在审计中发现的有关学校现行制度、机制或制度执行方面的问题,审计处可以审计建议书的形式,及时通报相关职能部门和其分管校领导,以促进其进一步完善和优化管理;对于在审计中发现的某些违法违纪行为,审计处可以审计建议书的形式,向组织部、纪监部门和其他监管部门提出相应的处罚、处理建议。

五、经济责任审计评价的基本原则是什么？

1. 依法评价。审计评价不能超出规定的审计职权范围，更不能违反有关法律、法规和有关规定。

2. 实事求是。审计评价要依据审计查证的事实进行，不能作出没有事实依据的判断，更不能掩盖或隐匿事实、故意夸大或缩小事实。

3. 客观公正。审计评价应当始终保持独立性，不能借以牟取私利或者故加偏袒，更不能掺杂审计人员的主观因素、个人好恶和心理情感等。

六、经济责任审计评价的主要方法是什么？

1. 业绩比较法。包括纵向比较法（即上任时与离任时业绩比较法或先确定比较基期再将比较期与之对比的方法）和横向比较法（即将相关业绩与同行业一般状况进行比较的方法）。

2. 量化指标法。即运用能够反映领导干部履行经济责任情况的相关经济指标，分析其完成情况，分析相关经济责任的方法。

3. 环境分析法。将领导干部履行其经济责任的行为放入相关的社会政治经济环境中加以分析，作出实事求是的客观评价。

4. 主客观因素分析法。即对具体行为或事项进行主客观分析，推究其具体的主客观成因，分析该具体行为或事项是成因于领导干部主观过错或主观创造力，还是成因于客观因素的影响，进而作出审计评价。

5. 责任区分法。包括区分现任责任与前任责任、个人责任与集体责任、主管责任与直接责任、管理责任与领导责任等，正确区分不同责任之间的界限和不同责任人之间的界限，使审计评价做到责任清楚、明确。

6. 上述方法的综合运用以及其他有效的方法。

七、如果发现领导干部在履行经济责任过程中存在问题,领导干部应当承担什么责任?

对领导干部履行经济责任过程中存在的问题,审计人员应当按照权责一致原则,根据领导干部的职责分工,充分考虑相关事项的历史背景、决策程序等要求和实际决策过程,以及是否签批文件、是否分管、是否参与特定事项的管理等综合因素,根据相关规定认定其应当承担的责任。领导干部应当承担的责任可分为三类:直接责任、主管责任或领导责任。

八、何为领导干部的直接责任?

直接责任是指领导干部对履行经济责任过程中的下列行为应当承担的责任:

1. 本人或者与他人共同违反有关法律法规、国家有关规定、单位(部门)内部管理规定的;

2. 授意、指使、强令、纵容、包庇下属人员违反有关法律法规、国家有关规定和单位(部门)内部管理规定的;

3. 未经民主决策、相关会议讨论或者文件传签等规定的程序,直接决定、批准、组织实施重大经济事项,并造成学校利益重大损失、学校资金或国有资产(资源)严重损失浪费以及其他严重损害学校利益等后果的;

4. 主持相关会议讨论或者以文件传签等其他方式研究,在多数人不同意的情况下,直接决定、批准、组织实施重大经济事项,由于决策不当或者决策失误造成学校利益重大损失、学校资金或国有资产(资源)严重损失浪费以及其他严重损害学校利益等后果的;

5. 对有关法律法规和文件制度规定的被审计领导干部作为第一责任人(负总责)的事项、签订的有关目标责任事项或者应当履行的其他重要职责,由于授权(委托)其他领导干部决策且决策不当或者决策

失误造成学校利益重大损失、学校资金或国有资产(资源)严重损失浪费以及其他严重损害学校利益等后果的;

6. 其他失职、渎职或者应当承担直接责任的。

九、何为领导干部的主管责任?

主管责任是指领导干部对履行经济责任过程中的下列行为应当承担的责任:

1. 除直接责任外,领导干部对其直接分管或主管的工作,不履行或者不正确履行经济责任的;

2. 除直接责任外,主持相关会议讨论或者以文件传签等其他方式研究,并且在多数人同意的情况下,决定、批准、组织实施重大经济事项,由于决策不当或者决策失误造成学校利益损失、学校资金或国有资产(资源)损失浪费以及其他损害学校利益等后果的;

3. 疏于监管,致使所管辖范围、分管单位(部门)发生重大违纪违法问题或者造成重大损失浪费等后果的;

4. 其他应当承担主管责任的情形。

十、何为领导干部的领导责任?

领导责任是指除直接责任和主管责任外,领导干部对其职责范围内不履行或者不正确履行经济责任的其他行为应当承担的责任。

第七节 审计结果运用

一、审计结果运用包括哪些方面?

审计结果运用是高等学校有关单位和部门实施的充分使用审计结

果的管理活动,包括审计整改落实、审计结果公开以及干部管理工作等。审计结果运用是经济责任审计工作的重要内容,审计结果得到有效运用方能最大限度地提高经济责任审计的效用,亦能借由审计结果优化学校的整体管理水平。

二、审计整改工作的责任主体是谁?

经济责任审计整改工作的责任主体是被审计单位,被审计单位现任党政主要负责人为审计整改工作第一责任人,负责领导和组织审计整改工作。离任被审计领导干部应当积极配合原任职单位的审计整改工作。

三、被审计单位如何进行审计整改?

被审计单位应当将落实审计整改工作纳入领导班子议事决策范畴,加强对审计整改工作的组织领导,完善审计整改工作机制,制定审计整改工作方案,强化审计整改工作落实,并对审计发现的问题,深入分析原因,健全内部管理机制,完善内部控制制度,提高审计整改实效,促进单位治理体系和治理能力现代化。

根据审计结果,应当采取以下整改措施:

1. 在内部一定范围内通报审计结果和整改要求,及时制定整改方案,认真进行整改,及时将整改结果书面报告审计处和有关干部管理监督部门;

2. 按照有关要求公布整改结果;

3. 对审计决定,应当在规定期限内执行完毕,并将执行情况书面报告审计处;

4. 根据审计结果反映出的问题,落实有关责任人员的责任,采取相应的处理措施;

5. 根据审计建议,采取措施,健全制度,加强管理。

四、被审计单位提交的审计整改结果报告应包括哪些内容？

审计整改结果报告主要包括以下内容：
1. 审计整改的总体情况；
2. 针对审计建议已采取的整改措施；
3. 对有关责任部门和责任人的责任追究处理情况；
4. 强化内部管理和完善相关制度情况；
5. 正在整改或尚未整改事项的原因分析及计划完成时间；
6. 落实整改的必要证明材料；
7. 其他有关内容。

五、审计结果公开的方式有哪些？

审计结果公开是指学校通过一定形式的信息载体，经过一定的审批程序，公开审计结论性文书所反映的主要内容，接受一定范围的社会舆论监督。在高等学校，审计结果公开可采取单项公开、分类公开、综合公开的方式，可通过纸质载体、电子文档载体公开，可采取向社会公开、校内公开等方式。

六、审计处在审计结果运用中的具体职责是哪些？

1. 对审计中发现的相关单位违反国家、学校规定的财务收支行为，依法依规作出处理；对审计中发现的需要移送处理的事项，应当区分情况依法依规移送有关部门处理；
2. 根据干部管理监督部门等的要求，以适当方式向其提供审计结果以及与审计项目有关的其他情况；
3. 协助和配合干部管理监督等部门落实、查处与审计项目有关的问题和事项；

4. 按照有关规定,在一定范围内通报审计结果,或者以适当方式向全校公开审计结果;

5. 对审计发现问题的整改情况进行监督检查;

6. 对审计发现的典型性、普遍性、倾向性问题和有关建议,以综合报告、专题报告等形式报送校领导,提交有关部门。

七、组织及人事部门在审计结果运用中的具体职责是哪些?

1. 根据干部管理工作的有关要求,将经济责任审计纳入干部管理监督体系。

2. 根据审计结果和有关规定,对应当作出处理的被审计领导干部及其他有关人员,按照有关规定作出处理。

3. 将经济责任审计结果报告存入被审计领导干部本人档案,作为考核、任免、奖惩被审计领导干部的重要依据。

4. 要求被审计领导干部将经济责任履行情况和审计发现问题的整改情况,作为所在单位领导班子民主生活会和述职述廉的重要内容。

5. 对审计结果反映的典型性、普遍性、倾向性问题及时进行研究,并将其作为采取有关措施、完善有关制度规定的参考依据。

6. 以适当方式及时将审计结果运用情况反馈审计处。

八、纪监部门在审计结果运用中的具体职责是哪些?

1. 依纪依法受理审计移送的案件线索;

2. 依纪依法查处经济责任审计中发现的违纪违法行为;

3. 对审计结果反映的典型性、普遍性、倾向性问题适时进行研究并采取相关措施;

4. 以适当方式及时将审计结果运用情况反馈审计处。

九、学校有关职能部门如何运用审计结果?

学校各有关职能部处应在其职能范围内,督促被审计单位进行有效整改,对经济责任审计中所反映的典型性、普遍性、倾向性问题及时进行研究,将其作为采取有关措施、完善有关制度规定的参考依据,并及时将有关审计结果运用情况反馈审计处。

十、经济责任审计联席会议在审计结果运用工作中的职责是哪些?

学校经济责任审计联席会议(或经济责任审计领导小组等机构)应对审计结果运用情况进行研究,适时召开专题或相关工作会议,通报有关情况,研究和解决热点、难点问题,并定期或不定期向学校党委常委会汇报。

第二章

经济责任审计案例选编

本章节选了近年各高校经济责任审计中所发现的 30 个普遍性或典型性案例,从案例事实、审计处理意见、处理依据的阐述入手,配以简要的案例评析,为读者作出示范性分析。从领导干部的角度,可以直观地了解何为违规违纪行为;从审计从业人员的角度,可以了解问题的表现形式和发生原因等,也为问题定性、提出审计处理意见提供参考。

第一节 内部管理制度建设和执行方面

一、内部重要行政、经济管理制度和规定缺失

案例 1 未制定"三重一大"议事决策制度

(一)案例事实

审计发现,在日常运行中,××单位对于包括教学、科研、学科建设、队伍建设、酬金、设备购置以及大额资金使用等在内的重要事项,实行由党政联席会议讨论决定的做法。但是,该单位尚未形成成文的制度来进一步明确议事决策会议形式、规则、程序和范围等。

(二)审计处理

要求××单位在规定时间内建立"三重一大"决策制度,并明确相

关议事决策规则。

(三) 处理依据

《××大学贯彻落实〈建立健全教育、制度、监督并重的惩治和预防腐败体系实施纲要〉具体办法》(×委〔2005〕24号)第三条第一款"……各二级单位特别是具有独立法人资格的附属医院等单位,必须建立和完善本单位领导班子的会议制度和议事决策规则,尤其是要建立健全党政联席会议制度……"。

(四) 案例评析

根据民主集中制原则,单位重要事项由其领导班子决策。而领导班子的决策应遵循一定规则,通过制度保证重大决策的民主化、科学化,推进依法治校,防止个人擅断。

保证领导班子决策民主科学的首要制度是"三重一大"决策制度。根据国家、学校有关规定,"三重一大"是指重大决策、重要人事任免、重大项目安排和大额度资金使用,凡属"三重一大"事项必须由单位(部门)领导班子集体研究作出决定。由于不同单位(部门)"三重一大"事项具体表现不同(比如,在一些单位 1 000 元即是大额资金,而另一些单位 5 000 元才是大额资金的起点),因此各单位(部门)应根据其实际情况制定"三重一大"决策制度,但在制度中均应包括"三重一大"事项的具体内容、决策程序、记录等重要内容。

案例2 学校收费管理方面的制度缺失

(一) 案例事实

作为学校收费管理部门,财务处对于收费管理职能仅在《××大学财务管理条例(试行)》中第二十二条提到"学校在收费上实行'统一领导、分类管理、收费公示'的管理办法"的原则,无其他制度或实施细则。同时,《××大学财务管理条例(试行)》中第二十二条提到"非行政事业性收费项目,由财务处负责审定"的原则,但财务处未制定相应的办法进行收费审定工作的操作,对于非行政性事业收费项目的审定的范围、方式、流程均无制度约束,操作性不足。

（二）审计处理

要求制定学校收费管理制度。明确学校各类收费的主体、内容、方法、程序等，并就财务处收费审核备案工作明确程序，制定相应流程，规范学校各类收费行为。

（三）案例评析

收费是学校经济业务中的重要事项，高等学校经济体量较大，除正常学费收取等工作之外，尚有培训办班或对外提供科技服务等行为涉及收费事项，且发生频次较高，涉及院系部门较多，但部分高校并未对收费事项进行制度约束，或如本案例中所提到的，尽管有原则性要求，但无操作性细则，不能满足管理要求，内控风险比较突出。

《高等学校收费管理暂行办法》（教财〔1996〕101号）明确提出："各级教育、物价、财政部门要加强对高等学校收费的管理和监督，督促学校严格执行国家有关教育收费管理的政策和规定，建立健全收费管理的规章和制度。"因而，高等学校应制定学校层面的收费管理制度，对各类收费行为作出制度约束，从而进一步指导收费行为，规范实际操作，保证学校和受教育者的合法权益，规避收费工作风险。

二、制度条款制定存在漏洞或缺陷

案例3　××单位制度规定中部分条款制定存在漏洞，有关不相容职务未能得到有效分离

（一）案例事实

审计发现，在××单位实验动物生产供应和动物实验对外服务等业务的制度规定中确立的对有关业务接洽、签约、收费、采购、记录、实施、结算等不相容职务集中由科长、副科长等少数人员操作，导致相应资源的使用和流向由少数人掌控，缺少必要的制约。

例如《××单位岗位职责》中的《××供销人员岗位职责》与《开票人员岗位职责》的规定条款内容完全重叠，只是列示顺序略有变动而已。在这两项制度中规定的岗位职责为：实验动物供销人员或开票人员既是

实验动物、饲料、垫料等实物的销售员,又承担收取校内转账支票本、开发货单、开财务发票等工作,并承担发货记录、销售统计表的工作,同时,还是饲料、垫料的仓库管理员和仓库账记录员等多项不相容职务。

再如,《××实验室工作流程图》列示的作为责任人的科长、副科长的工作内容为:接洽课题、签订协议及实验经费预算、收取钱款、开发货单、外购动物、动物入库验收、实施实验、实验结算等工作环节。该流程图中显示的"财务结账"环节责任人为财务人员,但是在《财会统计人员岗位职责》中并未见有相关的具体规定。因此,科长、副科长实际承担的岗位职责,已包揽了整个实验业务中的所有不相容职务。

(二)审计处理

要求××单位在规定时间内重新制定相关管理制度,确保不相容岗位相互分离。

(三)处理依据

《行政事业单位内部控制规范》第十二条"……(一)不相容岗位相互分离。合理设置内部控制关键岗位,明确划分职责权限,实施相应的分离措施,形成相互制约、相互监督的工作机制"。

(四)案例评析

各单位(部门)对于重要经济业务活动应当制定相关的管理制度进行规范,但制定的管理制度本身应符合内部控制的基本要求。在内部控制的各项手段中,不相容职务分离控制是控制措施中首要和重大的控制措施,对发挥控制作用和实现内部控制目标起着决定性作用。

不相容职务是指由一个人担任极可能发生错误或舞弊行为又可能掩盖其错误或舞弊行为的岗位,对不相容的职务如果不实行相互分离的措施就容易发生舞弊。如本例,该单位众多不相容职务未能相分离,存在着极大的舞弊风险,事实上,对该单位进行审计后,相关人员也确因涉嫌腐败而受到相关司法部门的调查。

因此,各单位(部门)必须按照不能由同一个人完成两项不相容作业、不能由同一个岗位同时履行两项不相容职责、不能由同一个部门同时负责两个不相容岗位的不相容职务分离要求,同时,遵循全面性、重要性、制衡性等原则,科学界定和设置岗位,确保不相容职务相互分离。

一般情况下,单位(部门)的经济业务活动通常可以划分为授权、签发、核准、执行和记录五个步骤。如果上述每一步都有相对独立的人员或部门分别实施或执行,就能够保证不相容职务的分离,从而便于内部控制作用的发挥。概括而言,在单位(部门)内部应加以分离的主要不相容职务有:

(1) 授权进行某项经济业务和执行该项业务的职务要分离,如有权决定或审批材料采购的人员不能同时兼任采购员职务。

(2) 执行某些经济业务和审核这些经济业务的职务要分离,如填写发票的人员不能兼任审核人员。

(3) 执行某项经济业务和记录该项业务的职务要分离,如销货人员不能同时兼任会计记账工作。

(4) 保管某些财产物资和对其进行记录的职务要分离,如会计部门的出纳员与记账员要分离,不能兼任。

(5) 保管某些财产物资和核对实存数与账存数的职务要分离。

(6) 记录明细账和记录总账的职务要分离。

(7) 登记日记账和登记总账的职务要分离。

案例 4 决策制度中未明确大额资金的界定标准,制度缺乏可操作性

(一) 案例事实

××单位建立了《××大学××单位党政联席会议议事规则》《×ׄ单位"三重一大"实施细则》等决策制度,规定"三重一大"事项应经党政联席会议集体决策,但制度中未明确大额资金的界定标准,制度缺乏可操作性。

(二) 审计处理

对现有的"三重一大"决策制度等各方面制度进行梳理修订,保证制度条款切实可行,以制度规范管理,提升内部管理水平与效能。

(三) 案例评析

制定内部管理制度的目的是约束管理行为,实现各项经济活动的

规范性、合规性等。该单位虽然制定了"三重一大"制度,但未规定大额资金标准,关于大额资金使用的决策事项无明确依据,不具备实际操作性。

同案例1中所提到的,不同单位(部门)"三重一大"事项的具体表现不同,比如,在一些单位1 000元即是大额资金,而另一些单位5 000元才是大额资金的起点。因此各单位(部门)应根据实际情况在"三重一大"决策制度中明确"大额资金"标准,才能切实落实大额资金使用决策程序,规范管理行为。由此而推及,各单位(部门)在制定内部管理制度时,应充分考虑制度的合理性与可操作性,工作才能落到实处,管理才能到位。

三、内部管理制度未得到有效执行

案例5 ××学院部分制度执行不力,内部控制不规范

(一)案例事实

××学院制定有《关于××大学××学院会议制度的规定》《××学院党政联席会议议事规则》等"三重一大"决策制度,但在被审计领导干部任期后期,制度执行有所松懈,未能按照规定定期召开党政联席会议,学院部分重大事项未见集体讨论决策记录。

经对大额支出进行抽查验证,部分大额支出如有关复印费、人员酬金分配、员工福利发放等事项未见决策记录。且学院酬金发放欠严谨,部分人员酬金超常规发放无明确依据。如抽见部分行政人员核定工作量未达到最高档次,但与工作量相关的酬金实际按照最高档次标准发放,该事项未见领导班子集体讨论过程及决策记录。

(二)审计处理

要求××学院严格执行有关制度,按照制度规定进行集体决策并做好记录,同时追缴超规定发放的酬金。

(三)处理依据

《关于××大学××学院会议制度的规定》《××学院党政联席会

议议事规则》。

(四) 案例评析

审计发现,多数单位(部门)都按照学校要求制定了相关决策制度,但是部分单位并未严格遵守已制定的制度。

制度本身应具有一定刚性,一旦制定就必须严格遵守,否则,制度成为空文,比没有制度的危害还要大。因为制度的生命在于实施,如果有了制度不执行,那实际上是把制度当作儿戏,将严重损害群众对制度的信赖,而对制度的信赖一旦失去,制度将失去对群众行为的指引力,单位(部门)管理必将陷入混乱。

因此,各单位(部门)必须严格执行各项规章制度,如果执行中发现制度存在不完善之处应及时进行修改,而不能将其束之高阁。

第二节 财务管理方面

一、在教学经费、基本科研业务费中变相发放人员酬金

案例6 ××学院以额度控制方式在教学经费内变相发放绩效津贴

(一) 案例事实

审计发现,××学院根据院务会议决定,在教学经费中对获得各级课程建设和教学成果奖励的教师发放教学绩效津贴,发放形式采取先确定每人津贴额度,再由其凭发票报销的方式。

2010年学院课程建设和教学成果绩效奖设定总额度8.9万元。至审计日,学院已在本科生教学业务经费中报销3.6万元,报销名目为办公用品费、书费、市内交通费、餐费、食品等。

(二) 审计处理

要求××学院停止违规发放酬金办法,追缴已经变相发放的酬金。

(三) 处理依据

《××大学财务管理条例》"第二十八条 学校及各单位在使用各

类经费时,必须严格遵守专款专用原则"。

(四) 案例评析

学校为实现办学目标,将在开展教学、科研及其他活动过程中支出的各类资金,分为教学经费、科研经费、办公经费、人员酬金等类别下拨各单位(部门),不同经费类别有不同的开支用途,不能混用。

××学院在教学经费中变相发放酬金的做法混淆了教学业务经费与人员酬金经费的区别,违反了学校的相关规定。各单位(部门)应以此为鉴,按照学校规定管好用好各类经费,禁止在各类非人员酬金类经费中变相发放人员酬金。

二、支出原始票据不合规(假发票)

案例7 ××学院部分支出原始票据不合规,存在用虚假票据、虚假业务报销费用的现象

(一) 案例事实

审计抽见,在××学院内专项科研项目中存在用虚假票据报销费用的情况,且部分支出的原始票据不合规,业务不真实,如:

2011年11月,××学院某教师从其专项科研项目经费中报销4笔复印装订费,金额共计1 730元。经查询上海税务网及"12366"税务咨询热线,上述发票不是开票企业购买,涉嫌虚假发票。

2011年11月,××学院某教师报销其专项科研经费15 000元,其中发票号连号或相近的出租车发票223张,金额总计5 236元,占总支出的35%;另打印费发票1张390元,未加盖发票专用章,为无效发票。

2010年1月,××学院某教师本科生教学经费中以跨校区授课费名义报销出租车费2 000元,其中大量联号或相近发票85张,金额1 980元,占总报销金额的99%。

2010—2011年间,××学院某教师经手报销了32笔业务,金额33.39万元,经查询上海税务网及"12366"税务咨询热线,发票中有188张不是开票企业购买或存在疑问,为可疑发票,金额总计32.03万元,

占抽查金额的 95.93%。

(二) 审计处理

要求××学院严格执行财务管理制度，相关人员退回虚假报销金额，对于其中涉嫌严重违纪事项移送纪检监察部门处理。

(三) 处理依据

《高等学校财务制度》第二十九条规定："高等学校应当加强支出管理，不得虚列虚报。"《事业单位财务规则》(财政部令第 8 号)第二十七条："事业单位应当依法加强各类票据管理，确保票据来源合法、内容真实、使用正确，不得使用虚假票据。"

(四) 案例评析

虚假发票类型主要分为三种：一是"假发票、假业务"，指发票本身和业务都是虚假的；二是"假发票、真业务"，指发票本身是虚假的，但相关业务是真实的，主要是开具发票企业为少计销售收入、偷逃税款使用；三是"真发票、假业务"，也就是发票本身是真的，但记载的相关业务内容或金额是虚假的。

假发票的使用，轻者损害消费者合法权益(由于假发票所反映经济事项的真实性存在虚假，假发票的提供者往往可以对其提供的服务予以否认，不提供任何售后服务和保障，使得消费者权益得不到保障)；重者给不法分子合法报销、会计造假、平账贪污、侵吞公款、洗钱诈骗和行贿受贿等经济犯罪提供可乘之机，使大量不义之财流入个人腰包，滋生腐败，败坏了社会风气。

因此，各单位(部门)必须严禁使用任何形式假发票。同时，学校财务部门也应严格审核各类票据，防止各类虚假票据流入学校。

三、收入较长时间滞留账外，公款私存，未及时上缴学校

案例 8 ××学院某硕士班学费收入较长时间未上缴学校

(一) 案例事实

审计在查阅××学院某硕士班学费收据本时发现，有 11 张收款金

额共计 18 万元的收据均未填写收款日期,款项也未解交财务处指定的学校银行账户,而是被存入以收费经办人名义开设的个人银行存折中,该笔大额现金至少也已在账外滞留超过两个月。审计通过核对收据存根和存折流水账,还发现该硕士班另有金额为 24 万元的学费,也在账外滞留了一个多月才解交学校银行账户。

(二)审计处理

要求该学院加强对收入的管理,防止出现类似事件。对其中涉嫌严重违规的事项,移送纪检监察部门处理。

(三)处理依据

《××大学财务管理条例(试行)》第二十条"学校及各单位的各项收入必须及时、全额上缴学校财务部门"的规定。

(四)案例评析

各单位(部门)在开展教学、科研及其他活动中可能取得各类资金,但各项收入均应当及时、全额上缴学校财务部门,尤其是以现金形式收取的资金,如不及时上缴,既存在保管上的安全风险,也容易被挪为他用,导致严重违规现象的发生。

因此,各单位(部门)应高度重视各类收入,特别是现金收入的安全完整,将各类收入及时上缴学校财务部门。

四、私购收据、截留现金收入,设立"小金库"

案例9 某单位私购收据、截留现金收入,设立"小金库"

(一)案例事实

某单位经学校批准对外提供有关服务并按照标准收取费用,对校外通过银行或邮局汇款,或以现金缴费且要求提供正规收据的部分收费业务的结算,开具从学校财务处领取的收据,按规定纳入财务处核算;但是,当购买服务人以现金缴费且不要求提供收据,或对收据的合规性无明确要求的,则出具自购收据,甚至不开收据,并将收取的现金自行存放在账外,收入的使用则由单位领导班子决策或决定。

该单位审计期间擅自存放在账外的现金收入达 12 万余元,占累计收入总额 48.5%。审计认为,该单位属于擅自使用自购收据,隐匿部分现金收入,私设"小金库"的行为。

(二) 审计处理

责令该单位立即纠正设立"小金库"行为,将结余现金上交学校财务部门;同时,将有关违规事实材料移送学校纪检监察部门;学校对有关人员进行了相应处分。

(三) 处理依据

《××大学关于坚决制止"小金库"的实施意见》中"凡以学校(含院系、中心、部处等)名义开展各类活动所取得的收入(包括对外服务收入),都必须全额纳入学校财务处或学校授权的下属财务机构管理"的制度规定。

(四) 案例评析

"小金库"是指违反法律法规及其他有关规定,应列入而未列入符合规定的单位账簿的各项资金(含有价证券)及其形成的资产。

"小金库"是严重的经济违规行为。它违反了财务管理制度,致使出现"两本账""多本账",甚至假账。"小金库"的资金游离在财务监督之外,一定程度上造成学校财务会计信息失真,影响学校决策和经营管理;同时,还造成国有资产流失,影响学校正常活动,给学校利益带来巨大损失。一些部门和单位将非法收入转移匿藏其中,作为部门利益团体和个人谋取私利的源泉,为请客送礼、铺张浪费提供经费便利。"小金库"成了一些利益团体和个人中饱私囊、损公肥私的"供应站",甚至演化成挪用、贪污等腐败问题的温床。

"小金库"有多种表现形式,区别关键是相关收入是否列入了符合规定的单位账簿,所以各级领导务必增强此方面意识,将各类型收入按学校规定入账,防止出现因不了解相关政策而导致误设"小金库"。

综上,学校各级领导都必须充分认识到"小金库"的危害,严禁设立任何形式的"小金库"。

五、在科研配套经费中支出与科研无关的费用

案例 10　××学院教师在科研配套经费中支出与科研活动无关的费用

(一) 案例事实

审计抽查发现,××学院给予教师的科研配套经费支出中存在大量礼品费、餐费等与科研活动无关的支出。如:2010 年 4 月,某教师在××学院给予的 1 万元配套经费中报销了 4 974 元礼品费,且多数发票连号。再如,2011 年 8 月,某教师在××学院给予的 1 万元配套经费中报销了 7 张共计 3 590 元礼品费发票,且发票连号或相近,此外,在此配套经费中报销了 3 290 元餐费。2011 年 12 月,某教师报销其院内专项科研项目资助经费 1 万元,主要为食品、餐费、礼品等费用,其中:超市食品费 5 592.7 元,占总支出 56%;礼品费 2 428 元,占总支出 24%。相关教师对上述支出均不能证明与科研活动相关。

(二) 审计处理

要求所在院系加强相关经费管理,相关教师退回违规报销经费。

(三) 处理依据

《××大学财务管理条例》第二十八条:"学校及各单位在使用各类经费时,必须严格遵守专款专用原则。"

(四) 案例评析

进行科学研究服务国家社会,推动我国科研事业的发展是学校重要任务和崇高使命。而进行科学研究不可避免要花费一定的人力、物力,因此,无论是纵向课题还是横向课题,委托方总会提供一定经费来资助科研活动,学校或所在单位也往往会提供一定配套经费资助教师的科研行为。

毫无疑问,这些经费为科学研究工作提供了必要的保障,对激发科研人员的工作热情、提升科技管理水平和自主创新能力、促进学校整体研究水平的提高具有十分重要的意义。但是,如果不合规地使

用这些经费也会产生一些问题,轻者因违反规定而受到处分,重者甚至因贪污科研经费而锒铛入狱,近年来科研经费中频发的案例不断给我们敲响警钟。所以,必须认真对待科研经费的管理和使用问题。

一方面,从学校角度应制定适合实际情况的科研经费管理制度,不能因制度问题而影响经费使用,进而妨碍科学研究。另一方面,学校各级管理、科研人员也应高度重视科研经费的管理与使用,必须严格按照规定管理、使用各类科研经费,不得以各种方式挤占挪用甚至侵占。

六、部分行政事业性收费项目未上报备案并且未获得收费许可

案例 11 学校部分行政事业性收费项目未报上级有关部门备案,未取得收费许可证

(一)案例事实

依据××大学财务处提供的某年度《行政事业性收费项目情况表》列示,学校共计有 168 个已向上级有关部门申报核准的行政事业性收费项目,涵盖普通高校学费、宿费、考试费、论文指导费、工商管理硕士学费等收费项目,院系举办的各类短期培训班收费项目仅少数在此表列示。审计抽见部分短期培训班收费项目未进行备案申请。

(二)审计处理

要求全面梳理学校各类行政事业性及非行政事业性收费项目,并按照相关程序报上级主管部门备案或审批,取得相应收费许可证。

(三)处理依据

《关于进一步规范高校教育收费管理若干问题的通知》和第四条"高校收取行政事业性收费和服务性收费,必须到指定的价格主管部门办理收费许可证"的相关规定。

（四）案例评析

近年来，高校收费管理工作不断加强，收费行为日趋规范。但是，高校收费工作仍存在一些亟待解决的问题。随着高等教育改革和发展的不断深化，一些新的教育、教学形式的收费政策尚不明确；高校为学生提供服务的收费和代收费等收费行为缺乏必要的规范；部分地方和高校仍存在擅立收费项目和提高标准等违规收费行为。为进一步加强公办高等学校收费管理，规范高校收费行为，坚决治理乱收费，维护高校和学生的正当权益，保障学校、学生正常的教学及学习生活，促进高等教育事业持续健康发展，教育部、国家发展改革委、财政部联合发布了《关于进一步规范高校教育收费管理若干问题的通知》，对高校教育收费类别、公示制度及许可证、票据、资金等方面的管理均作出了规定，学校应严格执行上述制度，对收取的行政事业性收费和服务性收费，及时办理收费许可证等有关手续。

七、部分会计核算不严谨

案例 12　学校收入核算不严谨，未正确归集相关收支

（一）案例事实

长期以来，某校财务处对部分院系单位提供校内服务产生的校内收入以冲减本部门运行支出的方式进行核算，如××单位校内房租收入、××单位向校内提供实验动物、饲料、垫料服务取得的校内经费转账收入等，均在校内收入收取的时候直接在本单位的运行经费中冲减支出；又如，在2009—2011年期间，财务处核算××单位部分校外单位交纳的场租费收入时，亦采取了直接冲减单位支出的方式，未在收入科目核算。又如，××单位校内对外服务收入进入代管经费中，其收支均在代管款项科目中核算。

（二）审计处理

按照经济业务的性质正确核算各类收支，保证会计信息正确。

(三) 处理依据

《事业单位会计准则》第十二条"事业单位应当以实际发生的经济业务或者事项为依据进行会计核算,如实反映各项会计要素的情况和结果,保证会计信息真实可靠",以及《高等学校会计制度》"代管款项 1.本科目核算高等学校接受委托代为管理的各类款项,包括党费、团费、学生会会费、学会会费、工会会费等"等相关规定。

(四) 案例评析

学校的会计核算应完整反映学校总体经济活动状况,体现完整收支情况。学校应根据《事业单位会计准则》和《高等学校会计制度》等有关规定,正确核算各类收支,保证会计核算完整性、规范性。

八、对外服务收费业务记录不完整,收费金额统计不准确

案例 13 ××单位部分对外服务收费记录不完整,收费金额统计不准确

(一) 案例事实

××单位每半年根据测试记录统计应收费金额并通知使用人员交费。审计发现,管理人员对部分特殊样品的收费未做记录并统计。如××单位2014年10月、11月收取两笔11.8万元特殊样品测试费,仅由仪器管理员直接口头通知使用人员交费,未做记录并统计收费。另外,××单位提供的收费统计表中仅记录了应收测试费金额及欠款金额,未记录当期已收款金额,统计记录要素不齐全。审计根据该单位提供的测试记录按最低收费标准对应收费金额进行了测算,测算得2014年上半年外单位测试费应收费金额最低为17.88万元,而该单位当期统计的应收费金额为15.12万元,造成了事实上的测试费收入未完整入账的问题,且通知收费金额与应收费金额不一致。

(二) 审计处理

加强测试服务收费管理,完善收费原始记录,精确统计,保证测试服务收费的完整性,规范测试服务收费管理。

（三）案例评析

高等学校为更好地服务科研、服务社会,利用自身优势向外提供各种科技服务。但因早期高校内控意识不强,在提供服务业务流程中存在诸多内控不完善的问题,比如存在承接服务、业务记录、收费测算、收费等工作由同一人担任的情况(相关内控不相容岗位问题可见案例2);同时,因高校服务成本补偿核算尚不够精确,提供服务部门对于收费管理的意识并不到位,在保证收入的准确性、完整性方面管理不力。

本案例中,管理人员在原始业务记录、应收费金额测算、已收费金额记录等方面均存在不足,从而造成问题的发生。原始业务记录是收取服务费用的基础,管理人员首先应保证原始记录的准确性,才能进一步计算出应收费金额,若有特殊样品测试,亦应根据收费标准合理确定收费金额;同时,准确核对应收费金额和已收费金额,存在差异情况应做好相应记录。收费单位应加强对收费活动的内部管理,合理进行岗位设置,做到内部岗位互相牵制,互相监督,核算准确,收费完整。

九、财务收支与实际业务不一致

案例 14 ××学院财务收支与实际发生业务不一致,开具发票内容与实际业务不符

（一）案例事实

审计人员在抽查××学院场地费收入及支出时发现,审计期间学院场地费收入共计6.5万元,但学院并未实际发生场地出租事项,上述收入实际为校外企业因委托学院开展招聘、宣传等支付的款项。××学院将上述收入6.5万元均计入了××学院场地费收入科目,按照企业要求开具"场地费"发票。

（二）审计处理

严格按照经济业务的真实性质进行记录和会计核算,确保各项收入、支出真实合规。

（三）处理依据

《××大学财务管理条例（试行）》第三十一条："学校及各单位应当在国家有关财务规章制度规定的开支范围及开支标准内使用各类经费。"

（四）案例评析

上述财务收支与实际业务不一致的问题，实际是虚假发票的一种表现形式。虚假发票是指单位和个人在购销商品、提供劳务或接受劳务、服务以及从事其他经营活动时，所提供的收付款的虚假书面证明。前文已指出，虚假发票主要有下列几种情形：一是"假发票、假业务"，指发票本身和业务都是虚假的，票据属于伪造的、非税务机关监制的假发票，业务为虚构、非实际发生的业务；二是"假发票、真业务"，指发票本身是虚假的但相关业务是真实的，主要是开具发票企业为少计销售收入、偷逃税款使用；三是"真发票、假业务"，也就是发票本身是真的，但反映的经济业务是虚假的或与实际不符，伪造经济业务事实；四是"真发票，真业务，但发票开具不规范"，即发票是真的，经济业务也是真的，但开票方提供的发票不是从税务机关领购的，而是从其他单位或个人购买或借用的，如：真票虚开、非法代开、借用，混淆票种的适用范围，开具过期、作废票等。

本案例属于"真发票、假业务"的情形，虽然发票本身为真，但其开具内容与实际业务不符，掩盖了真实的经济活动，严重者可为违法犯罪行为提供便利条件，损害学校利益，因而管理人员应高度重视虚假发票现象，杜绝类似问题。

第三节　非学历教育办班管理方面

一、合作办班未经批准，签订协议不符合有关规定

案例 15　××学院合作办班未见集体决策记录，合作办班未经批准，签订协议不符合有关规定

（一）案例事实

××学院未经批准将三个自主办班以及一个合作办班（与××个

人合作)的大部分学员委托××公司进行策划、宣传推广、招生咨询、代理招生和课程班管理。但院务会议记录中未见与××公司合作举办该班的相关决策记录。

审计期间内××学院与合作方签订合作协议书共8份,其中与××公司的合作协议书未按学校规定的办班合同文本签订合同,未明确具体的班级和专业,协议均由学院培训部负责人与合作方签订,未盖学校公章;与××个人合作的培训班未签订合同或协议。

(二)审计处理

要求学院认真反思并纠正存在的问题,加强办班业务的管理;合作协议必须上报学校相关管理部门,不得私自对外签订协议。

(三)处理依据

《××大学关于加强非学历教育管理的规定(试行)》《××大学非学历教育办班管理办法》《××大学合同审核与备案规定》中相关规定。

(四)案例评析

学校下属院系结合自身专业特点,举办培训班培训社会人才,既是发挥学校服务社会功能的体现,也能增加学校及相关单位的收入,为单位提高教职工的收入提供了条件。办班收入已经成为不少学院的重要收入来源,但是不能忽视办班过程中存在的一些经济风险,尤其是与社会公司合作举办的培训班,如收入未能完整入账、出现经济纠纷等。

因此,各院系必须重视防范办班中可能存在的各类风险。如何加以规范呢?编者认为,应从以下几个方面着手:一是各类办班业务必须经过学校相关部门批准,遵守学校的规定;二是办班业务涉及单位的多个方面,应当列入单位的"三重一大"决策事项,决策时应认真分析合作办班的必要性,如必须采取合作方式办班时,应对合作方认真考察,选择有资质、有能力信誉的合作方;三是应制定办班方面管理制度,办班过程中的重要事项都要有规可循、有规必循;四是办班过程中应注意不相容职务分离,不能由个别人员经手业务中的全部重要环节。

二、合作办班合作方不具备相关经营资质

案例 16 ××学院选择的合作方不具备合作办学资质

(一) 案例事实

××学院(甲方)与××企业管理咨询有限公司(乙方)签订合同合作开办"××企业家高级研修班"。审计注意到,合作方××公司成立于××年9月25日,注册资本为10万元,而学院与该公司签订的首期"××企业家高级研修班"合作办班合同日期为同年9月30日,两者仅相差5天。

而该市工商行政管理局网站显示××公司经营范围为"企业管理咨询、企业投资咨询、企业营销咨询,商务咨询(以上咨询除经纪);市场信息咨询与调查(不得从事社会调查、社会调研、民意调查、民意测验);企业形象策划,会务服务,翻译服务",而教育或教育中介相关业务并不在××公司的经营范围之内。

(二) 审计处理

同案例15。

(三) 处理依据

同案例15。

(四) 案例评析

同案例15。

三、长期合作单位的选择缺乏必要程序

案例 17 ××学院选择长期合作单位缺乏必要程序

(一) 案例事实

××学院委托外部企业安排短训班学员食宿、交通、现场教学活动组织等服务,四年间短训班服务合作单位涉及九家,基本形成长期固定的合作关系。其中,累计支付合作服务费给甲会务服务有限公司合计

317.01万元,支付乙会务服务有限公司合计143.72万元,支付××企业服务有限公司合计250.85万元。

同时,××年6月,学院与××公司签订××学位班合作协议,××年12月,学校与××发展研究院签订服务协议,上述协议均为学院委托对方为××大学××学位班的教学活动提供长期服务。

对于上述短训班、××学位班合作单位的选择与确定,审计未见院务会议讨论决策记录,亦未见相关确定程序。审计认为,学院与上述合作单位经济往来金额较大,且合作期限较长,应通过一定的采购程序或决策程序确定合作单位。

(二)审计处理

学院应梳理与外部公司的合作关系,长期合作单位应经过必要程序和集体讨论研究确定。

(三)案例评析

对于学院自主办班项目,由于学院人力资源缺乏或出于专业性考虑,通常学院会将学员食宿安排等工作采取服务外包的形式,由外部企业负责,形成了学院对外采购服务的经济业务。按照采购相关法规的内容,采购服务的方式包括公开招标、邀请招标、竞争性谈判、询价和单一来源采购等五种方式,达到一定金额的服务采购必须按照招投标法的相关要求按一定程序进行采购,对于未达到规定金额的,则应通过单位内部规定的采购程序进行采购。本案例中,虽然单项服务金额不大,但学院与合作单位已形成长期固定合作关系,部分企业每年涉及的合作金额达到数百万元,学院理应对长期合作单位的选择进行必要的确定程序,以增强服务采购的公开、公正及公平性,防范舞弊风险。

四、办班实际合作单位与签署合作协议单位不一致

案例 18 ××学院××教学点实际合作单位与学校签署合作协议单位不一致

(一)案例事实

该学院在某地设立教学点,并于当年5月由学院所在大学与教学

点合作单位××研究院(甲方)签订合作协议书,约定该教学点的合作方式及相关事宜,并注明有关"学习费用、培养费用分担和分成方式由甲方与××大学××学院另行协商,作为本协议附件"。

但审计发现,该协议的附件中,学院作为乙方与××人力资源开发有限公司(甲方,以下简称××公司)签订,而非协议中所指的甲方"××研究院"。合作事项存续期间,学院均将合作服务费支付给××公司。

审计认为,学院举办学位班合作协议书是学校与××研究院签订的,而学院另与××公司签订协议附件进行实际性合作,与主协议合作单位不一致。

(二)审计处理

学院应加强与××教学点服务单位的合作管理,确保签署合同单位与实际合作单位保持一致。

(三)案例评析

合同(协议)是当事人双方之间设立、变更、终止民事关系的约定。依法成立的合同,受法律保护。在履行合作期间,双方的书面承诺有法可依,有据可循,保证合同双方都能规范地承诺和履行合作事项,从而达到合作的预期结果。

本案例中,学校订立合同的相对方(××研究院)及实际合作方(××公司)两者实际控制人为同一人,属于关联单位,但两个单位均为独立法人,即为独立的民事权利和民事行为主体。学校实际合作单位与签订合同单位不一致,违背了订立合同的初衷,不仅存在合同履行风险,有可能产生法律纠纷,从更深层次考虑,两个关联主体之间转移经济业务,极有可能存在舞弊风险。

五、办班事项未及时签订合作协议

案例 19 ××学院举办自主办班未及时签订合作协议,部分年级的合作费支付无依据

(一)案例事实

2008—2016 年,关于在某地设立教学点合作举办学位班事宜,学

院与××公司的合作关系一直存续,但双方仅于2008年5月、2014年6月签订了适用于2007级和2013级的合作协议。审计关注了2013—2016年学院合作费用支付情况。其间,学院除按合作协议约定支付2013级合作费用之外,其余年级费用也一并支付,其中2009级、2010级的合作费甲乙双方按27%、33%进行分成,2011级及以后年级按25%、35%进行分成,共计支付金额61.23万元。

审计认为,双方仅对2007级与2013级学位班合作事项进行了约定,未及时签订其他年级的学位班合作协议,2009—2012级、2014—2015级的合作费支付无依据。

(二)审计处理

严格按照学校合同管理的有关规定予以更改,保证合同签订的规范性、及时性。要求签订合作协议,对于合同重要条款发生变更的,及时签订合同。

(三)案例评析

合同(协议)是当事人双方之间设立、变更、终止民事关系的协议。依法成立的合同,受法律保护。合同是双方履行承诺和义务的约束性文书,是解决合作过程中的争端和矛盾的依据,具有法律效力。学院对外合作必须及时签订合作协议,并确保合作条款严谨、科学、适用,从而保证学校利益。

第四节 国有资产管理方面

一、资产购置未按照学校规定进行招标

案例20 ××学院设备购置未按规定进行招标采购

(一)案例事实

根据××学院上报的《各类有关经济活动协议(合同)签订情况表》(以下简称《合同签订情况表》)统计显示,2009年1月—2012年12月××学院共签订《销售合同》类39项(不包括招投标项目),合计金额

357.74万元,其中与××工程有限公司签订合同25项,合计金额320.8万元,内容涉及多媒体管理系统及其配套设备(如多媒体录播器、摄像机、投影机等)的采购。在以上合同中,存在同一项目在同一日期或相临日期签订数份合同,且合同金额合计在40万元以上,但未按学校规定进行招投标的情况。

如2009年3月与××公司签订合同3份,合同内容分别为购置摄像机、多媒体录播器和辅助管理系统,金额分别为14.85万元、8.70万元和17.34万元,合计40.69万元。根据××学院提供的《合同签订情况表》和2009年6月《××实践教学中心计算机辅助管理系统四期工程系统竣工验收报告》显示,上述3份合同涉及的设备采购及辅助管理系统均为××实践教学中心计算机辅助管理系统四期工程的组成部分。

又如,2010年7月与××公司签订合同4份,内容分别为购置悬挂式展示台、多媒体录播器、悬挂式展示台和辅助管理系统,金额分别为22.70万元、15.72万元、22.70万元和26.63万元,合计87.75万元,上述4份合同涉及的设备采购及辅助管理系统均为××实践教学中心计算机辅助管理系统六期工程的组成部分。

审计认为,××学院采取将同一采购项目内的硬件设备、软件管理系统,分别与同一供应商签订合同的方法,属于拆分项目,规避了学校关于物资采购实施招投标的相关程序和规定。

(二) 审计处理

要求××学院认真查找原因,杜绝类似事件再次发生。

(三) 处理依据

《××大学物资采购管理规定》第三章第一条第4款"一次采购单件或项目总金额40万元(含)以上的仪器设备……应实施招标采购"。

(四) 案例评析

购置各类资产是单位(部门)支出的重要内容,而购置时总会面临两类风险:一是买到的商品价格高于市场实际价格,未能实现价廉物美的要求;二是未能避免腐败行为的发生。这两类风险往往又会交织在一起。所以,尽力避免这两类风险的发生,是采购过程中的重要考虑因素。

一般而言,采购中最大的风险点即在选择供应商环节,而招标因其本身具有的公开、公平性,成为选择供应商的最佳方式。规范招标,是选择优秀商品、避免采购过程中腐败的有力武器。所以从国家到地方都出台了不少规定,要求国有资金进行的采购,主要应以招标方式进行。但是,招标是一项专业的活动,需要专门人员耗费时间、精力、金钱来为之,所以一项采购是否应当采取招标的方式来进行应综合采购资金规模、时间等因素来考虑,并不是所有采购活动都适合以招标的方式进行。

高校资产采购方面的规定也是根据上级规定并权衡这些因素、结合学校实际所制定,已经考虑了这些方面的因素,只是要求一定资金以上的采购行为必须采取招标的方式进行采购,限额以下的采购也可以采取竞争性谈判、询价等其他方式进行。

既然学校已经综合考虑了有关因素,并明确规定了需要招标进行的采购范围,对于各单位(部门)而言,只能依据学校的相关规定执行,而不能采取各种方式规避应当进行的招标活动。

二、资产购置招标程序不规范

案例 21 ××单位"独立通风笼"等设备采购招投标程序存在问题

(一)案例事实

审计发现,××单位在 2009 年度由某市招标有限公司代理招标价值 46.15 万欧元(折合人民币 428.4 万元)的"独立通风笼"采购事项招投标程序中,存在投标人数不符合法定个数、评标委员不符合法定人数、开标记录日期与招标公告公示开标时间不符、采购协议签订先于中标通知书发出时间等违法违规情况。

××单位在 IVC 设备招投标程序中,不仅存在采购协议签订先于中标通知书发出时间,而且还存在先期让最终中标单位配合做预算的情况。

××单位生物安全柜采购事项没有按学校规定成立专项采购工作小组实施招投标程序，仅在部门内以干部会议的方式进行议标。

××单位2009年6月发生的价值5.8万欧元（折合人民币56.42万元）的过氧化氢灭菌器采购事项，未见反映价格谈判过程集体参与的内部记录，价格谈判确定过程不透明、不公开。

（二）审计处理

要求该单位规范招标程序。

（三）处理依据

《招标投标法》。

（四）案例评析

招标投标活动是一项专业活动，需要按照规范进行，否则难以达到招标公开公正公平的目的。

三、对外投资未入账，形成账外资产

案例22 对外投资企业未在学校账面记载，形成账外投资

（一）案例事实

××年，××大学与××投资有限公司合作设立××技术有限公司，公司投资总额为6 000万元人民币，××投资公司出资3 000万元人民币，××大学以无形资产入股，双方各占50%股份，但学校账面记录及财务部门内部备查汇总表均未见对该公司的投资记录。

（二）审计处理

协同学校校产管理相关部门，梳理对外投资情况，准确记录对外投资金额，避免漏记情况。

（三）处理依据

《事业单位会计准则》第十二条"事业单位应当以实际发生的经济业务或者事项为依据进行会计核算，如实反映各项会计要素的情况和结果，保证会计信息真实可靠"，以及第十四条"事业单位对于已经发生的经济业务或者事项，应当及时进行会计核算，不得提前或者延后"的规定。

(四) 案例评析

早期高校对外投资以现金、实物为主,后以无形资产作价出资方式居多。在实际操作过程中,无形资产投资常由学校校产管理部门、科技部门等牵头进行,因该种方式不涉及账面资金流出及实物资产调拨等,如果校产管理部门、科技部门、财务部门之间信息沟通不畅,相关部门及岗位未及时跟进处理,该类投资极有可能形成账外投资。且早期高校对投资管理未引起足够重视,部分学校未建立健全资产定期清查制度,各类资产账账、账实不相符未被及时发现和纠正。此类账外资产如不及时清理登记入账,随着时间推移、当事人变更,有关投资事项极有可能无人知晓,一方面学校利益受损,另一方面也将给学校埋下巨大的风险隐患。

近年来,随着国家及教育主管部门对国有资产管理日渐重视,多次展开大规模、深层次的资产检查和清查,各高校可借此机会清理整顿,摸清历史问题,彻底消除隐患。

四、对外投资账实不符

案例 23 已划转至资产经营公司的企业未及时进行投资核销处理

(一) 案例事实

截至 2013 年末,共有 20 家原由××大学投资的企业已划转至××资产经营有限公司,但学校账面尚未作划转处理。上述对外投资在××大学及××资产经营公司双边同时挂账,原始投资额总计 2.1 亿元,其中对校办产业投资 8 家,投资额为 1.4 亿元,其他对外投资 12 家,投资额为 0.7 亿元。

(二) 审计处理

对于已划转、已注销的企业,应协同有关部门办理相关手续,及时进行账务处理。

(三) 处理依据

同上例。

(四) 案例评析

2006年,教育部发文要求各高校统一成立资产经营公司,并将高校所属企业划转至高校资产经营公司,发挥资产经营公司"防火墙"的作用。然而,各高校对于资产经营公司的定位认识及运营方式仍存在不同程度的偏差。本案例中,虽然资产经营公司从账面上将学校对外投资的20家企业进行了记录,但因学校资产管理部门与财务部门,以及财务部门内部存在沟通协调和信息传递等方面的问题,未能正常办理被划转企业国有资产产权证变更等相关配套手续,导致对外投资暂无法从学校账面核销;而在后续工作中,资产经营公司、学校国有资产管理部门、财务处等部门之间未进行有效沟通和协调,未积极向主管部门谋求解决办法,导致该现象存在多年。校办产业是高校历史遗留问题较多的领域,同时也是风险高度积聚的领域,学校相关部门应建立联动机制,从解决问题的角度出发,从利于学校事业健康发展的角度出发,尽早解决相关问题。

五、对外出租、出借场地未报批

案例24 ××学院对外出租、出借会议室等场地未报学校相关部门审批

(一) 案例事实

××学院对外出租、出借场地包括报告厅、多功能教室、讲学堂、讨论室、会议室等,分布在新大楼的一层至八层,其间共收到场地费收入50.79万元,该学院出租、出借场地未经学校资产管理部门审批。

(二) 审计处理

要求立即停止出租、出借会议室等场地行为。相关出租、出借事项须报学校资产管理部门审批后方可进行。

(三) 处理依据

《××大学公用房管理条例》第十九条:"对于学校认定许可出租的房屋(产业、商业用房等),必须经校资产管理部门审批同意后方可出

租……"

(四) 案例评析

目前多数高校实行二级管理,学院在一定程度上具备资源支配与使用的自主权,但相关经济活动仍在学校的监督与管理之下。本案例中,因学院对学校房屋出租、出借相关制度不了解,故出租、出借房屋前未到学校资产管理部门办理审批手续,而在租金收入上缴财务处时,财务处亦正常收取租金,学院便认为该事项已得到学校认可。

该问题反映出学校资产管理部门对相关政策制度宣传不够,对可出租房屋分类管理及动态监督不到位,另一方面也反映出学校相关业务内部控制存在缺失。审批环节出现漏洞,在租金收入上缴环节,如果财务部门严格把关,了解收入来源、查阅审批文件,则该问题可能不会出现。当然更主要的是学院本身,应从二级管理需要出发,承担与权利相匹配的义务和责任,拥有一定的资源支配权,便负有将资源使用好、管理好的义务,有责任了解学校相关制度并遵照履行。

六、大型仪器设备日常管理不到位

案例25 ××学院大型仪器设备未建立技术档案,贵重仪器设备未进行年度考核评价

(一) 案例事实

××学院对大型仪器设备(单价大于等于20万元人民币)未建立技术档案,未按照《高等学校贵重仪器设备效益年度评价表》要求,每年年终对教育部所管仪器(单价大于等于40万元的仪器设备)进行考核评价。

(二) 审计处理

规范仪器设备使用管理,按相关规定建立大型仪器设备技术档案,对贵重仪器设备进行考核评价。

(三) 处理依据

《高等学校仪器设备管理办法》第十三条"仪器设备要逐台建立技术档案,要有使用、维修等记录";《高等学校仪器设备管理办法》第二十条"高

等学校仪器设备的使用和管理要实行考核制度。1.每年年终,由学校院、系(所、中心)按照《高等学校贵重仪器设备效益年度评价表》,对部管仪器设备自行考核,对校管仪器设备的考核范围和内容可做适当调整……"。

(四)案例评析

在大型仪器设备购置环节,由于学校和院系层面在制度和内控上都较为完善,因此该环节都较规范。但在设备的日常管理上部分学院存在不重视、疏于管理的情况,学校相关职能部门的监督管理也存在不到位的情况。

七、固定资产日常管理松懈

案例26 ××学院固定资产存在账实不符、设备已老旧、损坏未处理等现象

(一)案例事实

审计对××学院固定资产抽盘中发现:××学院部分固定资产没有粘贴固定资产编号和标签;部分固定资产实际存放地点与固定资产清单记载存放地点不符;存在有账无物的情况;存在设备老旧、损坏未报废的情况;若干不用、无法使用或已损坏设备堆放在办公区域或临时堆放点;固定资产清单中显示有少部分固定资产在退休人员名下保管。

(二)审计处理

要求××学院进一步清查全部固定资产管理状况,按照学校规定加强管理。

(三)处理依据

《××大学固定资产管理相关规定》。

(四)案例评析

固定资产是单位(部门)主要的有形资产,是各单位(部门)开展各项教学、科研、行政管理、后勤服务的重要物质基础。保证固定资产的安全完整,提高资产的利用率,防止重复购置,最大限度发挥其使用效益和经济效益,为高等教育事业的发展服务,是各单位(部门)内部管理

的重要任务。

当前,不少单位(部门)都或多或少存在案例中所提到的固定资产管理问题,这些问题的存在反映出固定资产管理的不足,影响了相关资产发挥其功能。各单位(部门)应充分重视此方面工作,根据学校规定制定相关资产管理制度,从规范购置、保管、使用、报废等环节进一步加强固定资产管理工作。

八、其他实物资产管理不严格

案例 27 ××学院未建立礼品的管理制度,尚未设立收发存辅助登记账

(一)案例事实

审计抽查中发现××学院支付给××服务发展有限公司数万元礼品费,但发票只注明礼品,无品名、数量、单价。学院也未设立礼品的收发存辅助登记账,对该笔礼品的使用情况不明,也未建立礼品的管理制度。

(二)审计处理

要求××学院查清该笔礼品的具体内容及去向,今后加强此方面的管理工作。

(三)处理依据

《行政事业单位内部控制规范(试行)》第十二条:"……建立资产日常管理制度和定期清查机制,采取资产记录、实物保管、定期盘点、账实核对等措施,确保资产安全完整。"《××大学关于礼品和礼金礼券购物卡上交登记的管理办法》第二条:"本校所属的各单位、各部门、党员领导干部及机关工作人员必须严格遵守党中央和上海市的有关规定,不得违规收送可能影响公正执行公务的礼品和礼金礼券购物卡。因各种原因未能拒收的,应当依照本办法实行上交登记。"

(四)案例评析

各单位(部门)在业务往来活动中,可能会产生各类型礼品的往来。但是,根据国家和学校的有关规定,各单位不得违规收送可能影响公正

执行公务的礼品和礼金礼券购物卡,因各种原因未能拒收的,应当实行上交登记。对于可能影响公正执行公务的礼品和礼金礼券购物卡,既不得违规收取,也不得违规送出。对于不属于违规收送范围的礼品,也应当认真记录礼品往来明细,以备查。

第五节　合同及业务记录管理方面

一、未按规定签订经济合同

案例28　××学院未按规定签订合同或签订合同不符合学校规定

(一) 案例事实

审计发现,2011年10月××学院向××投资管理有限公司购买书架3.57万元;2012年1月向××家具有限公司购买办公家具3.49万元;2012年6月和2012年10月分别向××贸易有限公司定制礼品,礼品金额均为3.7万元;2010年7月付××国际旅行社参观费9.3万元等均未签订合同。

2012年5月××学院支付××企业服务有限公司会务费10.60万元,凭证所附的××大学××学院与××企业服务有限公司签订的合同中,合同甲方签署盖章是"××大学××学院"。

(二) 审计处理

要求××学院按规定签订合同。

(三) 处理依据

《××大学合同审核与备案规定》中的第五条"合同标的数额在三万元以上,当事人应采用书面形式订立合同";第九条"学校作为一方当事人与相对方订立合同的,签订合同时应当由校长或者授权代表签字,并且加盖学校合同专用章或者学校印章"。

(四) 案例评析

市场经济下,各单位不可避免地要与外部公司、企业等市场主体发生各类型的经济往来,在经济往来时往往会采取签订合同协议的方式来明确双方具体的权利义务。而合同要求必须是具有独立民事行为能力和责任能力的法人、自然人或其他社会组织间才能签署。各院系、部门不属于具有独立民事行为能力和责任能力的法人、自然人或其他社会组织,不具有签订合同的主体地位。

二、合同未按规定建立台账并存档

案例29 ××学院承办的合同存在缺失情况

(一)案例事实

××学院对签订的合同登记不全,也未保留合同的原件或复印件,部分合同存在缺失的情况,如2012年与××国际旅行社有限公司签订的数万元合同,合同相关附件缺失。

(二)审计处理

要求××学院建立合同管理台账,对各类合同分别编号并妥善保管。

(三)处理依据

《××大学合同审核与备案规定》第十条:"……合同承办部门在签约后应及时将合同原件备案,定期移交法律事务室。合同承办部门等相关部门各留原件或复印件存档。"

(四)案例评析

在高校内部,部分院系和部门等合同承办单位大多认为合同管理是学校职能管理部门的工作,作为合同承办单位进行主动管理的意识不强,基本未制定合同管理制度,也未明确相关岗位和职责,合同登记和归档保存工作不甚完善。

2012年财政部发布的《行政事业单位内部控制规范(试行)》提到单位层面及业务层面均须加强合同管理,对合同订立、登记、保管提出相关要求。如何在学校层面、二级单位层面完善合同管理,一方面需要学校相关职能部门进行宣传、监督检查；另一方面需要院系等二级单位强化主动管理意识，制定相关制度，明确业务流程，并妥善保管相关资料，以规避有关风险。

三、未建立相关经济业务记录

案例30 ××单位场地费、招聘费等收入未建立相应业务记录

（一）案例事实

审计发现，××单位下属××教育服务中心2009年7月至2012年7月场地费和招聘费等收入共计数百万元，占总收入的19.03%。

审计发现，除全面提供财务明细账外，××职业发展教育服务中心未能全部提供审计期间有关场地费和招聘费的业务记录资料，并且场地费收入单据未作统一编号，业务记录单据未妥善保存。

（二）审计处理

要求该单位加强对××教育服务中心的管理，重要业务必须做好相应记录。

（三）处理依据

内部控制基本原则。

（四）案例评析

部分单位对于财务记录必须保持完整及真实具备较强的意识，但往往疏忽了有关业务的内部原始记录。如本案例涉及的场地费及招聘费收入，作为该单位重要的经济活动事项，单位应建立业务记录，序时记录业务发生的时间、地点、相关单位、收费金额等，这些记录既反映了业务发生过程的实际情况，便于单位日常管理，也对于验证单位相关收入是否完整提供了最原始的依据。

《行政事业单位内部控制规范（试行）》第十二条规定了"单据控制"的具体内容："要求单位根据国家有关规定和单位的经济活动业务流程，在内部管理制度中明确界定各项经济活动所涉及的表单和票据，要

求相关工作人员按照规定填制、审核、归档、保管单据。"结合各单位的实际情况，单据控制即为业务记录控制。各单位应重视对业务事项的过程性记录，对重要业务事项应安排专人专岗进行记录，并视管理需要和业务性质归档保存。

第三章

部分审计常见问题的法规依据

本章针对高校内部审计工作中经常发现的部分问题,从"三重一大"决策、内部控制、财务管理、国有资产管理、招投标采购、建设项目管理、合同管理等七方面分别举例,引用部分法规条款,为审计人员提供问题定性参考。

文中援引的法规依据均为国家、教育、财政等主管部门制定的法律法规,是高校各业务条线管理工作须严格遵循的底线标准。同时,在实际工作中,各高校根据上位法制定了更为详尽、更为严格,也更为适应学校管理要求的校内规章制度,内部审计人员在对问题定性时,不仅要参照国家和相关主管部门发布的法规,也要以学校内部管理方面的规章制度作为定性参考,充分考虑上位法及本校规章制度的衔接度与适用性,仔细衡量,以严谨细致的态度准确履行内部审计职责。

第一节 "三重一大"决策方面

一、未制订"三重一大"决策制度和议事规则

1.《教育部关于进一步推进直属高校贯彻落实"三重一大"决策制度的意见》(教监〔2011〕7号)第(十七)条:"各直属高校应依据本意见

制订具体的实施办法,并报教育部。"

2.《行政事业单位内部控制规范(试行)》(财会〔2012〕21号)第十四条:"单位经济活动的决策、执行和监督应当相互分离。单位应当建立健全集体研究、专家论证和技术咨询相结合的议事决策机制。重大经济事项的内部决策,应当由单位领导班子集体研究决定。重大经济事项的认定标准应当根据有关规定和本单位实际情况确定,一经确定,不得随意变更。"

二、"三重一大"事项未经集体决策

1.《教育部关于进一步推进直属高校贯彻落实"三重一大"决策制度的意见》(教监〔2011〕7号)第(二)条:"坚持科学民主决策原则。学校应建立健全议事规则和决策程序,凡'三重一大'事项必须经学校领导班子集体研究决定。要坚持民主集中制原则,防止个人或少数人专断。要充分发扬民主,广泛听取意见,完善群众参与、专家咨询和集体决策相结合的决策机制。要遵守国家法律法规、党内法规和有关政策,保证决策的科学民主。"

2.《教育部关于进一步推进直属高校贯彻落实"三重一大"决策制度的意见》(教监〔2011〕7号)第(六)条:"大额度资金使用事项,是指超过学校所规定的党政领导人员有权调动、使用的资金限额的资金调动和使用。"

3.《教育部关于进一步推进直属高校贯彻落实"三重一大"决策制度的意见》(教监〔2011〕7号)第(八)条:"'三重一大'事项应以会议的形式集体研究决策。不得以传阅会签或个别征求意见等方式代替会议决定。"

4.《行政事业单位内部控制规范(试行)》(财会〔2012〕21号)第十四条:"单位经济活动的决策、执行和监督应当相互分离。单位应当建立健全集体研究、专家论证和技术咨询相结合的议事决策机制。重大经济事项的内部决策,应当由单位领导班子集体研究决定。重大经济事项的认定标准应当根据有关规定和本单位实际情况确定,一经确定,不得随意变更。"

三、"三重一大"事项决策记录缺失或不完整

《教育部关于进一步推进直属高校贯彻落实"三重一大"决策制度的意见》(教监〔2011〕7号)第(十)条:"会议研究决定'三重一大'事项,应坚持一题一议,与会人员要充分讨论,对决策建议应分别表示同意、不同意或缓议的意见,并说明理由。主要负责人应当最后发表结论性意见。会议决策中意见分歧较大或者发现有重大情况尚不清楚的,应暂缓决策,待进一步调研或论证后再作决策。党委决定重要事项,应当进行表决。会议决定的事项、参与人及其意见、表决情况、结论等内容,应当完整、详细记录并存档。"

四、"三重一大"决策有误

《教育部关于进一步推进直属高校贯彻落实"三重一大"决策制度的意见》(教监〔2011〕7号)第(十六)条:"建立'三重一大'决策责任追究制度。高校领导班子成员违反本意见规定,不履行或不正确履行'三重一大'决策制度;不执行或擅自改变集体决定;未经集体讨论而个人决策;未提供全面真实情况而直接造成决策失误;执行决策后发现可能造成失误或损失而不及时采取措施纠正,造成重大经济损失和严重后果的,应依纪依法分别追究班子主要负责人、分管负责人和其他责任人的责任。"

第二节 内部控制方面

一、内控制度不健全,制度未及时更新修订

1.《行政事业单位内部控制规范(试行)》(财会〔2012〕21号)第五

条:"单位建立与实施内部控制,应当遵循下列原则:(一)全面性原则。内部控制应当贯穿单位经济活动的决策、执行和监督全过程,实现对经济活动的全面控制。(二)重要性原则。在全面控制的基础上,内部控制应当关注单位重要经济活动和经济活动的重大风险。(三)制衡性原则。内部控制应当在单位内部的部门管理、职责分工、业务流程等方面形成相互制约和相互监督。(四)适应性原则。内部控制应当符合国家有关规定和单位的实际情况,并随着外部环境的变化、单位经济活动的调整和管理要求的提高,不断修订和完善。"

2.《行政事业单位内部控制规范(试行)》(财会〔2012〕21号)第七条:"单位应当根据本规范建立适合本单位实际情况的内部控制体系,并组织实施。具体工作包括梳理单位各类经济活动的业务流程,明确业务环节,系统分析经济活动风险,确定风险点,选择风险应对策略,在此基础上根据国家有关规定建立健全单位各项内部管理制度并督促相关工作人员认真执行。"

二、有关业务未按规定实行归口管理

1.《行政事业单位内部控制规范(试行)》(财会〔2012〕21号)第十二条:"单位内部控制的控制方法一般包括:……(三)归口管理。根据本单位实际情况,按照权责对等的原则,采取成立联合工作小组并确定牵头部门或牵头人员等方式,对有关经济活动实行统一管理。"

2.《行政事业单位内部控制规范(试行)》(财会〔2012〕21号)第二十六条:"单位的各项收入应当由财会部门归口管理并进行会计核算,严禁设立账外账。"

3.《行政事业单位内部控制规范(试行)》(财会〔2012〕21号)第三十五条:"单位应当加强对政府采购活动的管理。对政府采购活动实施归口管理,在政府采购活动中建立政府采购、资产管理、财会、内部审计、纪检监察等部门或岗位相互协调、相互制约的机制。"

4.《行政事业单位内部控制规范(试行)》(财会〔2012〕21号)第五

十四条:"单位应当对合同实施归口管理,建立财会部门与合同归口管理部门的沟通协调机制,实现合同管理与预算管理、收支管理相结合。"

三、业务流程中的不相容职责未适当分离

1. 《行政事业单位内部控制规范(试行)》(财会〔2012〕21号)第十二条:"单位内部控制的控制方法一般包括:(一)不相容岗位相互分离。合理设置内部控制关键岗位,明确划分职责权限,实施相应的分离措施,形成相互制约、相互监督的工作机制。"

2. 《行政事业单位内部控制规范(试行)》(财会〔2012〕21号)第十九条:"单位应当建立健全预算编制、审批、执行、决算与评价等预算内部管理制度。单位应当合理设置岗位,明确相关岗位的职责权限,确保预算编制、审批、执行、评价等不相容岗位相互分离。"

3. 《行政事业单位内部控制规范(试行)》(财会〔2012〕21号)第二十五条:"单位应当建立健全收入内部管理制度。单位应当合理设置岗位,明确相关岗位的职责权限,确保收款、会计核算等不相容岗位相互分离。"

4. 《行政事业单位内部控制规范(试行)》(财会〔2012〕21号)第二十九条:"单位应当建立健全支出内部管理制度,确定单位经济活动的各项支出标准,明确支出报销流程,按照规定办理支出事项。单位应当合理设置岗位,明确相关岗位的职责权限,确保支出申请和内部审批、付款审批和付款执行、业务经办和会计核算等不相容岗位相互分离。"

5. 《行政事业单位内部控制规范(试行)》(财会〔2012〕21号)第三十三条:"单位应当明确相关岗位的职责权限,确保政府采购需求制定与内部审批、招标文件准备与复核、合同签订与验收、验收与保管等不相容岗位相互分离。"

6. 《行政事业单位内部控制规范(试行)》(财会〔2012〕21号)第四十五条:"合理设置岗位,明确相关岗位的职责权限,确保对外投资的可行性研究与评估、对外投资决策与执行、对外投资处置的审批与执行等

不相容岗位相互分离。"

7.《行政事业单位内部控制规范（试行）》（财会〔2012〕21 号）第四十六条："单位应当合理设置岗位，明确内部相关部门和岗位的职责权限，确保项目建议和可行性研究与项目决策、概预算编制与审核、项目实施与价款支付、竣工决算与竣工审计等不相容岗位相互分离。"

四、支出控制不严

包括支出审批手续不齐全、原始单据审核不严格等情况。

《行政事业单位内部控制规范（试行）》（财会〔2012〕21 号）第三十条："（一）加强支出审批控制。明确支出的内部审批权限、程序、责任和相关控制措施。审批人应当在授权范围内审批，不得越权审批。（二）加强支出审核控制。全面审核各类单据。重点审核单据来源是否合法，内容是否真实、完整，使用是否准确，是否符合预算，审批手续是否齐全。支出凭证应当附反映支出明细内容的原始单据，并由经办人员签字或盖章，超出规定标准的支出事项应由经办人员说明原因并附审批依据，确保与经济业务事项相符。"

五、业务资料未妥善保存

1.《行政事业单位内部控制规范（试行）》（财会〔2012〕21 号）第十二条："单位内部控制的控制方法一般包括：……（七）单据控制。要求单位根据国家有关规定和单位的经济活动业务流程，在内部管理制度中明确界定各项经济活动所涉及的表单和票据，要求相关工作人员按照规定填制、审核、归档、保管单据。"

2.《行政事业单位内部控制规范（试行）》（财会〔2012〕21 号）第三十八条："单位应当加强对政府采购业务的记录控制。妥善保管政府采购预算与计划、各类批复文件、招标文件、投标文件、评标文件、合同文本、验收证明等政府采购业务相关资料。定期对政府采购业务信息进行分类统计,并在内部进行通报。"

3.《行政事业单位内部控制规范(试行)》(财会〔2012〕21号)第五十一条:"单位应当加强对建设项目档案的管理。做好相关文件、材料的收集、整理、归档和保管工作。"

第三节　财务管理方面

一、收入未及时入账或未入账

1.《事业单位会计准则(试行)》第十四条:"会计核算应当及时进行。"及第三十八条:"事业单位的收入一般应当在收到款项时予以确认;对于采用权责发生制的单位取得的经营收入,可以在提供劳务或发出商品,同时收讫价款或者取得索取价款的凭据时予以确认。"

2.《事业单位财务规则》第十三条:"事业单位的各项收入全部纳入单位预算,统一核算,统一管理。"

3.《高等学校财务制度》第二十一条:"各项收入应当全部纳入学校预算,统一核算,统一管理。"

二、在往来款项科目列收列支

1.《行政单位会计制度》第四十九条:"行政单位的往来款项,年终前应尽量清理完毕。按照有关规定应当转作各项收入或各项支出的往来款项要及时转入各有关账户,编入本年决算。主管单位收到财政专户核算的预算外资金属于应返还所属单位的部分应及时转拨所属单位,不得在'暂存款'挂账。"

2.《事业单位会计制度》第三部分第七款:"事业单位的往来款项,年终前应尽量清理完毕。按照有关规定应当转作各项收入或各项支出的往来款项要及时转入各有关账户,编入本年决算。"

三、无预算支出或超预算支出

1.《高等学校财务制度》第十五条:"高等学校应当严格执行批准的预算。预算执行中,国家对财政补助收入和财政专户核拨资金的预算一般不予调整;上级下达的事业计划有较大调整,或者根据国家有关政策增加或者减少支出,对预算执行影响较大时,高等学校应当报主管部门审核后报财政部门调整预算。财政补助收入和财政专户核拨资金以外部分的预算需要调增或者调减的,由学校自行调整并报主管部门和财政部门备案。"

2.《高等学校财务制度》第二十五条:"高等学校应当将各项支出全部纳入学校预算,建立健全支出管理制度。"

四、虚列支出、重复列支或者提前列支

1.《事业单位会计准则(试行)》第十条:"会计核算应当以实际发生的经济业务为依据,客观真实地记录,反映各项收支情况和结果。"

2.《事业单位会计制度》第三部分第五款:"属于本年的各项支出,应按规定的支出用途如实列报。"

3.《中华人民共和国会计法》第九条:"任何单位不得以虚假的经济业务事项或者资料进行会计核算。"

五、原始票据不真实,存在虚假发票报账的情况

1.《中华人民共和国会计法》第九条:"各单位必须根据实际发生的经济业务事项进行会计核算,填制会计凭证,登记会计账簿,编制财务会计报告。任何单位不得以虚假的经济业务事项或者资料进行会计核算。"

2.《中华人民共和国发票管理办法》(1993年财政部第6号令)第

二十二条:"不符合规定的发票,不得作为财务报销凭证,任何单位和个人有权拒收。"

3.《高等学校财务制度》第三十条:"高等学校应当依法加强各类票据管理,确保票据来源合法、内容真实、使用正确,不得使用虚假票据。"

4.《事业单位财务规则》(财政部令第8号)第二十七条:"事业单位应当依法加强各类票据管理,确保票据来源合法、内容真实、使用正确,不得使用虚假票据。"

5.《会计基础工作规范》第七十五条"会计机构、会计人员应当对原始凭证进行审核和监督。对不真实、不合法的原始凭证,不予受理。对弄虚作假、严重违法的原始凭证,在不予受理的同时,应当予以扣留,并及时向单位领导人报告,请求查明原因,追究当事人的责任"的规定。

六、专项经费未专款专用

1.《事业单位财务规则》第二十三条:"事业单位从财政部门和主管部门取得的有指定项目和用途的专项资金,应当专款专用、单独核算,并按照规定向财政部门或者主管部门报送专项资金使用情况;项目完成后,应当报送专项资金支出决算和使用效果的书面报告,接受财政部门或者主管部门的检查、验收。"

2.《高等学校财务制度》第二十七条:"高等学校从财政部门和主管部门取得的有指定项目和用途的专项资金,应当专款专用、单独核算,并按照规定向财政部门或者主管部门报送专项资金使用情况;项目完成后,应当报送专项资金支出决算和使用效果的书面报告,接受财政部门或者主管部门和其他相关部门的检查、验收。"

七、收费项目未报上级有关部门备案,未取得收费许可证

1.《关于进一步规范高校教育收费管理若干问题的通知》第二条:

"高校以学校或院(系、所、中心等)名义,按照自愿原则面向在校学生和社会人员提供各类培训服务,向其收取培训费。培训费具体标准由高校按照成本补偿和非营利的原则制定,报所在地省级教育、价格、财政部门备案后执行。"

2.《关于进一步规范高校教育收费管理若干问题的通知》第四条:"高校收取行政事业性收费和服务性收费,必须到指定的价格主管部门办理收费许可证。"

八、收费工作由非财务部门进行

《关于进一步规范高校教育收费管理若干问题的通知》(教财〔2006〕2号)中第四条规定:"高校行政事业性收费应当由学校财务部门统一收取、管理和核算,并严格实行'收支两条线'管理……服务性收费原则上也应由学校财务部门统一收取,不具备条件的,可由学校相关职能部门收取,但应由学校财务部门统一进行管理和核算。"

九、票据日常管理薄弱

包括票据管理制度不健全、申领使用等手续不完备、未设立票据台账等。

1.《行政事业单位内部控制规范(试行)》第二十八条:"单位应当建立健全票据管理制度。财政票据、发票等各类票据的申领、启用、核销、销毁均应履行规定手续。单位应当按照规定设置票据专管员,建立票据台账,做好票据的保管和序时登记工作。票据应当按照顺序号使用,不得拆本使用,做好废旧票据管理。负责保管票据的人员要配置单独的保险柜等保管设备,并做到人走柜锁。"

2.《财政票据管理办法》(中华人民共和国财政部令第70号)第二十六条:"财政票据使用单位应当指定专人负责管理财政票据,建立票据使用登记制度,设置票据管理台账,按照规定向财政部门报送票据使用情况。"

3.《中华人民共和国发票管理办法》(中华人民共和国国务院令第587号)第二十八条:"开具发票的单位和个人应当建立发票使用登记制度,设置发票登记簿,并定期向主管税务机关报告发票使用情况。"

十、票据开具不规范

包括混淆使用各类非税和涉税票据、票据开具要素不齐全等。

1.《行政事业单位内部控制规范(试行)》第二十八条:"单位不得违反规定转让、出借、代开、买卖财政票据、发票等票据,不得擅自扩大票据适用范围。"

2.《财政票据管理办法》(中华人民共和国财政部令第70号)第二十七条:"财政票据应当按照规定填写,做到字迹清楚、内容完整真实、印章齐全、各联次内容和金额一致。填写错误的,应当另行填写。因填写错误等原因而作废的财政票据,应当加盖作废戳记或者注明'作废'字样,并完整保存各联次,不得擅自销毁。"

3.《财政票据管理办法》(中华人民共和国财政部令第70号)第二十九条:"财政票据使用单位不得转让、出借、代开、买卖、擅自销毁、涂改财政票据;不得串用财政票据,不得将财政票据与其他票据互相替代。"

4.《中华人民共和国发票管理办法》(中华人民共和国国务院令第587号)第二十三条:"开具发票应当按照规定的时限、顺序,逐栏、全部联次一次性如实开具,并加盖单位财务印章或者发票专用章。"

5.《中华人民共和国发票管理办法》(中华人民共和国国务院令第587号)第二十五条:"任何单位和个人不得转借、转让、代开发票;未经税务机关批准,不得拆本使用发票;不得自行扩大专业发票使用范围。"

十一、未按照规定取得发票

1.《中华人民共和国发票管理办法》第二十一条:"所有单位和从事生产、经营活动的个人在购买商品、接受服务以及从事其他经营活动支付款项时,应当向收款方取得发票。取得发票时,不得要求变更品名和金额。"

2.《中华人民共和国发票管理办法》第二十二条:"不符合规定的发票,不得作为财务报销凭证,任何单位和个人有权拒收。"

3.《中华人民共和国发票管理办法实施细则》第四十九条:"下列行为属于未按规定取得发票的行为:(一)应取得而未取得发票;(二)取得不符合规定的发票;(三)取得发票时,要求开票方或自行变更品名、金额或增值税税额;(四)自行填开发票入账;(五)其他未按规定取得发票的行为。"

第四节　国有资产管理方面

一、对校办产业投资账实不符

《教育部 财政部关于进一步加强直属高校资金安全管理的若干意见》(教财〔2004〕38号)第六条:"对投资手续不全、学校与企业之间财务处理不一致的,应尽快补办有关手续,做到学校对外投资和校办企业实收资本相一致。"

二、对外投资和出租、出借未按规定履行资产评估等程序

1.《教育部直属高等学校国有资产管理暂行办法》(教财〔2012〕6号)第二十四条:"高校经批准利用非货币性资产进行对外投资,应当聘

请具有相应资质的中介机构,对拟投资资产进行评估,资产评估事项按规定履行备案或者核准手续。"

2.《中央级事业单位国有资产管理暂行办法》(财教〔2008〕13号)第三十六条:"中央级事业单位有下列情形之一的,应当对相关国有资产进行评估:……(二)以非货币性资产对外投资……。"

三、对外投资未按规定报批报备

1.《教育部直属高等学校国有资产管理暂行办法》(教财〔2012〕6号)第二十二条:"直属高校、直属单位(以下简称单位)利用货币资金对外投资50万元以下的,由单位审批,报教育部(财务司)、财政部备案;50万元至800万元以下的,由教育部(财务司)审批,报财政部备案;800万以上(含800万元)的,由财政部审批。单位利用固定资产、无形资产等非货币资产对外投资500万元以下的,由单位审批,报教育部(财务司)、财政部备案;500万元至800万元以下的,由教育部(财务司)审批,报财政部备案;800万以上(含800万元)的,由财政部审批。"

2.《教育部关于扩大直属高等学校、直属事业单位无形资产使用和处置权限的通知》(教财函〔2014〕8号)第二条:"各单位一次性使用或处置无形资产单位价值或批量价值在800万元以下(不含本级)的,由所在单位按照有关规定自主进行审批,并于10个工作日内将结果报教育部备案;一次性使用或处置单位价值或批量价值在800万元以上的,仍按现行规定执行,即由各单位审核后报教育部审核,教育部审核后报财政部审批。"

3.《中央级事业单位国有资产管理暂行办法》(财教〔2008〕13号):"中央级事业单位申报国有资产对外投资、出租、出借等事项,应当附可行性论证报告和拟签订的协议(合同)等相关材料,按以下方式履行审批手续:单项价值在800万元以下的,由财政部授权主管部门进行审批,主管部门应当于批复之日起15个工作日内将审批文件报财政部备案;800万元以上(含800万元)的,经主管部门审核后报财政部审批。"

四、房屋出租、出借未按规定报批报备

1.《教育部直属高等学校国有资产管理暂行办法》(教财〔2012〕6号)第二十二条:"单位出租、出借国有资产500万元以下的,由单位审批,报教育部(财务司)、财政部备案;500万元至800万元以下的,由教育部(财务司)审批,报财政部备案;500万元以上(含500万元)且出租、出借六个月以内的,由教育部(财务司)审批,报财政部备案;800万以上(含800万元)且出租、出借六个月以上的,由财政部审批。"

2.《中央级事业单位国有资产管理暂行办法》(财教〔2008〕13号):"中央级事业单位申报国有资产对外投资、出租、出借等事项,应当附可行性论证报告和拟签订的协议(合同)等相关材料,按以下方式履行审批手续:单项价值在800万元以下的,由财政部授权主管部门进行审批,主管部门应当于批复之日起15个工作日内将审批文件报财政部备案;800万元以上(含800万元)的,经主管部门审核后报财政部审批。"

五、房屋对外出租未公开招租

1.《教育部直属高等学校国有资产管理暂行办法》(教财〔2012〕6号)第二十四条:"高校国有资产出租,原则上应采取公开招租的形式确定出租的价格,必要时可采取评审或者资产评估的办法确定出租的价格。"

2.《中央级事业单位国有资产使用管理暂行办法》(财教〔2009〕192号)第三十四条:"中央级事业单位国有资产出租,原则上应采取公开招租的形式确定出租的价格,必要时可采取评审或者资产评估的办法确定出租的价格。中央级事业单位利用国有资产出租、出借的,期限一般不得超过五年。"

六、对外投资、出租收益未纳入学校预算统一核算和管理

1. 《教育部直属高等学校国有资产管理暂行办法》（教财〔2012〕6号）第二十八条："高校应当对本单位对外投资、出租、出借的资产实行专项管理，并在单位财务报告中披露相关信息。高校对外投资收益以及利用国有资产出租、出借和科研成果形成的无形资产等取得的收入应当纳入学校预算，统一核算，统一管理。"

2. 《中央级事业单位国有资产管理暂行办法》（财教〔2008〕13号）第二十二条："中央级事业单位对外投资收益以及利用国有资产出租、出借等取得的收入应当纳入单位预算，统一核算，统一管理。"

七、资产使用效率低下

包括资产长期闲置、贵重仪器设备使用未达到标准机时等。

1. 《教育部直属高等学校国有资产管理暂行办法》（教财〔2012〕6号）规定："高校对校内长期闲置、低效运转的资产，应进行调剂，提高资产使用效益；对于长期闲置的大型仪器设备，高校应报教育部，由教育部负责调剂。"

2. 《高等学校仪器设备管理办法》（教高〔2000〕9号）第十五条规定："高等学校仪器设备要实行专管共用、资源共享。各机组要在完成本校教学、科研任务的同时，努力开展对社会各单位的协作咨询、分析测试、培训等技术服务工作。要在开展校内、校际和跨部门协作共用的同时，积极培训能独立操作仪器设备的人员，并建立岗位责任制度，努力提高仪器设备使用率。要尽量使用外单位已有的仪器设备，避免出现区域性仪器设备的重复购置。"

3. 《教育部关于印发〈高等学校贵重仪器设备年度效益评价表〉的通知》（教高司条函〔2000〕010号）中有关设备使用定额机时的规定："1. 定额机时，03类仪器仪表：通用设备：1 400小时/年，专用设备：800

小时/年;04 类机械类:800 小时/年。"

八、擅自处置国有资产,未按规定报批报备

资产处置形式有货币性资产损失核销,无偿调拨(划转),对外捐赠、出售、出让、转让(含股权减持),置换,报废报损等。

1.《教育部直属高等学校国有资产管理暂行办法》(教财〔2012〕6号)和《教育部直属高等学校、直属单位国有资产管理工作规程(暂行)》(教财函〔2013〕55号)的有关规定。根据规定:(1)货币性资产损失核销。单位核销货币性资产(现金、银行存款、应收账款、应收票据等)损失50万元以下的,由单位审批,报教育部(财务司)、财政部备案;50万元至800万元以下的,由教育部(财务司)审批,报财政部备案;800万以上(含800万元)的,由财政部审批。(2)无偿调拨(划转)。部属单位之间、单位对所办企业无偿调拨(划转)国有资产500万元以下的,由单位审批,报教育部(财务司)、财政部备案;500万元至800万元以下的,由教育部(财务司)审批,报财政部备案;800万以上(含800万元)的,由财政部审批。跨部门国有资产的无偿调拨(划转),单位作为划出方的,由教育部(财务司)审核同意后,报财政部审批,并附接收方主管部门同意无偿调拨(划转)的有关文件;单位作为接收方的,报教育部(财务司)审核同意。跨级次国有资产的无偿调拨(划转),单位无偿调拨(划转)给地方的,由教育部(财务司)审核同意后,报财政部审批,并附接收方省级主管部门和财政部门同意接收的有关文件;单位接收地方无偿调拨(划转)的,单位将接收资产的有关情况报教育部(财务司)、财政部备案。(3)对外捐赠、出售、出让、转让(含股权减持)、置换、报废报损。单位对外捐赠、出售、出让、转让、置换和报废报损国有资产500万元以下的,由单位审批,报教育部(财务司)、财政部备案;500万元至800万元以下的,由教育部(财务司)审批,报财政部备案;800万以上(含800万元)的,由财政部审批。接受捐赠。单位接受捐赠国有资产,应及时办理入账并报教育部(财务司)、财政部备案。(4)中关村国家自主创新示

范区内单位科技成果处置。单位处置科技成果价值在800万元以下的,由单位自主处置后一个月内将处置结果报财政部备案;800万元以上(含800万元)的,由财政部审批。(5)单位所持上市公司股份转让。①通过证券交易系统的转让。单位为上市公司国有控股股东,同时符合以下两个条件的(一是总股本不超过10亿股的上市公司,国有控股股东在连续三个会计年度内累计净转让股份(累计转让股份扣除累计增持股份后的余额,下同)的比例未达到上市公司总股本的5%;总股本超过10亿股的上市公司,国有控股股东在连续三个会计年度内累计净转让股份的数量未达到5 000万股或累计净转让股份的比例未达到上市公司总股本的3%;二是国有控股股东转让股份不涉及上市公司控制权的转移),由单位按照内部决策程序决定,并在股份转让完成后报教育部(财务司)、财政部备案;不符合以上两个条件之一的,应将转让方案报财政部审核批准后实施。单位为上市公司参股股东的,在一个完整会计年度内累计净转让股份比例未达到上市公司总股本5%的,由国有参股股东按照内部决策程序决定,并在每年1月31日前将其上年度转让上市公司股份的情况报教育部(财务司)、财政部备案;达到或超过上市公司总股本5%的,应将转让方案报财政部审核批准后实施。②协议转让。单位拟协议转让上市公司股份的,在内部决策后,报财政部初审同意;单位与拟受让方签订股份转让协议后,报财政部审核批准。③无偿划转。单位无偿划转所持上市公司股份,报财政部审批。④间接转让。单位所持上市公司股份间接转让的,单位应在产权转让或增资扩股方案实施前(其中,国有股东国有产权转让的,应在办理产权转让鉴证前;国有股东增资扩股的,应在公司工商登记前),报财政部审批。

2.《中央级事业单位国有资产管理暂行办法》(财教〔2008〕13号)第二十六条:"中央级事业单位处置国有资产时,应根据财政部规定附相关材料,按以下方式履行审批手续:单位价值或批量价值在800万元以下的,由财政部授权主管部门进行审批,主管部门应当于批复之日起15个工作日内将批复文件报财政部备案;800万元以上(含)的,经主管部门审核后报财政部审批。"

九、国有资产处置收入未按规定及时足额上缴

1.《中央级事业单位国有资产处置管理暂行办法》(财教〔2008〕495号)第三十三条中有"中央级事业单位国有资产处置收入……上缴中央国库……"的规定。

2.《中央级事业单位国有资产管理暂行办法》(财教〔2008〕13号)第二十八条:"中央级事业单位国有资产处置收入属于国家所有,应当按照政府非税收入管理和财政国库收缴管理的规定上缴中央财政,实行'收支两条线'管理。"

十、对管理不规范、长期亏损、扭亏无望的企业未及时清理

《教育部关于积极发展、规范管理高校科技产业的指导意见》(教技发〔2005〕2号)第15条:"对长期亏损、投资无回报的企业坚决予以撤并或退出。"

十一、企业改制未履行清产核资、评估备案和产权登记

1.《教育部直属高等学校、直属单位国有资产管理工作规程(暂行)》(教财函〔2013〕55号):"企业改制应当按照规定进行清产核资、财务审计、评估备案,准确界定和核实资产,客观、公正地确定资产的价值。企业改制过程中涉及的清产核资、评估备案、产权登记等事项按照本规程执行。"

2.《事业单位国有资产管理暂行办法》(财政部令36号)(2006年7月起施行)第三十四条:"事业单位应当按照以下规定进行国有资产产权登记:(一)新设立的事业单位,办理占有产权登记;(二)发生分立、合并、部分改制,以及隶属关系、单位名称、住所和单位负责人等产权登记

内容发生变化的事业单位,办理变更产权登记;(三)因依法撤销或者整体改制等原因被清算、注销的事业单位,办理注销产权登记。"第三十八条:"事业单位有下列情形之一的,应当对相关国有资产进行评估:(一)整体或部分改制为企业;(二)以非货币性资产对外投资;(三)合并、分立、清算;……。"第四十一条:"事业单位国有资产评估项目实行核准制和备案制。"第四十二条:"事业单位有下列情形之一的,应当进行资产清查:……(二)进行重大改革或者整体、部分改制为企业的……。"

3.《国有资产评估管理若干问题的规定》(财政部令14号)(2002年起施行)第十条:"除本规定第九条规定以外,对资产评估项目实行备案制。中央管理的企业集团公司及其子公司,国务院有关部门直属企事业单位的资产评估项目备案工作由财政部负责;子公司或直属企事业单位以下企业的资产评估项目备案工作由集团公司或有关部门负责。"

十二、未按规定办理国有资产产权登记

1.《行政事业单位国有资产产权登记实施办法》(国资事发〔1995〕31号)第二条:"凡占有、使用国有资产的行政事业单位,都要对应属国家所有的资产按照本实施办法的规定,向国有资产管理部门申报、办理产权登记。"

2.《行政事业单位国有资产产权登记实施办法》(国资事发〔1995〕31号)第六条:"产权登记分为设立产权登记、变动产权登记、撤销产权登记。"

3.《行政事业单位国有资产产权登记实施办法》(国资事发〔1995〕31号)第七条:"设立产权登记,适用于新设立的行政事业单位。此类单位应在审批机关批准成立后30日内,办理申领《国有资产产权登记证》手续。申领时,单位应填报《国有资产产权登记证》中设立登记表,一式三联,并提交下列文件、证件及有关资料:……。"

4.《行政事业单位国有资产产权登记实施办法》(国资事发〔1995〕

31号)第八条:"变动产权登记,适用于发生分立、合并、改制,以及隶属关系、单位名称发生变化等行为的行政事业单位。此类单位应在主管部门或审批机关批准后30日内,持原《国有资产产权登记证》和批准文件、资料,办理换领《国有资产产权登记证》手续。"

5.《行政事业单位国有资产产权登记实施办法》(国资事发〔1995〕31号)第九条:"撤销产权登记,适用于撤销、被合并后终止活动的行政事业单位。此类单位应在主管部门或审批机关批准后30日内办理撤销产权登记手续。申办时,应提交下列文件、证件及有关资料:……。"

十三、固定资产未及时入账,已完工项目未及时办理竣工决算

1.《事业单位会计准则(试行)》第二十五条:"购建的固定资产应当按照取得时的实际成本记账。固定资产借款利息和有关费用,以及外币借款的汇兑差额,在固定资产办理竣工决算之前发生的,应当计入固定资产价值;在竣工决算之后发生的,计入当期支出或费用。接受捐赠的固定资产应当按照同类资产的市场价格或者有关凭据确定固定资产价值。接受捐赠固定资产时发生的相关费用,应当计入固定资产价值。融资租入的固定资产应当比照自有固定资产核算,并在会计报表附注中说明。对固定资产进行改建、扩建,其净增值部分,应当计入固定资产价值。固定资产应当定期进行清查盘点。固定资产转让、清理取得的收入和清理固定资产报废、毁损发生的损失应当相应增减修购基金。盘盈、盘亏固定资产,应当相应增减固定基金。"

2.《基本建设财务管理规定》(财建〔2002〕394号)第三十条:"建设项目按批准的设计文件所规定的内容建成,工业项目经负荷试车考核(引进国外设备项目合同规定试车考核期满)或试运行期能够正常生产合格产品,非工业项目符合设计要求,能够正常使用时,应及时组织验收,移交生产或使用。凡已超过批准的试运行期,并已符合验收条件但未及时办理竣工验收手续的建设项目,视同项目已正式投产,其费用不得从基建投资中支付,所实现的收入作为生产经营收入,不再作为基建

收入。试运行期一经确定,各建设单位应严格按规定执行,不得擅自缩短或延长。"

3.《基本建设财务管理规定》(财建〔2002〕394号)第三十五条:"基本建设项目竣工时,应编制基本建设项目竣工财务决算。建设周期长、建设内容多的项目,单项工程竣工,具备交付使用条件的,可编制单项工程竣工财务决算。建设项目全部竣工后应编制竣工财务总决算。"

4.《基本建设财务管理规定》(财建〔2002〕394号)第三十六条:"基本建设项目竣工决算是正确核定新增固定资产价值,反映竣工项目建设成果的文件,是办理固定资产交付使用手续的依据。各编制单位要认真执行有关的财务核算办法,严肃财经纪律,实事求是地编制基本建设项目竣工财务决算,做到编报及时,数字准确,内容完整。"

5.《基本建设财务管理规定》(财建〔2002〕394号)第四十四条:"已具备竣工验收条件的项目,三个月内不办理竣工验收和固定资产移交手续的,视同项目已正式投产,其费用不得从基建投资中支付,所实现的收入作为生产经营收入,不再作为基建收入管理。"

十四、非经营性资产违反规定转经营性资产

《事业单位国有资产管理暂行办法》(财政部令〔2006〕第36号)第二十一条:"事业单位利用国有资产对外投资、出租、出借和担保等应当进行必要的可行性论证,并提出申请,经主管部门审核同意后,报同级财政部门审批。法律、行政法规另有规定的,依照其规定。事业单位应当对本单位用于对外投资、出租和出借的资产实行专项管理,并在单位财务会计报告中对相关信息进行充分披露。"

十五、资产账账不符、账卡不符、账实不符

1.《事业单位国有资产管理暂行办法》(财政部令〔2006〕第36号)第二十条:"事业单位应当建立健全资产购置、验收、保管、使用等内部

管理制度。事业单位应当对实物资产进行定期清查,做到账账、账卡、账实相符,加强对本单位专利权、商标权、著作权、土地使用权、非专利技术、商誉等无形资产的管理,防止无形资产流失。"

2.《中华人民共和国会计法》第二十九条:"会计机构、会计人员发现会计账簿记录与实物、款项及有关资料不相符的,按照国家统一的会计制度的规定有权自行处理的,应当及时处理;无权处理的,应当立即向单位负责人报告,请求查明原因,作出处理。"

3.《高等学校财务制度》第四十四条:"高等学校应当对固定资产定期或者不定期地进行清查盘点。年度终了前,应当进行一次全面清查盘点,保证账、卡、物相符。对固定资产的盘盈、盘亏应当按照规定处理。"

十六、资产日常管理薄弱,未及时清查盘点

1.《事业单位国有资产管理暂行办法》(财政部令〔2006〕第 36 号)第二十条:"事业单位应当建立健全资产购置、验收、保管、使用等内部管理制度。事业单位应当对实物资产进行定期清查,做到账账、账卡、账实相符,加强对本单位专利权、商标权、著作权、土地使用权、非专利技术、商誉等无形资产的管理,防止无形资产流失。"

2.《高等学校财务制度》第四十四条:"高等学校应当对固定资产定期或者不定期地进行清查盘点。年度终了前,应当进行一次全面清查盘点,保证账、卡、物相符。对固定资产的盘盈、盘亏应当按照规定处理。"

十七、往来款项长期挂账,未及时清理核销

1.《事业单位会计制度》第三部分年终清理结算和结账:"事业单位的往来款项,年终应尽量清理完毕。按照有关规定应当转作各项收入或各项支出的往来款项要及时转入各有关账户,编入本年决算。"

2.《高等学校财务制度》第四十一条:"高等学校应当建立健全现金及各种存款的内部管理制度。对应收及预付款项应当及时清理结算,不得长期挂账;对无法收回的应收及预付款项,要查明原因,分清责任,按照规定程序批准后核销。"

3.《高等学校财务制度》第五十四条:"高等学校应当对不同性质的负债分类管理,及时清理并按照规定办理结算,保证各项负债在规定期限内归还。"

第五节　招投标采购方面

一、超过规定限额的采购事项未经公开招投标程序

1.《中华人民共和国政府采购法》第二十八条:"采购人不得将应当以公开招标方式采购的货物或者服务化整为零或者以其他任何方式规避公开招标采购。"

2.《中华人民共和国招标投标法》第三条:"在中华人民共和国境内进行下列工程建设项目包括项目的勘察、设计、施工、监理以及与工程建设有关的重要设备、材料等的采购,必须进行招标:(一)大型基础设施、公用事业等关系社会公共利益、公众安全的项目;(二)全部或者部分使用国有资金投资或者国家融资的项目;(三)使用国际组织或者外国政府贷款、援助资金的项目。"

二、开标前与意向单位接触或泄露相关信息

《中华人民共和国招标投标法实施条例》第四十一条:"禁止招标人与投标人串通投标。有下列情形之一的,属于招标人与投标人串通投标:(一)招标人在开标前开启投标文件并将有关信息泄露给其他投标人;(二)招标人直接或者间接向投标人泄露标底、评标委员会成员等信

息;(三)招标人明示或者暗示投标人压低或者抬高投标报价;(四)招标人授意投标人撤换、修改投标文件;(五)招标人明示或者暗示投标人为特定投标人中标提供方便;(六)招标人与投标人为谋求特定投标人中标而采取的其他串通行为。"

三、招标文件编制不合理

1.《中华人民共和国招标投标法》第十九条:"招标人应当根据招标项目的特点和需要编制招标文件。招标文件应当包括招标项目的技术要求、对投标人资格审查的标准、投标报价要求和评标标准等所有实质性要求和条件以及拟签订合同的主要条款。国家对招标项目的技术、标准有规定的,招标人应当按照其规定在招标文件中提出相应要求。招标项目需要划分标段、确定工期的,招标人应当合理划分标段、确定工期,并在招标文件中载明。"

2.《中华人民共和国招标投标法》第二十条:"招标文件不得要求或者标明特定的生产供应者以及含有倾向或者排斥潜在投标人的其他内容。"

3.《中华人民共和国招标投标法实施条例》第五十七条:"招标人和中标人应当依照招标投标法和本条例的规定签订书面合同,合同的标的、价款、质量、履行期限等主要条款应当与招标文件和中标人的投标文件的内容一致。"

四、公开招标文件公布方式不符合要求

包括公布时间、媒介载体不符合规定。

1.《中华人民共和国招标投标法》第十六条:"招标人采用公开招标方式的,应当发布招标公告。依法必须进行招标的项目的招标公告,应当通过国家指定的报刊、信息网络或者其他媒介发布。招标公告应当载明招标人的名称和地址、招标项目的性质、数量、实施地点和时间

以及获取招标文件的办法等事项。"

2.《中华人民共和国招标投标法》第二十四条："招标人应当确定投标人编制投标文件所需要的合理时间；但是，依法必须进行招标的项目，自招标文件开始发出之日起至投标人提交投标文件截止之日止，最短不得少于二十日。"

3.《中华人民共和国招标投标法实施条例》第十六条："招标人应当按照资格预审公告、招标公告或者投标邀请书规定的时间、地点发售资格预审文件或者招标文件。资格预审文件或者招标文件的发售期不得少于 5 日。"

五、投标人数量未达到规定要求

1.《中华人民共和国招标投标法》第二十八条："投标人应当在招标文件要求提交投标文件的截止时间前，将投标文件送达投标地点。招标人收到投标文件后，应当签收保存，不得开启。投标人少于三个的，招标人应当依照本法重新招标。"

2.《评标委员会和评标方法暂行规定》第二十七条："评标委员会根据本规定第二十条、第二十一条、第二十二条、第二十三条、第二十五条的规定否决不合格投标后，因有效投标不足三个使得投标明显缺乏竞争的，评标委员会可以否决全部投标。"

3.《中华人民共和国招标投标法实施条例》第四十四条："招标人应当按照招标文件规定的时间、地点开标。投标人少于三个的，不得开标；招标人应当重新招标。投标人对开标有异议的，应当在开标现场提出，招标人应当当场作出答复，并制作记录。"

六、评标委员组成不符合规定

包括评委人数、评委资质要求、评委抽取办法等不符合要求。

1.《中华人民共和国招标投标法》第三十七条："依法必须进行招

标的项目,其评标委员会由招标人的代表和有关技术、经济等方面的专家组成,成员人数为五人以上单数,其中技术、经济等方面的专家不得少于成员总数的三分之二。前款专家应当从事相关领域工作满八年并具有高级职称或者具有同等专业水平,由招标人从国务院有关部门或者省、自治区、直辖市人民政府有关部门提供的专家名册或者招标代理机构的专家库内的相关专业的专家名单中确定;一般招标项目可以采取随机抽取方式,特殊招标项目可以由招标人直接确定。与投标人有利害关系的人不得进入相关项目的评标委员会;已经进入的应当更换。评标委员会成员的名单在中标结果确定前应当保密。"

2.《评标委员会和评标方法暂行规定》第九条:"评标委员会由招标人或其委托的招标代理机构熟悉相关业务的代表,以及有关技术、经济等方面的专家组成,成员人数为五人以上单数,其中技术、经济等方面的专家不得少于成员总数的三分之二。评标委员会设负责人的,评标委员会负责人由评标委员会成员推举产生或者由招标人确定。评标委员会负责人与评标委员会的其他成员有同等的表决权。"

3.《评标委员会和评标方法暂行规定》第十条:"评标委员会的专家成员应当从依法组建的专家库内的相关专家名单中确定。按前款规定确定评标专家,可以采取随机抽取或者直接确定的方式。一般项目,可以采取随机抽取的方式;技术复杂、专业性强或者国家有特殊要求的招标项目,采取随机抽取方式确定的专家难以保证胜任的,可以由招标人直接确定。"

4.《评标委员会和评标方法暂行规定》第十一条:"评标专家应符合下列条件:(一)从事相关专业领域工作满八年并具有高级职称或者同等专业水平;(二)熟悉有关招标投标的法律法规,并具有与招标项目相关的实践经验;(三)能够认真、公正、诚实、廉洁地履行职责。"

5.《评标委员会和评标方法暂行规定》第十二条:"有下列情形之一的,不得担任评标委员会成员:(一)投标人或者投标人主要负责人的近亲属;(二)项目主管部门或者行政监督部门的人员;(三)与投标人有经济利益关系,可能影响对投标公正评审的;(四)曾因在招标、评标以及其他与招标投标有关活动中从事违法行为而受过行政处罚或刑事处罚的。评标委员会成员有前款规定情形之一的,应当主动提出回避。"

第六节　建设项目管理方面

一、建设项目报批手续不齐全

包括未经立项审批、规划审批,未取得施工许可证等手续。

1. 《中华人民共和国建筑法》第七条:"建筑工程开工前,建设单位应当按照国家有关规定向工程所在地县级以上人民政府建设行政主管部门申请领取施工许可证;但是,国务院建设行政主管部门确定的限额以下的小型工程除外……。"

2. 《教育部直属高校基本建设管理办法》(教发〔2012〕1号)第五条:"直属高校基本建设决策应当严格执行'三重一大'制度,遵守基本建设程序,坚持先规划论证、后设计施工。"

3. 《教育部直属高校基本建设管理办法》(教发〔2012〕1号)第十二条:"直属高校建设项目应当按照国家有关规定分别报送教育部或者国家发展和改革委员会审批,获得相关批准后方可实施。"

二、建设项目投资超概算

1. 国家计委、中国人民建设银行试行《关于改进工程建设概预算工作的若干规定》(计标〔1983〕1038号)第十一条"各有关部门和有关单位都应认真执行批准的总概算,不得任意突破……"和第十三条"……凡固定资产投资累计完成额已超过总概算的建设项目,必须由原设计单位和建设单位共同提出需要追加投资的理由,并经原初步设计批准机关审核后……方能追加年度固定资产投资"。

2. 《中央预算内直接投资项目概算管理暂行办法》(发改投资

〔2015〕482号)第三条:"概算由国家发展改革委在项目初步设计阶段委托评审后核定。概算包括国家规定的项目建设所需的全部费用,包括工程费用、工程建设其他费用、基本预备费、价差预备费等。编制和核定概算时,价差预备费按年度投资价格指数分行业合理确定。对于项目单位缺乏相关专业技术人员或者建设管理经验的,实行代建制,所需费用从建设单位管理费中列支。除项目建设期价格大幅上涨、政策调整、地质条件发生重大变化和自然灾害等不可抗力因素外,经核定的概算不得突破。"

三、工程项目采购未经规定招投标程序

1.《中华人民共和国建筑法》第十九条:"建筑工程依法实行招标发包,对不适于招标发包的可以直接发包。"

2.《中华人民共和国建筑法》第二十条:"建筑工程实行公开招标的,发包单位应当依照法定程序和方式,发布招标公告,提供载有招标工程的主要技术要求、主要的合同条款、评标的标准和方法以及开标、评标、定标的程序等内容的招标文件。开标应当在招标文件规定的时间、地点公开进行。开标后应当按照招标文件规定的评标标准和程序对标书进行评价、比较,在具备相应资质条件的投标者中,择优选定中标者。"

3.《工程建设项目施工招标投标办法》第三条:"工程建设项目符合《工程建设项目招标范围和规模标准规定》(国家计委令第3号)规定的范围和标准的,必须通过招标选择施工单位。任何单位和个人不得将依法必须进行招标的项目化整为零或者以其他任何方式规避招标。"

4.《教育部直属高校基本建设管理办法》第三十条:"建设项目应当依法实行招标投标制度。勘察、设计、施工、监理、设备和材料的采购、工程咨询及社会审计、代建单位等均应当依法实行招标。"

5.《中华人民共和国招标投标法》第三条:"在中华人民共和国境内进行下列工程建设项目包括项目的勘察、设计、施工、监理以及与工

程建设有关的重要设备、材料等的采购,必须进行招标:(一)大型基础设施、公用事业等关系社会公共利益、公众安全的项目;(二)全部或者部分使用国有资金投资或者国家融资的项目;(三)使用国际组织或者外国政府贷款、援助资金的项目。"

6.《工程建设项目招标范围和规模标准规定》第七条:"本规定第二条至第六条规定范围内的各类工程建设项目,包括项目的勘察、设计、施工、监理以及与工程建设有关的重要设备、材料等的采购,达到下列标准之一的,必须进行招标:(一)施工单项合同估算价在200万元人民币以上的;(二)重要设备、材料等货物的采购,单项合同估算价在100万元人民币以上的;(三)勘察、设计、监理等服务的采购,单项合同估算价在50万元人民币以上的;(四)单项合同估算价低于第(一)、(二)、(三)项规定的标准,但项目总投资额在3 000万元人民币以上的。"

四、工程参建单位资质不符合要求

1.《中华人民共和国建筑法》第十二条:"从事建筑活动的建筑施工企业、勘察单位、设计单位和工程监理单位,应当具备下列条件:(一)有符合国家规定的注册资本;(二)有与其从事的建筑活动相适应的具有法定执业资格的专业技术人员;(三)有从事相关建筑活动所应有的技术装备;(四)法律、行政法规规定的其他条件。"

2.《中华人民共和国建筑法》第十三条:"从事建筑活动的建筑施工企业、勘察单位、设计单位和工程监理单位,按照其拥有的注册资本、专业技术人员、技术装备和已完成的建筑工程业绩等资质条件,划分为不同的资质等级,经资质审查合格,取得相应等级的资质证书后,方可在其资质等级许可的范围内从事建筑活动。"

3.《中华人民共和国建筑法》第十四条:"从事建筑活动的专业技术人员,应当依法取得相应的执业资格证书,并在执业资格证书许可的范围内从事建筑活动。"

五、建设项目档案资料不齐全，保存不善

《基本建设项目档案资料管理暂行规定》（国档发〔1988〕4号）第二条："基本建设项目档案资料是指在整个建设项目从酝酿、决策到建成投产（使用）的全过程中形成的、应当归档保存的文件，包括基本建设项目的提出、调研、可行性研究、评估、决策、计划、勘测、设计、施工、调试、生产准备、竣工、试生产（使用）等工作活动中形成的文字材料、图纸、图表、计算材料、声像材料等形式与载体的文件材料。各有关单位要按照统一领导，统一管理档案的原则，管理好基本建设项目的档案资料，确保档案资料的完整、准确、安全和有效利用。"

第七节　合同管理方面

一、有关经济事项未签订合同

1. 《中华人民共和国合同法》第十条："当事人订立合同，有书面形式、口头形式和其他形式。法律、行政法规规定采用书面形式的，应当采用书面形式。当事人约定采用书面形式的，应当采用书面形式。"

2. 《行政事业单位内部控制规范（试行）》（财会〔2012〕21号）第五十五条："单位应当加强对合同订立的管理，明确合同订立的范围和条件。对于影响重大、涉及较高专业技术或法律关系复杂的合同，应当组织法律、技术、财会等工作人员参与谈判，必要时可聘请外部专家参与相关工作。谈判过程中的重要事项和参与谈判人员的主要意见，应当予以记录并妥善保管。"

二、合同签订主体不规范

如未经学校授权以二级学院或部门名义对外签订合同。

1.《中华人民共和国合同法》第二条:"本法所称合同是平等主体的自然人、法人、其他组织之间设立、变更、终止民事权利义务关系的协议。"

2.《中华人民共和国合同法》第九条:"当事人订立合同,应当具有相应的民事权利能力和民事行为能力。当事人依法可以委托代理人订立合同。"

3.《行政事业单位内部控制规范(试行)》(财会〔2012〕21号)第五十四条:"单位应当合理设置岗位,明确合同的授权审批和签署权限,妥善保管和使用合同专用章,严禁未经授权擅自以单位名义对外签订合同,严禁违规签订担保、投资和借贷合同……。"

三、合同日常管理不到位

包括未进行归口管理、未建立合同台账、未保存合同相关资料等。

1.《行政事业单位内部控制规范(试行)》(财会〔2012〕21号)第五十四条:"……单位应当对合同实施归口管理,建立财会部门与合同归口管理部门的沟通协调机制,实现合同管理与预算管理、收支管理相结合。"

2.《行政事业单位内部控制规范(试行)》(财会〔2012〕21号)第五十八条:"合同归口管理部门应当加强对合同登记的管理,定期对合同进行统计、分类和归档,详细登记合同的订立、履行和变更情况,实行对合同的全过程管理。与单位经济活动相关的合同应当同时提交财会部门作为账务处理的依据。"

四、合同签订要素不齐全,条款约定存在缺陷等

1.《中华人民共和国合同法》第十二条:"合同的内容由当事人约定,一般包括以下条款:(一)当事人的名称或者姓名和住所;(二)标的;(三)数量;(四)质量;(五)价款或者报酬;(六)履行期限、地点和方式;

(七)违约责任;(八)解决争议的方法。当事人可以参照各类合同的示范文本订立合同。"

2.《建设工程价款结算暂行办法》(财建〔2004〕369号)第七条:"发包人、承包人应当在合同条款中对涉及工程价款结算的下列事项进行约定:(一)预付工程款的数额、支付时限及抵扣方式;(二)工程进度款的支付方式、数额及时限;(三)工程施工中发生变更时,工程价款的调整方法、索赔方式、时限要求及金额支付方式;(四)发生工程价款纠纷的解决方法;(五)约定承担风险的范围及幅度以及超出约定范围和幅度的调整办法;(六)工程竣工价款的结算与支付方式、数额及时限;(七)工程质量保证(保修)金的数额、预扣方式及时限;(八)安全措施和意外伤害保险费用;(九)工期及工期提前或延后的奖惩办法;(十)与履行合同、支付价款相关的担保事项。"

第四章

经济责任审计实务操作表格及表式参考

本章结合编写单位的实务操作,按照经济责任审计全流程列示了审计实施工作中需使用的相关内部表格、审计调查资料表格、审计文本等,并将相关表式或文本模板列示于后,供审计人员实务操作时借鉴参考。相关表式及文书的模板应按照中国内部审计准则的要求,结合公文行文规范及各高校实际情况进行设计,并不断完善。

第一节 审计阶段对应表格文本

一、审计准备

1. 项目立项。根据学校年度审计计划安排,以及组织部下达的委托书中列明的被审计领导干部有关信息,对审计项目进行立项审批。同时成立审计组。

相关表式:<u>审计项目立项表</u>

2. 征询相关部门意见。向校内相关部门(财务处、资产与实验室管理处、纪委办/监察处等)发送征询函,了解审计项目相关情况。

相关表式:<u>经济责任审计情况征询函</u>

3. 发出审计预通知。审计组向被审计单位发出审计预通知,要求其在规定时间内提交审前调查资料,并确定联系人员。

相关表式:审计预通知、审前调查表

4. 审前调查。审计组审阅被审计单位提交的审前调查资料,编制审计实施方案,并报批。

相关表式:审计实施方案、审计业务文本内部审批单

5. 发送审计通知及公示。审计组在召开进点会3天前,向被审计单位及被审计领导干部送达正式审计通知,并抄送组织部门和其他相关部门。

相关表式:审计通知、审计公示

二、审计实施

6. 召开审计进点会。送达审计通知3天后,审计处组织召开审计进点会,开始进入现场审计实施程序。

7. 现场实施审计。对被审计单位相关事项进行审计,根据所获取的审计证据同步编制审计确认单、审计工作底稿等。

相关表式:审计确认单、审计工作底稿

8. 完成审计确认单。审计确认单经审计组长审定后,在现场工作结束1周内,送达被审计单位确认并在规定时间内回复意见。

相关表式:审计确认单送达函

9. 编制审计工作底稿。根据审计确认单的回复情况,修改并完善审计工作底稿。

相关表式:审计工作底稿

10. 编制审计报告初稿。审计组出具审计报告初稿,并经审计组长审定后报批。

相关表式:审计报告初稿

三、审计报告

11. 审计报告征求意见。审计报告初稿经审批进行必要的修改后形成审计报告征求意见稿,下发被审计单位及被审计领导干部征求意见。

相关表式:<u>审计报告征求意见稿、审计业务文本内部审批单</u>

12. 处理回复意见。审计组收到被审计单位及被审计领导干部回复意见后,出具对回复意见的处理意见,并报批。

相关表式:<u>关于处理意见的回复意见、审计业务文本内部审批单</u>

13. 出具正式审计报告。审计组对报告进行必要修改和调整,经审批后形成审计报告、审计结果报告正式稿,报分管校领导审批并呈送其他校领导。

相关表式:<u>审计报告、审计结果报告、审计处文书报批单、内部审计文书呈报单</u>

四、审计整改

14. 发送审计整改通知书。经分管校领导审批审计报告后,审计组撰写审计整改通知书、问题清单等,下发至被审计单位,审计报告送达被审计领导干部,并送呈组织部、纪委办等相关部门。

相关表式:<u>审计整改通知书、问题清单、审计报告、审计结果报告、审计报告送呈函</u>

15. 建立审计整改台账。审计组将相关审计整改通知书、问题清单等资料移交整改岗位人员,建立审计整改台账。

相关表式:<u>审计整改台账</u>

第二节 经济责任审计常用文本及表格模板

一、经济责任审计项目任务下达书

经济责任审计项目任务下达书

编号：

序号	组织部委托书编号	被审计人	单位	职务	任期起止	审计时间范围	审计方式
1							
2							
3							
4							
5							
分管领导批示							

注：本任务下达书一式二份，一份存分管领导，一份办公室落实、实施。

二、审计项目立项表

审计项目立项表

编号：×经审〔201×〕×号

立项依据			
审计项目名称			
处长签示			年　　月　　日
分管处长意见			年　　月　　日
办公室主任意见			年　　月　　日
	审计方式		
	计划启动日期	201×年×月×日	
	计划完成日期	201×年×月×日	
	审计组	组长	
		组员	

注：本立项表一式二份，一份交审计组组长实施，一份办公室留存。
　　计划启动日期：进点审计为发出审计预通知时间，送达审计为发出审计通知时间。
　　计划完成日期为审计处报告上报学校时间。

三、经济责任审计情况征询函

××大学审计处

×经审〔201×〕×-×号

经济责任审计情况征询函

×××：

　　根据学校的安排，审计处将对×××同志进行任期经济责任审计，谨请贵处根据所了解的情况，就该同志及其所在单位在经济管理活动中可能存在的问题，以及贵处亟待了解的问题，对我们作出提示。

　　无论有无提示，均烦请填写提示意见，并于201×年×月×日前反馈我处。谢谢配合与支持！

审计处

201×年×月×日

联系人：×××　　　　电话：××××××××

提　示　意　见

    填写单位(盖章)： 负责人(签字)： 　年　月　日

注：上述提示意见如填写不下，请另附页。

四、审计预通知

××大学审计处

×经审〔201×〕×(立项号)-×号

关于对××同志进行任期经济责任审计的预通知

××(被审计单位):

根据学校安排及党委组织部的委托,我处将从201×年×月起,对××同志进行任期经济责任审计,审计方式为进点审计。现将有关事宜通知如下:

一、工作程序

经济责任审计(进点审计)工作分为三阶段:审前调查阶段、审计实施阶段、审计报告阶段。目前阶段为审前调查阶段,由贵单位提交相关资料经审计组查阅后,我处另行通知召开审计进点会,再依次进入审计实施、报告阶段,如无特殊情况,全部工作将在三个月左右结束。

二、审前调查资料

为确保审计效率与效果,请贵单位先行提供审前调查所需的基本资料,具体如下:

1. 被审计领导干部任期述职报告(具体要求见附件1)。

2. 承诺书(见附件2)。

3. 填写完整的经审表1-×及相应附件(见附件3,各表填列范围除特殊备注外,均为201×年—201×年)。

4. 201×年—201×年会议记录和会议纪要。

5. 201×年—201×年工作计划和工作总结。

6. 201×年—201×年财务预决算资料。

7. 201×年—201×年各年度固定资产盘点报告。

8. 201×年—201×年各年度年鉴资料。

上述资料请于201×年×月×日之前提交,并同时将第3、8项电子版发送至联系人OA邮箱(审计处秘书×××)。除第1、2、3项为原件之外,其余资料可提供复印件,并请加盖公章。

三、工作联系

请贵单位安排领导班子成员和日常接洽人员各一名,以便审计实施过程中的联系与沟通。

请予配合,谢谢!

附件:
1. ××大学领导干部经济责任审计述职报告撰写要点
2. 承诺书
3. 经审表1-×样式

审计处

201×年×月×日

联系人:×××　　　联系电话:×××××××××

抄送:××(被审计领导干部)

××大学审计处　　　　　　　　　　　201×年×月×日印

五、审计通知

××大学审计处

×经审〔201×〕×(立项号)-×号

关于对××同志进行任期经济责任审计的通知

××(被审计单位):

根据学校安排和党委组织部的委托,我处将自201×年×月×日起,对××(被审计单位)××(职务)××同志实施任期经济责任审计,审计方式为进点审计。日前,审计组已收到贵单位提交的审计所需基本资料。现将有关审计事宜通知如下:

1. 201×年×月×日上午×时,在××校区××楼××室召开审计进点会议,请通知有关人员准时出席。

2. 请张贴随附的"××大学中层领导干部经济责任审计公示"。

3. 请安排、指定领导班子成员和日常接洽人员各一名,以便审计实施过程中的联系与沟通。

4. 审计组成员:×××(组长)、×××,联系电话:×××××××××。

请予配合,谢谢!

审计处
201×年×月×日

抄送:组织部、××(被审计领导干部)

××大学审计处　　　　　　　　　　　　201×年×月×日印

六、审计公示

××大学审计处

×经审〔201×〕×（立项号）-×号

××大学中层领导干部经济责任审计公示

根据学校安排和党委组织部的委托，审计处将于201×年×月×日起实施××（被审计单位）×××（被审计领导干部）的任期经济责任审计，审计方式为进点审计。现将有关事项公示如下：

一、审计事项：×××同志任职期间履行经济责任情况。

二、审计实施时间：201×年×月×日至201×年×月×日。

三、审计的主要内容：

1. 本单位（部门）事业发展情况。

2. 遵守法律法规，贯彻执行国家、学校有关经济政策和决策部署情况。

3. 制定和执行重大经济决策情况。

4. 建立与实施对经济活动风险防范的内部控制情况。

5. 预算执行及财务收支情况、资产安全完整情况。

6. 有关目标责任制完成情况。

7. 履行有关党风廉政建设第一责任人职责情况，以及遵守有关廉洁从政、从业规定的情况。

8. 对以往审计中发现问题的督促整改情况。

四、审计组成员：

×××（组长）、×××，联系电话：××××××××。

审计处

201×年×月×日

七、审计实施方案

××（被审计单位）××同志（被审计领导干部）
任期经济责任审计实施方案

一、审计依据

（制度依据和组织部委托书等）

二、被审计单位、审计事项及范围

被审计单位：×××学院。

审计事项：××同志任期经济责任审计。

审计范围：（时间范围）

三、被审计单位职能及基本情况

主要职能：主要培养×××专业人才，在相关学科领域承担一定科研项目，向政府有关部门提供专业咨询服务；……

基本情况：（描述机构设置、人员情况等）

四、审计目标

五、审计风险及重要性水平

审计风险：中。（确定依据）

重要性水平：金额标准为××元。

六、审计内容和重点

1. 审计内容：（根据经济责任审计的基本内容及单位业务范围列示）。
2. 审计重点：（针对被审计单位的具体业务情况，确定审计重点内容）。

七、预定审计工作起讫日

201×年×月×日—201×年×月×日。

1. 准备阶段：201×年×月×日—201×年×月×日。
2. 实施阶段：201×年×月×日—201×年×月×日。
3. 报告阶段：201×年×月×日—201×年×月×日。

八、审计组组长、成员

审计组组长：×××。

审计组成员：×××。

九、人员分工

（根据人员情况及被审计单位具体业务，详细安排人员工作）。

审计组
201×年×月×日

八、审计确认单

××大学审计确认单

被审计单位:××学院　　　　　　　　　编　号:××
审 计 项 目:××学院××院长经济责任审计　审计期间:201×年至201×年

材料提供部门/单位:
审计事项:
事实记录: 　　　　　　　　　　　　　　　　　审计人员: 　　　　　　　　　　　　　　　　　201×年×月×日
被审计单位确认意见: 单位负责人签字:　　　　　　　　　　　　　单位盖章

备注:被审计单位只需认定事项是否真实,如属实,签"情况属实"并签字盖章;如有异议,请写明"有异议"并另附书面说明及相关证明资料。

九、审计确认单送达函

××大学审计处

×经审〔201×〕×(立项号)-×号

审计确认单送达函

××(被审计单位):

在贵单位的支持与配合下,审计组已完成"××(被审计单位)××(职务)××(被审计领导干部)同志任期经济责任审计"的现场实施工作。

按照程序,现将审计组编制的《××大学审计确认单》送达贵单位,请确认所述事项是否真实。如属实,在确认单规定处签"情况属实"并签字盖章;如有异议,请写明"有异议"并另附书面说明及相关证明资料。

本项目此次送达确认单共计×份,编号为×至×,请于201×年×月×日前签署意见并返回审计组。

附件:××大学审计确认单(×份)

审计组
201×年×月×日

联系人:×××　　　　联系电话:×××××××××

十、审计工作底稿

×× 大 学 审 计 工 作 底 稿

被审计单位:××学院　　　　　　　　　编　　号:××
审 计 项 目:××学院××院长经济责任审计　　审计期间:201×年至201×年

材料提供部门/单位:××学院
审计事项:
事实记录、评价意见、发现的问题、法规依据、审计建议等(分段描述):
复核人:　　　　　　　　　　　　　审计人员: 201×年×月×日　　　　　　　　　201×年×月×日
附件(名称及页数):

十一、审计报告

关于××(被审计单位)××同志(被审计领导干部)任中(或任期)经济责任审计报告

××审字〔201×〕××号

校领导:

受党委组织部委托,根据《××大学领导干部经济责任审计规定》,2015年×月至×月,审计处对××(被审计单位)××同志(被审计领导干部)实施了任中经济责任审计。

本次审计的时间范围为2010年1月至2013年12月(以下简称当期),审计重点内容为:事业发展情况;遵守法律法规,贯彻执行国家学校有关政策决策情况;制定和执行重大经济决策情况;内部控制情况;预算执行及财务收支情况;资产安全完整情况以及××同志(被审计领导干部)个人廉洁从业情况(根据审计公示内容调整)。

审计期间,根据××(被审计单位)提供的书面资料,我们采取抽样审计的方式,对当期相关业务实施了资料检查、查账勘验、实地调查等审计程序,并对其中的重要事项作了必要的延伸和追溯。××(被审计单位)及××同志(被审计领导干部)对所提供资料的真实性、完整性作出书面承诺。本次审计得到了××(被审计单位)的积极配合。

现将审计情况报告如下:

一、基本情况

(简述被审计领导干部任期,工作职责、分工等)。

(一) ××(被审计单位)基本情况

(简述部门职能定位、职责内容等)。

(简述部门机构设置、人员情况等)。

(二) 当期财务收支情况

1. 资金来源

(描述当期被审计单位各类收入来源、占比情况,并在文字简要描述后可加以表格列示,最好能有分年度列示情况。以万元为单位)。

2. 资金使用

(描述当期被审计单位各类支出类别、占比情况,并在文字简要描述后可加以表格列示,最好能分年度列示。以万元为单位)。

3. 资金结余

2010年初,××学院资金结余××万元,截至201×年末,××学院各类经费的历年滚存结余××万元。

4. 预算执行情况

(描述当期被审计单位预算执行情况)。

二、审计评价

××同志任职期间,学院以党政联席会议、学术委员会、党委会等形式进行"三重一大"事项的咨询讨论及决策工作,重大经济事项基本通过集体讨论,事业发展良好,有一定制度建设基础,预算管理意识较强,执行率较好,但财务收支尚欠规范,政府采购及资产管理工作须加强。

具体评价如下:

(一)事业发展××××

(从教学、科研、学科建设、人才队伍建设、对外服务等部门相关业务方面简要评价,引用相关数据)。

(二)制度建设××××,内部控制××××

(对制度建设及内部控制进行评价)。

(三)"三重一大"决策××××

(对"三重一大"决策执行情况进行评价)。

(四)预算管理×××,执行××××,财务收支××××

(对预算管理、执行、财务收支等进行评价)。

(五)实物资产管理××××

(对实物资产管理情况进行评价)。

(六)关于××同志个人廉洁情况

(具体评价涉及方面可能不限于上述六方面,根据本项目的审计内容和被审单位的业务可增减)

三、审计发现的主要问题和责任认定

（精确描述所发现的主要问题，问题须进行归类分段描述，标题准确简练，所发现问题后须附问题认定的制度依据。

对上述问题，根据制度规定，对××同志（被审计领导干部）须承担的责任进行认定。）

四、审计意见和建议

（针对所发现的问题发表意见和建议，建议须有针对性，简明扼要，所提建议以促进管理为目的，须切实可行）。

审计处

201×年×月×日

十二、审计报告(征求意见稿)征求意见单

审计报告(征求意见稿)征求意见单

×经审〔201×〕×(立项号)-×号

××(被审计单位):

现送达《××(被审计单位)××(职务)×××(被审计领导干部)同志任期经济责任审计报告(征求意见稿)》征求意见,请审阅。不论有无意见,均请在×月×日前,填妥书面回复意见并签名盖章后,与征求意见稿一并退还审计组。审计组将在综合反馈意见并作必要调整后上报审计处,由处领导批准后正式出具审计报告。逾期无反馈意见,视同无异议。

审计组
201×年×月×日

回复意见栏:

(本页不够填写,请另加附页)   负责人签字: 单位盖章: 　　　　　　年　月　日

审计报告（征求意见稿）征求意见单

×经审〔201×〕×(立项号)-×号

×××（被审计领导干部）：

现送达《××（被审计单位）××（职务）×××（被审计领导干部）同志任期经济责任审计报告(征求意见稿)》征求意见，请审阅。不论有无意见，均请在×月×日前，填妥书面回复意见并签名后，与征求意见稿一并退还审计组。审计组将在综合反馈意见并作必要调整后上报审计处，由处领导批准后正式出具审计报告。逾期无反馈意见，视同无异议。

审计组
201×年×月×日

回复意见栏：

（本页不够填写，请另加附页）   被审计领导干部签字： 　　年　月　日

十三、关于审计报告征求意见稿回复意见的处理意见

关于《××(被审计单位)××同志(被审计领导干部)任期经济
　　责任审计报告》(征求意见稿)回复意见的处理意见

处领导：

　　审计组于201×年×月×日将《×单位××同志任期经济责任审计报告》(征求意见稿)送达×单位及××同志本人，××及×单位分别于201×年×月×日及201×年×月×日将回复意见送达审计组。

　　×单位对审计报告(征求意见稿)无异议。××同志共提出×条回复意见，审计组经过讨论，初步商定处理意见如下：

　　一、××对报告中第7页指出的"……"问题进行了说明。说明因"……"。

　　审计组认为……。

　　因此，此条审计结论不变。

　　二、××对报告第6页所述"……"不明，提出"……"。

　　审计组认为……。

　　因此，此处不作改动。

　　三、××对报告第6页所述"……"存在疑议，认为"……"。

　　审计组认为……。

　　因此，此条审计结论不变。

　　综上为审计组对××同志回复意见的处理意见，现呈请处领导审阅酌定！

　　附件：1. ××及×单位回复意见及审计报告征求意见稿
　　　　　2. 审计报告(征求意见后修改稿)

审计组
201×年×月×日

十四、审计结果报告

关于××(被审计单位)×××同志(被审计领导干部)任期经济责任审计结果报告

复审字〔2015〕×-×号

组织部：

受贵部委托,2012年12月至2013年1月,审计处对××(被审计单位)×××同志(被审计领导干部)实施了任期经济责任审计。

本次审计的时间范围为2008年1月—2011年12月(以下简称当期),重点内容为：事业发展情况、内部规章制度的建立和执行情况、重大事项的决策和执行情况、实物资产的安全完整性情况、财务收支及执行情况以及×××同志个人廉洁情况。

审计期间,根据××(被审计单位)提供的书面资料,我们采取了必要的审计方法和程序,××(被审计单位)及×××同志(被审计领导干部)已对所提供资料的真实性、完整性作出书面承诺。本次审计得到了××(被审计单位)的积极配合。现将审计结果报告如下：

一、概况

(简述被审计领导干部任期情况、部门职责定位、机构设置和人员情况)。

二、审计评价

(根据审计报告缩写有关审计评价,不需展开分各方面写,汇总描述即可)。

三、审计发现的主要问题

(根据审计报告缩写有关问题,仅列示标题性文字,准确表达问题即可,不需展开描述和举例)。

四、审计建议

(根据审计报告缩写有关建议,文字简练准确。文长控制在2页A4纸范围)。

审计处
201×年×月×日

十五、审计整改通知书

××大学审计处

×审整〔201×〕×号

审计整改通知书

×××(被审计单位)：

根据学校安排，我处已完成对你院(系、处等)×××同志的任期经济责任审计，并将此次审计中发现的主要问题在报告中进行了披露，审计报告详见附件1。

根据《××大学审计整改工作规定(试行)》(校通字〔201×〕×号)，你×应对审计意见(建议)进行研究并落实整改，具体如下：

1. 将审计整改工作列入本单位(部门)的重要议事日程，成立整改工作小组，逐项落实审计发现问题的整改工作，问题清单见附件2，制定整改时间表，明确整改责任人员。

2. 在收到本意见书的30日内，向我处报送审计整改工作方案及审计整改方案清单(附件3)，并呈送分管校领导。工作方案内容主要包括对审计整改工作的总体安排部署情况、对未在报告及清单中反映的审计要求自行纠正事项的落实情况等。整改工作方案清单主要反映对审计报告、审计决定或审计整改通知书中所提出问题的整改计划及措施，对审计报告中审计建议的采纳措施，拟对相关责任人追究责任的措施，整改工作完成时间节点、具体责任人员等。

3. 在90天内向我处报送审计整改结果报告和审计整改结果清单(附件4)。整改结果报告须由分管校领导签字并随附必要证明资料。报告可总体介绍整改工作开展及整改结果情况，对正在整改和尚未整改的问题进行必要的说明，以及其他关于审计整改的有效措施和方法等。整改结果清单逐项反映整改结果，包括对审计查出问题的整改落实结果,对审计意见(建议)书的采纳与落实结果,有关责任追究处理结果等。

我处将对审计整改结果进行跟踪检查,并将检查结果上报学校领导。

附件:1.××××审计报告(文号)
  2.审计发现问题清单
  3.审计整改方案清单
  4.审计整改结果清单
  (附件格式略)

审计处

201×年×月×日

十六、管理建议书

××大学审计处

×经审〔201×〕×（立项号）-×号

管理建议书

××（被审计单位）：

受党委组织部委托，201×年×月至201×年×月，我们对贵院原院长××同志进行了任期经济责任审计。在相关的审计报告中，我们已将审计中发现的主要问题作了归纳与陈述。为帮助贵院更详细地了解存在的管理问题，进一步加强内部管理，现将有关具体问题以及我们认为须引起贵院关注的其他问题和相应建议提出，希望能为贵院改善内部管理提供审计咨询服务。

一、审计发现的有关问题

（分类分段描述审计中发现的问题，可比审计报告描述举例更为细致深入）。

二、审计建议

（针对上述问题，提出相应建议，建议应恰当实际）。

审计处

201×年×月×日

××大学审计处　　　　　　　　　　201×年×月×日印

十七、审计移送书

××大学审计处

×审移〔201×〕×号

审计移送书

监察处：

我处在对××项目审计中发现，××××存在××××问题，其行为已涉嫌经济违法违规。根据有关法律法规，现移送贵处依法处理。具体情况如下：

一、情况概述

二、主要涉及人员及金额

三、审计抽查情况

四、抽查取证后的审计结论

附件：×××××

（具体结构可根据实际情况有所更改，不必拘泥于原格式）。

审计处

201×年×月×日

| ××大学审计处 | 201×年×月×日印 |

十八、审计日记

审计日记

审计项目:××(被审计单位)××同志(被审计人)经济责任审计

审计人员		审计分工	
日 期	审计工作具体内容		

十九、审计业务文本内部审批单

审计业务文本内部审批单

文本类别	审计实施方案☐ 审计报告☐ 审计要情☐ 管理建议书☐ 合同(协议)☐ 其他☐
文本名称	
文本编号	拟稿人
正文页数	附件名称（页数： ）
审计组长意见	
办公室审核意见	
处审核意见	
处长审核签发	
备注	

填表说明：1."办公室审核意见"由业务办公室负责人签署意见；
    2."处审核意见"由处长办公会议指定的专业人员签署意见；
    3."处长审核签发"由处长或分管业务的副处长签署意见；
    4.附件份数由经办人员填写，文书管理人员和档案管理员负责核对；
    5.审核意见若填写不下，请另附页。

二十、审计文书报批单

××大学审计处审计文书报批单

文本编号	重点项目□ 常规项目□		类别	审计报告□ 审计调查报告□ 审计要情□ 审计建议书□ 其他(须注明)：
文本标题			总页数 (不含本页)	
附件				
分管审计校领导审批				
处长审阅意见			年 月 日	
	协管领导审批后,请分送：被审计单位□ 组织部□ 监察处□ 财务处□ 资产处□ 其他(须注明)：			
分管处长审阅意见			年 月 日	
办公室主任审阅意见			年 月 日	
审计组长意见			年 月 日	
审计项目实施基本情况				
审计进点会日期				
审计组人员	×××(组长)、×××			
助手单位	×××(主审)			

二十一、审计文书呈报单

××大学内部审计文书呈报单

文本类别	审计报告□　审计调查报告□　审计要情□　审计建议书□　其他□		
文本编号		总页数（不含本页）	
文本标题			
审计处长签发			年　月　日
分管审计校领导批示			年　月　日
校长批示			
党委书记批示			

二十二、审计文书阅示单

××大学内部审计文书阅示单

文本类别	审计报告□（重点项目□ 常规项目□） 其他：		
文本编号		总页数(不含本页)	
文本标题			
附件			
审计处长签发				年　月　日
分管审计校领导批示	送有关分管校领导：财务□ 资产□ 其他：		
				年　月　日
业务分管校领导阅示				
审计处长处理意见				年　月　日
审计处处理记录	校领导批复后分送有关职能部门：财务□ 资产□ 监察□ 其他：		
				年　月　日

二十三、审计报告送呈函

××大学审计处

×经审〔201×〕×(立项号)-×号

审计报告送呈函

××××：

根据党委组织部的委托，我们已实施完成了××项目。

现将《××项目审计报告》(×审字〔201×〕×号)送呈贵办，供参阅。

附件：×××××审计报告(文号)

审计处

201×年×月×日

××大学审计处　　　　　　　　　　　　201×年×月×日印

二十四、学校领导对审计成果批示移交表

学校领导对审计成果批示移交表

成果类别:审计报告□　审计调查报告□　审计意见书□　审计建议书□ 审计要情□　其他□	
审计项目名称	
领导批示情况	
批示领导	
批示内容	
附　件	1. 有关校领导批示(复印件); 2. 审计报告。
审计处经办人 (签名/日期)	
学校办公室经办人 (签名/日期)	

二十五、经济责任审计相关文书签收表

经济责任审计相关文书签收表

项目名称：××同志任期经济责任审计

序号	资料名称	文号	接收方	签收人	签收日期
1	×××学院××同志经济责任审计预通知（送达审计项目删除此行）		被审计单位		
2	×××学院××同志经济责任审计预通知		被审计人		
3	×××学院××同志经济责任审计通知		被审计单位		
4	×××学院××同志经济责任审计通知		被审计人		
5	×××学院××同志经济责任审计通知		组织部		
6	×××学院××同志经济责任审计公示		被审计单位		
7	×××学院××同志经济责任审计公示		组织部		
8	审计确认单送达函		被审计单位		
9	征求被审计单位意见单		被审计单位		
10	征求被审计领导干部意见单		被审计人		
11	纪检部门送呈函		纪委办公室		
12	组织部送呈函		组织部		
13	审计整改通知书		被审计单位		
	……				

二十六、项目审计情况汇总表

_____审计情况汇总表

基本情况

项目立项号	审计方式	审计组成员	审计涉及金额(万元)	出具审计报告(份)	报告编号	出具管理建议书(份)	发现问题(个)	提出建议(条)	预通知日期	审计通知日期	进点会或述职会日期	征求意见稿日期	定稿日期	要求提交整改报告日期	整改报告提交日期

具体情况

序号	问题类型	查出问题(条)	其中:有问题资金(万元)				提出审计建议(条)	问题简单描述	定性依据	责任界定	处理意见或建议	整改情况
			账务处理不当	损失浪费	不符合规定或程序	违规违纪						
(一)	制度建议及执行							1. 2.				
(二)	内部控制							1. 2.				
(三)	"三重一大"决策							1. 2.				
(四)	财务收支							1. 2.				
(五)	资产管理							1. 2.				
(六)	其他							1. 2.				
	小计											
	合计											

填表人: 　　　　日期:

第三节　审前调查资料表式

审计资料交接表

单位名称：

序号	资料名称	数量 页/册/本	备注
1	被审计领导干部任期述职报告		
2	承诺书		
3	经审1(Ⅰ)表：单位人员情况表		
4	经审1(Ⅱ)表：单位教职工人员信息表		
5	经审2表：制度建设及执行情况表		
6	经审2表附件	制度　份共　页	
7	经审3表：经费代码一览表		
8	经审4表：预算支出情况表		
9	经审5(Ⅰ)表：自主办班情况表		
10	经审5(Ⅱ)表：联合办班情况表		
11	经审6表：各类有关经济活动协议(合同)签订情况表		
12	经审6表附件	协议　份共　页	
13	经审7表：收据发票领用、核销情况表		
14	经审8表：主办(承办)国际或国内学术会议情况表		

续表

序号	资料名称	数量 页/册/本	备注
15	经审 9 表:服务收入情况表		
16	经审 10 表:任期内重大事项决策情况表		
17	经审 11 表:单位内部控制自查评估表		
18	201×年—201×年单位党政联席会议记录和会议纪要		
19	201×年—201×年工作计划和工作总结		
20	201×年—201×年财务预决算资料		
21	201×年—201×年各年度固定资产盘点报告		
22	201×年—201×年各年度年鉴资料		
23			
24			

资料送交人: 资料接收人:

送交单位:(盖章) 接收单位:

送交日期: 接收日期:

经审 1（Ⅰ）表： 单位人员情况表

填写单位(盖章)： 单位：人

行次	项目	任期初数	任期末数
	栏次	1	2
1	**一、高等教育学生人数**		
2	（一）研究生		
3	博士生		
4	硕士生		
5	（二）普通本科生		
6	（三）外国留学生		
7	（四）其他学生		
8	**二、教职工人数**		
9	1. 在编在职人员		
10	教学人员		
11	科研人员		
12	业务辅助人员		
13	行政管理人员		
14	其他人员		
15	2. 租赁制人员		
16	3. 外籍专家		
17	其中:长期专家		
18	4. 长期聘任人员		
19	5. 离退休人员		
20	6. 其他人员		
备注			

负责人： 　　　　　　　　　　　　　　填表人：

　　　　　　　　　　　　　　　　　　填表日期： 年 月 日

经审 1(Ⅱ)表: 单位教职工人员信息表

序号	姓名	工号	所在科室	职务	职称	办公地点	联系电话	用工类别	备注

说明:用工类别为"在编""租赁""退休返聘"等,如有"出国""长病假"等特殊状态请在备注栏注明。
请提供填表日的最新信息。

负责人: 　　　　　　　　　　　　　　　填表人:

　　　　　　　　　　　　　　　　　　　填表日期: 　年　月　日

第四章 经济责任审计实务操作表格及表式参考

经审 2 表:

制度建设及执行情况调查表

填写单位（盖章）：

序号	任期内制度名称	建立/修订时间	建立/修订依据	执行情况			备注
				有效执行	一般执行	未执行	
一	有关议事或决策制度						
1							
…							
二	有关财务管理制度						
1							
…							
三	有关资产管理制度						
1							
…							
四	有关人员考核、收入分配制度						
1							
…							
五	有关业务管理制度（教学、科研、办班等）						
1							
…							
六	其他管理制度						
1							

负责人：　　　　　　　　　填表人：　　　　　　　　　填表日期：

注：请填列任期内所有制度，若填写不下，请另附页，并请将相应书面制度按序号附于表格之后。

经审 3 表： 经费代码一览表

填写单位（盖章）：

序号	经费代码	类别	主要来源渠道	主要支出用途	项目主管	管理员（联系电话）
1						
2						
3						
4						
5						
6						
7						
8						
9						
10						
11						
12						
13						
14						
15						
16						
17						
18						
19						
20						

注：填写范围为被审计人任期内由单位控制的所有经费，若填写不下，请另附页。

负责人（盖章）： 填表人：

填表时间： 年 月 日

经审 4 表：

预算支出情况表

填报单位（盖章）： 金额：元

序号	项目	20 年					20 年					合计				
		预算申请	预算核拨	实际下拨	实际支出	结余	预算申请	预算核拨	实际下拨	实际支出	结余	预算申请	预算核拨	实际下拨	实际支出	结余
一	专项经费															
1	院系发展经费															
2	……															
3	……															
4	……															
二	院系基本运行费															
1	行政办公费															
2	学生活动费															
3	离退休人员活动费															
4	本科生培养费															
5	研究生培养费															
6	……															
三	其他															
1	……															
2	……															
	总计															

说明：1. 请根据预算申报类别填写此表，如表格未列项目可加行补充；2. 如有"三、其他"类别，请在表下说明是何费用。

单位负责人： 填表人： 填表日期：

经审 5（I）表：

自主办班情况表

填写单位（盖章）：

序号	项目名称	起讫时间	审批部门	授课地点	学员人数	发证人数	收费标准	实际入账金额（元）	入账经费代码	备注
1										
2										
3										
4										
5										
6										
7										
8										
9										
10										
11										
12										
13										
14										
15										

注：1. 请填列经济责任人离任前的最近两个完整年度的办班情况；
2. 若填写不下，请另附页。

负责人： 填表人： 填表日期：

经审 5（Ⅱ）表：

联合办班情况表

填写单位（盖章）：

序号	项目名称	起讫时间	审批部门	授课地点	合作单位	有无协议	收费主体		学员人数	发证人数	收费标准	分配比例	实际入账金额	入账经费代码	备注
							本	联							
1															
2															
3															
4															
5															
6															
7															
8															
9															
10															
11															
12															
13															
14															

注：1. 请填列经济责任人离任前的最近两个完整年度的联合办班情况；
2. 如填写不下，请另附页。

负责人：　　　　　　　　填表人：　　　　　　　　填表日期：

经审 6 表:

各类有关经济活动协议（合同）签订情况表

填写单位(盖章):

序号	协议（合同）全称	业务类别	协议金额（元）	签订日期	对方单位名称	备注
1						
2						
3						
4						
5						
6						
7						
8						
9						
10						
11						
12						
13						
14						

注:1. 请填列各类有关经济活动的合同与协议;
2. 业务类别请按"办班""服务""捐赠""购销"等分类填列;
3. 相应合同文本（原件）按序号附于表后,审计结束归还。
4. 若填写不下,请另附页。

负责人: 填表人: 填表日期:

经审 7 表：

收据、发票领用、核销情况表

填报单位：（盖章）

序号	收据发票类别	票据号码	票据来源	用途	领用人	开票人	已开票金额（元）	已核销号码	剩余号码
1									
2									
3									
4									
5									
6									
7									
8									
9									
10									
11									
12									

注：填写范围为单位所有领用、使用的票据，包括已核销未核销；"票据来源"填写"领自学校财务处"、"自购"或其他来源；"领用人"为自财务处领出票据人或购发票人，"开票人"为实际使用人。

单位负责人：　　　　　　　　　　填表人：　　　　　　　　　　填表日期：

经审 8 表：　　　主办（承办）国际或国内学术会议情况表

填报单位：（盖章）

序号	会议名称	会议日期	主办单位	会议级别		经费代码
				国际	全国	

负责人：　　　　　　　　　填表人：　　　　　　　　　填表日期：

经审 9 表：

服务收入情况表

填报单位：（盖章）

序号	服务内容	批准部门	收费标准	收费形式			收费金额	入账经费代码	备注
				现金	校内结算	银行转账			
1									
2									
3									
4									
5									
6									
7									
8									
9									
10									
11									
12									

注：1. 服务内容包括下列项目：机房开放、仪器修理、化验、测试、计算、录音、录像、印刷、复印、成绩单打印、查阅档案等服务项目；场地、室、馆、报告厅等出租项目、设备使用项目；校园网收费、版面费、报名费、车辆使用收费、通行证收费、停车收费等。
2. 请填列经济责任人任期内的各类收入总额、收费年度收入总额，如填写不下，请另附页。

填表人：　　　　　审核人：　　　　　填表日期：

经审 10 表：

任期内重大事项决策情况表

填写单位（盖章）：

序号	决策事项	决策日期	决策方式	是否有决策记录	决策实施时间	决策事项涉及资金（万元）	资金来源	实施效果	备注
1									
2									
3									
4									
5									
6									
7									
8									
9									
10									
11									
12									
13									

填表说明：
1. 本表所指的"决策"均为"重大经济决策"。"重大经济决策"是指对单位的经济发展有重大影响的决策行为，如对外投资、重大工程项目、大宗物资采购、其他大额支出、合作或自主办班、人员福利分配以及列入本单位"三重一大"事项的其他经济决策等；
2. 决策方式指经问决策机构或人员决策。

负责人：　　　　　　　　　　　填表人：　　　　　　　　　　　填表日期：

经审 11 表：单位内部控制自查评估表（院系）

填报单位：(盖章)　　　　　　　　　　评估时间：　　年　月　日

请在相应栏目打√，或在备注栏文字说明

调查内容	是	否	不适用	备注
一、基础管理				
1. 本单位的单位职责、职能定位是否清晰				
2. 本单位是否制定年度工作目标和各项事业发展的中长期规划				
3. 本单位是否严格遵守国家及学校相关规章制度				
4. 本单位是否建立"三重一大"等议事决策制度				
5. 是否根据本单位实际情况制定相应财务管理制度				
是否设立财务审批制度				如设立，请在备注栏说明授权层级划分及相关审批人
6. 本单位是否设专职或兼职财务岗位				财务岗位：　　职务：
7. 是否定期对本单位财务收支进行汇总、自查				自查方式：
8. 是否定期公开本单位财务收支情况				公开方式：
财务收支公开范围：向本单位领导班子公开				
向本单位师生员工公开				
向本单位教师代表公开				
其他公开范围（备注栏说明）				

续表

调查内容	是	否	不适用	备注
9. 是否根据本单位实际情况制定资产（采购）管理、合同管理等制度				
10. 是否结合本单位业务性质建立相应业务管理制度（如办班、实验室服务等）				
11. 是否存在设立"小金库"情况				
二、预算管理				
1. 预算工作是否作为单位重大经济决策事项经集体讨论并决策				
2. 本单位是否形成规范的预算管理机制,在预算编制、审核、执行、调整、监督、评价等方面均建立有规章制度				
3. 本单位有关预算编制、审核、执行、调整、监督、评价等方面的规章制度是否得到有效执行				
4. 本单位预算申请、编制、审核、执行、监督及评价是否进行了适当的职责分工				
5. 单位预算编制是否严格执行了学校的规定流程				
6. 编制本年度预算前,是否对以前年度预算收支情况进行认真分析				
7. 本年度预算需求与本单位发展计划及学校政策是否相符合				

续表

调查内容	是	否	不适用	备注
8. 单位内部是否建立预算编制、执行、资产管理、人事管理等岗位的沟通协调机制				
9. 各项预算需求形成后,单位是否组织评审或讨论				以何方式评审或讨论请备注
10. 是否按照学校要求履行预算调整手续				
11. 单位内部是否有预算调整程序				
12. 学校预算批复下达后,学院是否将各类收支预算在内部进行指标分解下达				
13. 单位是否有各类经费(教学、专项、科研等)预算的具体分配、使用、控制等管理办法				
14. 在预算执行过程中,学院是否建立预算执行分析机制,定期或不定期检查分析预算执行情况				
15. 年终是否编制院系年度收支情况表及财务情况说明书				
16. 是否对年度预算执行情况组织分析、评价与通报				
三、收入管理				
1. 各项收入(包括自筹)是否纳入收入预算编制范围				

续表

调查内容	是	否	不适用	备注
2. 所有收入是否完整上缴学校				
3. 以现金方式收取的收入是否及时上缴学校财务处				备注说明上缴时长
4. 各类自筹收入取得方式是否符合国家及学校规定				
5. 各类自筹收入业务是否经学校主管部门批准				办班、捐赠等
6. 所有收费标准是否经相关物价部门或学校相关部门核准				
7. 所有收费标准是否在收费场所公示				
8. 所有收入是否开具票据				
9. 使用的发票和收据是否领自学校财务处				
10. 票据的领用、开具是否由专人负责				
11. 票据的开票、收费、业务记录等岗位是否适当分离				
12. 从学校财务处领回的收费票据保管、领用、注销是否专设登记簿进行记录				
13. 是否存在使用非学校财务处领用收据行为				
14. 是否对各类收入设立内部登记簿进行备查登记				
15. 所有形成收入的业务是否进行业务记录				

续表

调查内容	是	否	不适用	备注
四、支出管理				
1. 是否严格按照预算支出计划使用经费				
2. 各项支出是否符合国家及学校的相关规章制度				
3. 各项支出是否确定支出标准,明确报销流程				
4. 是否设立相应岗位,并确保支出申请和内部审批、付款审批和付款执行等不相容岗位分离				
5. 各项支出是否经过相应的审批程序				
6. 重大支出是否经过集体讨论决策				
7. 预算外经费支出是否经集体讨论决策				
8. 专项资金支出是否遵守相关专项资金使用制度				
9. 专项经费是否专款专用				如985、211、基本科研业务费等
10. 单位是否监督专项经费执行情况				
11. 专项经费执行是否有项目评价指标				
12. 对于专项经费执行情况是否组织学院内的验收评审				

续表

调查内容	是	否	不适用	备注
13. 是否及时清理学院各项往来款项				
五、人员绩效管理				
1. 本单位是否制定人员考核及分配制度				
2. 本单位员工考核及酬金类分配是否经集体讨论决策				
3. 各项人员经费福利发放是否有相应的标准				
4. 人员经费福利发放标准是否公开透明				以何种方式公开
5. 相应的酬金分配方案是否留下书面依据				
6. 历次酬金发放清单是否留存备查				
六、物资采购管理				
1. 是否按照实际需求编制采购预算并确定采购方式				
2. 本单位物资采购是否有严格的计划、请购、审批程序				
3. 大宗物品采购是否按学校规定实行招投标				
4. 未达到学校招标采购要求的物资采购,是否有单位内部采购管理办法				
5. 资产请购与审批是否由不同人员担任				

续表

调查内容	是	否	不适用	备注
6. 供应商的选择与审批是否由不同人员承担				
7. 采购合同协议的拟订、审核与审批是否由不同人员承担				
8. 资产采购执行与付款审批是否由不同人员承担				
9. 资产验收、保管等职责是否分离				
10. 是否妥善保管采购相关文件资料以供备查,如请购单、招投标文件、合同、验收文件等				
七、日常资产管理				
1. 本单位是否明确分管资产工作的领导				分管资产工作领导: 职务:
2. 本单位是否设固定资产管理员岗位				资产管理员: 职务:
3. 单位固定资产是否定期盘点并与学校资产管理处账目核对				
4. 单位耗材、办公用品等是否有领用登记手续				
5. 单位固定资产清理、报废是否按照学校相关程序办理				
6. 相应的资产残值变价收入是否上交学校财务处				
7. 是否建立本单位固定资产内部借用登记制度				

续表

调查内容	是	否	不适用	备注
8. 是否建立资产维修登记制度				
八、大型仪器设备管理				
1. 大型仪器设备是否建立使用登记制度				
2. 大型专用仪器设备是否指定专人管理				
3. 大型专用仪器设备管理人员是否持证上岗操作				
4. 大型仪器设备是否按照国家和学校规定资源共享				
5. 资源共享的大型仪器设备是否实行收费				
6. 是否对仪器设备的使用效率进行分析评估				
7. 是否建立大型仪器设备的相关档案				
九、办学办班管理（自主和合作）				
1. 办班业务是否经过"三重一人"集体决策程序				
2. 办班业务否经学校主管部门批准				
3. 是否对合作单位办学资质进行审核确认				
4. 是否按照约定比例与合作单位结算合作办学款				

续表

调查内容	是	否	不适用	备注
5. 是否存在未缴费、未缴清学费学生				
6. 是否采取相应措施及时收缴欠费学生学费				采取何种措施,备注栏说明
7. 减免学费是否符合学校相关规定				
8. 减免学费是否经过适当审批				
9. 是否存在合作办学纠纷				
10. 合作纠纷是否得到有效处理				
11. 是否对合作办班的效果进行检查评估				
十、合同管理				
1. 有关经济业务是否按照规定签订相应合同或协议				
2. 有关合同协议是否按规定经学校或相关部门审批				
3. 是否对合同的履行情况实施有效监督				
4. 有关合同协议是否在单位内部妥善保管以备查				
5. 是否发生过合同纠纷				如有,请附页说明具体情况
十一、科研经费管理				
1. 是否制定科研经费管理制度或实施办法				
2. 是否制定科研绩效评价办法				

续表

调查内容	是	否	不适用	备注
3. 是否经常进行科研经费管理制度的宣传				
4. 是否设专人管理科研经费				如有，请备注说明
5. 是否设财务人员统一代理项目报账				
6. 单位负责人是否审核或审批单位自主科研业务费支出				
7. 科研经费所购买设备是否在本单位资产管理范畴内				
8. 是否对科研项目的执行进度和进展情况进行督促、管理				
9. 是否计提科研管理费或资源占用费，如是，请说明计提比例和使用情况				

本单位内部控制自我评价：　　　　　　优　　良　　中　　差

其他说明（可附页）：

单位负责人：　　　　　　　　　　　填表人：

附录

经济责任审计相关法规制度选编

中华人民共和国审计法

（1994年8月31日第八届全国人民代表大会常务委员会第九次会议通过　根据2006年2月28日第十届全国人民代表大会常务委员会第二十次会议《关于修改〈中华人民共和国审计法〉的决定》修正）

目　录

第一章　总则

第二章　审计机关和审计人员

第三章　审计机关职责

第四章　审计机关权限

第五章　审计程序

第六章　法律责任

第七章　附则

第一章　总　则

第一条　为了加强国家的审计监督，维护国家财政经济秩序，提高财政资金使用效益，促进廉政建设，保障国民经济和社会健康发展，根据宪法,制定本法。

第二条　国家实行审计监督制度。国务院和县级以上地方人民政府设立审计机关。

国务院各部门和地方各级人民政府及其各部门的财政收支,国有的金融机构和企业事业组织的财务收支,以及其他依照本法规定应当接受审计的财政收支、财务收支,依照本法规定接受审计监督。

审计机关对前款所列财政收支或者财务收支的真实、合法和效益,依法进行审计监督。

第三条　审计机关依照法律规定的职权和程序,进行审计监督。

审计机关依据有关财政收支、财务收支的法律、法规和国家其他有关规定进行审计评价,在法定职权范围内作出审计决定。

第四条　国务院和县级以上地方人民政府应当每年向本级人民代表大会常务委员会提出审计机关对预算执行和其他财政收支的审计工作报告。审计工作报告应当重点报告对预算执行的审计情况。必要时,人民代表大会常务委员会可以对审计工作报告作出决议。

国务院和县级以上地方人民政府应当将审计工作报告中指出的问题的纠正情况和处理结果向本级人民代表大会常务委员会报告。

第五条　审计机关依照法律规定独立行使审计监督权,不受其他行政机关、社会团体和个人的干涉。

第六条　审计机关和审计人员办理审计事项,应当客观公正,实事求是,廉洁奉公,保守秘密。

第二章　审计机关和审计人员

第七条　国务院设立审计署,在国务院总理领导下,主管全国的审计工作。审计长是审计署的行政首长。

第八条　省、自治区、直辖市、设区的市、自治州、县、自治县、不设区的市、市辖区的人民政府的审计机关,分别在省长、自治区主席、市长、州长、县长、区长和上一级审计机关的领导下,负责本行政区域内的审计工作。

第九条 地方各级审计机关对本级人民政府和上一级审计机关负责并报告工作,审计业务以上级审计机关领导为主。

第十条 审计机关根据工作需要,经本级人民政府批准,可以在其审计管辖范围内设立派出机构。

派出机构根据审计机关的授权,依法进行审计工作。

第十一条 审计机关履行职责所必需的经费,应当列入财政预算,由本级人民政府予以保证。

第十二条 审计人员应当具备与其从事的审计工作相适应的专业知识和业务能力。

第十三条 审计人员办理审计事项,与被审计单位或者审计事项有利害关系的,应当回避。

第十四条 审计人员对其在执行职务中知悉的国家秘密和被审计单位的商业秘密,负有保密的义务。

第十五条 审计人员依法执行职务,受法律保护。

任何组织和个人不得拒绝、阻碍审计人员依法执行职务,不得打击报复审计人员。

审计机关负责人依照法定程序任免。审计机关负责人没有违法失职或者其他不符合任职条件的情况的,不得随意撤换。

地方各级审计机关负责人的任免,应当事先征求上一级审计机关的意见。

第三章 审计机关职责

第十六条 审计机关对本级各部门(含直属单位)和下级政府预算的执行情况和决算以及其他财政收支情况,进行审计监督。

第十七条 审计署在国务院总理领导下,对中央预算执行情况和其他财政收支情况进行审计监督,向国务院总理提出审计结果报告。

地方各级审计机关分别在省长、自治区主席、市长、州长、县长、区长和上一级审计机关的领导下,对本级预算执行情况和其他财政收支情况进行审计监督,向本级人民政府和上一级审计机关提出审计结果报告。

第十八条　审计署对中央银行的财务收支,进行审计监督。

审计机关对国有金融机构的资产、负债、损益,进行审计监督。

第十九条　审计机关对国家的事业组织和使用财政资金的其他事业组织的财务收支,进行审计监督。

第二十条　审计机关对国有企业的资产、负债、损益,进行审计监督。

第二十一条　对国有资本占控股地位或者主导地位的企业、金融机构的审计监督,由国务院规定。

第二十二条　审计机关对政府投资和以政府投资为主的建设项目的预算执行情况和决算,进行审计监督。

第二十三条　审计机关对政府部门管理的和其他单位受政府委托管理的社会保障基金、社会捐赠资金以及其他有关基金、资金的财务收支,进行审计监督。

第二十四条　审计机关对国际组织和外国政府援助、贷款项目的财务收支,进行审计监督。

第二十五条　审计机关按照国家有关规定,对国家机关和依法属于审计机关审计监督对象的其他单位的主要负责人,在任职期间对本地区、本部门或者本单位的财政收支、财务收支以及有关经济活动应负经济责任的履行情况,进行审计监督。

第二十六条　除本法规定的审计事项外,审计机关对其他法律、行政法规规定应当由审计机关进行审计的事项,依照本法和有关法律、行政法规的规定进行审计监督。

第二十七条　审计机关有权对与国家财政收支有关的特定事项,向有关地方、部门、单位进行专项审计调查,并向本级人民政府和上一级审计机关报告审计调查结果。

第二十八条　审计机关根据被审计单位的财政、财务隶属关系或者国有资产监督管理关系,确定审计管辖范围。

审计机关之间对审计管辖范围有争议的,由其共同的上级审计机关确定。

上级审计机关可以将其审计管辖范围内的本法第十八条第二款至第二十五条规定的审计事项,授权下级审计机关进行审计;上级审计机关对下级审计机关审计管辖范围内的重大审计事项,可以直接进行审计,但是应当防止不必要的重复审计。

第二十九条 依法属于审计机关审计监督对象的单位,应当按照国家有关规定建立健全内部审计制度;其内部审计工作应当接受审计机关的业务指导和监督。

第三十条 社会审计机构审计的单位依法属于审计机关审计监督对象的,审计机关按照国务院的规定,有权对该社会审计机构出具的相关审计报告进行核查。

第四章 审计机关权限

第三十一条 审计机关有权要求被审计单位按照审计机关的规定提供预算或者财务收支计划、预算执行情况、决算、财务会计报告,运用电子计算机储存、处理的财政收支、财务收支电子数据和必要的电子计算机技术文档,在金融机构开立账户的情况,社会审计机构出具的审计报告,以及其他与财政收支或者财务收支有关的资料,被审计单位不得拒绝、拖延、谎报。

被审计单位负责人对本单位提供的财务会计资料的真实性和完整性负责。

第三十二条 审计机关进行审计时,有权检查被审计单位的会计凭证、会计账簿、财务会计报告和运用电子计算机管理财政收支、财务收支电子数据的系统,以及其他与财政收支、财务收支有关的资料和资产,被审计单位不得拒绝。

第三十三条 审计机关进行审计时,有权就审计事项的有关问题向有关单位和个人进行调查,并取得有关证明材料。有关单位和个人应当支持、协助审计机关工作,如实向审计机关反映情况,提供有关证明材料。

审计机关经县级以上人民政府审计机关负责人批准,有权查询被审计单位在金融机构的账户。

审计机关有证据证明被审计单位以个人名义存储公款的,经县级以上人民政府审计机关主要负责人批准,有权查询被审计单位以个人名义在金融机构的存款。

第三十四条 审计机关进行审计时,被审计单位不得转移、隐匿、篡改、毁弃会计凭证、会计账簿、财务会计报告以及其他与财政收支或者财务收支有关的资料,不得转移、隐匿所持有的违反国家规定取得的资产。

审计机关对被审计单位违反前款规定的行为,有权予以制止;必要时,经县级以上人民政府审计机关负责人批准,有权封存有关资料和违反国家规定取得的资产;对其中在金融机构的有关存款需要予以冻结的,应当向人民法院提出申请。

审计机关对被审计单位正在进行的违反国家规定的财政收支、财务收支行为,有权予以制止;制止无效的,经县级以上人民政府审计机关负责人批准,通知财政部门和有关主管部门暂停拨付与违反国家规定的财政收支、财务收支行为直接有关的款项,已经拨付的,暂停使用。

审计机关采取前两款规定的措施不得影响被审计单位合法的业务活动和生产经营活动。

第三十五条 审计机关认为被审计单位所执行的上级主管部门有关财政收支、财务收支的规定与法律、行政法规相抵触的,应当建议有关主管部门纠正;有关主管部门不予纠正的,审计机关应当提请有权处理的机关依法处理。

第三十六条 审计机关可以向政府有关部门通报或者向社会公布审计结果。

审计机关通报或者公布审计结果,应当依法保守国家秘密和被审计单位的商业秘密,遵守国务院的有关规定。

第三十七条 审计机关履行审计监督职责,可以提请公安、监察、财政、税务、海关、价格、工商行政管理等机关予以协助。

第五章 审计程序

第三十八条 审计机关根据审计项目计划确定的审计事项组成审计组,并应当在实施审计三日前,向被审计单位送达审计通知书;遇有特殊情况,经本级人民政府批准,审计机关可以直接持审计通知书实施审计。

被审计单位应当配合审计机关的工作,并提供必要的工作条件。

审计机关应当提高审计工作效率。

第三十九条 审计人员通过审查会计凭证、会计账簿、财务会计报告,查阅与审计事项有关的文件、资料,检查现金、实物、有价证券,向有关单位和个人调查等方式进行审计,并取得证明材料。

审计人员向有关单位和个人进行调查时,应当出示审计人员的工作证件和审计通知书副本。

第四十条 审计组对审计事项实施审计后,应当向审计机关提出审计组的审计报告。审计组的审计报告报送审计机关前,应当征求被审计对象的意见。被审计对象应当自接到审计组的审计报告之日起十日内,将其书面意见送交审计组。审计组应当将被审计对象的书面意见一并报送审计机关。

第四十一条 审计机关按照审计署规定的程序对审计组的审计报告进行审议,并对被审计对象对审计组的审计报告提出的意见一并研究后,提出审计机关的审计报告;对违反国家规定的财政收支、财务收支行为,依法应当给予处理、处罚的,在法定职权范围内作出审计决定或者向有关主管机关提出处理、处罚的意见。

审计机关应当将审计机关的审计报告和审计决定送达被审计单位和有关主管机关、单位。审计决定自送达之日起生效。

第四十二条 上级审计机关认为下级审计机关作出的审计决定违反国家有关规定的,可以责成下级审计机关予以变更或者撤销,必要时也可以直接作出变更或者撤销的决定。

第六章　法律责任

第四十三条　被审计单位违反本法规定,拒绝或者拖延提供与审计事项有关的资料的,或者提供的资料不真实、不完整的,或者拒绝、阻碍检查的,由审计机关责令改正,可以通报批评,给予警告;拒不改正的,依法追究责任。

第四十四条　被审计单位违反本法规定,转移、隐匿、篡改、毁弃会计凭证、会计账簿、财务会计报告以及其他与财政收支、财务收支有关的资料,或者转移、隐匿所持有的违反国家规定取得的资产,审计机关认为对直接负责的主管人员和其他直接责任人员依法应当给予处分的,应当提出给予处分的建议,被审计单位或者其上级机关、监察机关应当依法及时作出决定,并将结果书面通知审计机关;构成犯罪的,依法追究刑事责任。

第四十五条　对本级各部门(含直属单位)和下级政府违反预算的行为或者其他违反国家规定的财政收支行为,审计机关、人民政府或者有关主管部门在法定职权范围内,依照法律、行政法规的规定,区别情况采取下列处理措施:

(一)责令限期缴纳应当上缴的款项;

(二)责令限期退还被侵占的国有资产;

(三)责令限期退还违法所得;

(四)责令按照国家统一的会计制度的有关规定进行处理;

(五)其他处理措施。

第四十六条　对被审计单位违反国家规定的财务收支行为,审计机关、人民政府或者有关主管部门在法定职权范围内,依照法律、行政法规的规定,区别情况采取前条规定的处理措施,并可以依法给予处罚。

第四十七条　审计机关在法定职权范围内作出的审计决定,被审计单位应当执行。

审计机关依法责令被审计单位上缴应当上缴的款项,被审计单位拒不执行的,审计机关应当通报有关主管部门,有关主管部门应当依照有关法律、行政法规的规定予以扣缴或者采取其他处理措施,并将结果书面通知审计机关。

第四十八条 被审计单位对审计机关作出的有关财务收支的审计决定不服的,可以依法申请行政复议或者提起行政诉讼。

被审计单位对审计机关作出的有关财政收支的审计决定不服的,可以提请审计机关的本级人民政府裁决,本级人民政府的裁决为最终决定。

第四十九条 被审计单位的财政收支、财务收支违反国家规定,审计机关认为对直接负责的主管人员和其他直接责任人员依法应当给予处分的,应当提出给予处分的建议,被审计单位或者其上级机关、监察机关应当依法及时作出决定,并将结果书面通知审计机关。

第五十条 被审计单位的财政收支、财务收支违反法律、行政法规的规定,构成犯罪的,依法追究刑事责任。

第五十一条 报复陷害审计人员的,依法给予处分;构成犯罪的,依法追究刑事责任。

第五十二条 审计人员滥用职权、徇私舞弊、玩忽职守或者泄露所知悉的国家秘密、商业秘密的,依法给予处分;构成犯罪的,依法追究刑事责任。

第七章 附 则

第五十三条 中国人民解放军审计工作的规定,由中央军事委员会根据本法制定。

第五十四条 本法自1995年1月1日起施行。1988年11月30日国务院发布的《中华人民共和国审计条例》同时废止。

中华人民共和国审计法实施条例

(1997年10月21日中华人民共和国国务院令第231号公布 2010年2月2日国务院第100次常务会议修订通过)

目 录

第一章　总则
第二章　审计机关和审计人员
第三章　审计机关职责
第四章　审计机关权限
第五章　审计程序
第六章　法律责任
第七章　附则

第一章　总　则

第一条　根据《中华人民共和国审计法》(以下简称审计法)的规定,制定本条例。

第二条　审计法所称审计,是指审计机关依法独立检查被审计单位的会计凭证、会计账簿、财务会计报告以及其他与财政收支、财务收支有关的资料和资产,监督财政收支、财务收支真实、合法和效益的行为。

第三条　审计法所称财政收支,是指依照《中华人民共和国预算法》和国家其他有关规定,纳入预算管理的收入和支出,以及下列财政资金中未纳入预算管理的收入和支出:

（一）行政事业性收费;

（二）国有资源、国有资产收入;

（三）应当上缴的国有资本经营收益;

（四）政府举借债务筹措的资金;

（五）其他未纳入预算管理的财政资金。

第四条 审计法所称财务收支，是指国有的金融机构、企业事业组织以及依法应当接受审计机关审计监督的其他单位，按照国家财务会计制度的规定，实行会计核算的各项收入和支出。

第五条 审计机关依照审计法和本条例以及其他有关法律、法规规定的职责、权限和程序进行审计监督。

审计机关依照有关财政收支、财务收支的法律、法规，以及国家有关政策、标准、项目目标等方面的规定进行审计评价，对被审计单位违反国家规定的财政收支、财务收支行为，在法定职权范围内作出处理、处罚的决定。

第六条 任何单位和个人对依法应当接受审计机关审计监督的单位违反国家规定的财政收支、财务收支行为，有权向审计机关举报。审计机关接到举报，应当依法及时处理。

第二章 审计机关和审计人员

第七条 审计署在国务院总理领导下，主管全国的审计工作，履行审计法和国务院规定的职责。

地方各级审计机关在本级人民政府行政首长和上一级审计机关的领导下，负责本行政区域的审计工作，履行法律、法规和本级人民政府规定的职责。

第八条 省、自治区人民政府设有派出机关的，派出机关的审计机关对派出机关和省、自治区人民政府审计机关负责并报告工作，审计业务以省、自治区人民政府审计机关领导为主。

第九条 审计机关派出机构依照法律、法规和审计机关的规定，在审计机关的授权范围内开展审计工作，不受其他行政机关、社会团体和个人的干涉。

第十条 审计机关编制年度经费预算草案的依据主要包括：

（一）法律、法规；

（二）本级人民政府的决定和要求；

（三）审计机关的年度审计工作计划；

（四）定员定额标准；

（五）上一年度经费预算执行情况和本年度的变化因素。

第十一条　审计人员实行审计专业技术资格制度，具体按照国家有关规定执行。

审计机关根据工作需要，可以聘请具有与审计事项相关专业知识的人员参加审计工作。

第十二条　审计人员办理审计事项，有下列情形之一的，应当申请回避，被审计单位也有权申请审计人员回避：

（一）与被审计单位负责人或者有关主管人员有夫妻关系、直系血亲关系、三代以内旁系血亲或者近姻亲关系的；

（二）与被审计单位或者审计事项有经济利益关系的；

（三）与被审计单位、审计事项、被审计单位负责人或者有关主管人员有其他利害关系，可能影响公正执行公务的。

审计人员的回避，由审计机关负责人决定；审计机关负责人办理审计事项时的回避，由本级人民政府或者上一级审计机关负责人决定。

第十三条　地方各级审计机关正职和副职负责人的任免，应当事先征求上一级审计机关的意见。

第十四条　审计机关负责人在任职期间没有下列情形之一的，不得随意撤换：

（一）因犯罪被追究刑事责任的；

（二）因严重违法、失职受到处分，不适宜继续担任审计机关负责人的；

（三）因健康原因不能履行职责1年以上的；

（四）不符合国家规定的其他任职条件的。

第三章　审计机关职责

第十五条　审计机关对本级人民政府财政部门具体组织本级预算执行的情况，本级预算收入征收部门征收预算收入的情况，与本级人民政府财政部门直接发生预算缴款、拨款关系的部门、单位的预算执行情况和决算,下级人民政府的预算执行情况和决算,以及其他财政收支情况,依法进行审计监督。经本级人民政府批准,审计机关对其他取得财政资金的单位和项目接受、运用财政资金的真实、合法和效益情况,依法进行审计监督。

第十六条 审计机关对本级预算收入和支出的执行情况进行审计监督的内容包括:

(一)财政部门按照本级人民代表大会批准的本级预算向本级各部门(含直属单位)批复预算的情况、本级预算执行中调整情况和预算收支变化情况;

(二)预算收入征收部门依照法律、行政法规的规定和国家其他有关规定征收预算收入情况;

(三)财政部门按照批准的年度预算、用款计划,以及规定的预算级次和程序,拨付本级预算支出资金情况;

(四)财政部门依照法律、行政法规的规定和财政管理体制,拨付和管理政府间财政转移支付资金情况以及办理结算、结转情况;

(五)国库按照国家有关规定办理预算收入的收纳、划分、留解情况和预算支出资金的拨付情况;

(六)本级各部门(含直属单位)执行年度预算情况;

(七)依照国家有关规定实行专项管理的预算资金收支情况;

(八)法律、法规规定的其他预算执行情况。

第十七条 审计法第十七条所称审计结果报告,应当包括下列内容:

(一)本级预算执行和其他财政收支的基本情况;

(二)审计机关对本级预算执行和其他财政收支情况作出的审计评价;

(三)本级预算执行和其他财政收支中存在的问题以及审计机关依法采取的措施;

(四)审计机关提出的改进本级预算执行和其他财政收支管理工

作的建议；

（五）本级人民政府要求报告的其他情况。

第十八条 审计署对中央银行及其分支机构履行职责所发生的各项财务收支，依法进行审计监督。

审计署向国务院总理提出的中央预算执行和其他财政收支情况审计结果报告，应当包括对中央银行的财务收支的审计情况。

第十九条 审计法第二十一条所称国有资本占控股地位或者主导地位的企业、金融机构，包括：

（一）国有资本占企业、金融机构资本（股本）总额的比例超过50%的；

（二）国有资本占企业、金融机构资本（股本）总额的比例在50%以下，但国有资本投资主体拥有实际控制权的。

审计机关对前款规定的企业、金融机构，除国务院另有规定外，比照审计法第十八条第二款、第二十条规定进行审计监督。

第二十条 审计法第二十二条所称政府投资和以政府投资为主的建设项目，包括：

（一）全部使用预算内投资资金、专项建设基金、政府举借债务筹措的资金等财政资金的；

（二）未全部使用财政资金，财政资金占项目总投资的比例超过50%，或者占项目总投资的比例在50%以下，但政府拥有项目建设、运营实际控制权的。

审计机关对前款规定的建设项目的总预算或者概算的执行情况、年度预算的执行情况和年度决算、单项工程结算、项目竣工决算，依法进行审计监督；对前款规定的建设项目进行审计时，可以对直接有关的设计、施工、供货等单位取得建设项目资金的真实性、合法性进行调查。

第二十一条 审计法第二十三条所称社会保障基金，包括社会保险、社会救助、社会福利基金以及发展社会保障事业的其他专项基金；所称社会捐赠资金，包括来源于境内外的货币、有价证券和实物等各种形式的捐赠。

第二十二条 审计法第二十四条所称国际组织和外国政府援助、贷款项目,包括:

(一)国际组织、外国政府及其机构向中国政府及其机构提供的贷款项目;

(二)国际组织、外国政府及其机构向中国企业事业组织以及其他组织提供的由中国政府及其机构担保的贷款项目;

(三)国际组织、外国政府及其机构向中国政府及其机构提供的援助和赠款项目;

(四)国际组织、外国政府及其机构向受中国政府委托管理有关基金、资金的单位提供的援助和赠款项目;

(五)国际组织、外国政府及其机构提供援助、贷款的其他项目。

第二十三条 审计机关可以依照审计法和本条例规定的审计程序、方法以及国家其他有关规定,对预算管理或者国有资产管理使用等与国家财政收支有关的特定事项,向有关地方、部门、单位进行专项审计调查。

第二十四条 审计机关根据被审计单位的财政、财务隶属关系,确定审计管辖范围;不能根据财政、财务隶属关系确定审计管辖范围的,根据国有资产监督管理关系,确定审计管辖范围。

两个以上国有资本投资主体投资的金融机构、企业事业组织和建设项目,由对主要投资主体有审计管辖权的审计机关进行审计监督。

第二十五条 各级审计机关应当按照确定的审计管辖范围进行审计监督。

第二十六条 依法属于审计机关审计监督对象的单位的内部审计工作,应当接受审计机关的业务指导和监督。

依法属于审计机关审计监督对象的单位,可以根据内部审计工作的需要,参加依法成立的内部审计自律组织。审计机关可以通过内部审计自律组织,加强对内部审计工作的业务指导和监督。

第二十七条 审计机关进行审计或者专项审计调查时,有权对社会审计机构出具的相关审计报告进行核查。

审计机关核查社会审计机构出具的相关审计报告时，发现社会审计机构存在违反法律、法规或者执业准则等情况的，应当移送有关主管机关依法追究责任。

第四章　审计机关权限

第二十八条　审计机关依法进行审计监督时，被审计单位应当依照审计法第三十一条规定，向审计机关提供与财政收支、财务收支有关的资料。被审计单位负责人应当对本单位提供资料的真实性和完整性作出书面承诺。

第二十九条　各级人民政府财政、税务以及其他部门（含直属单位）应当向本级审计机关报送下列资料：

（一）本级人民代表大会批准的本级预算和本级人民政府财政部门向本级各部门（含直属单位）批复的预算，预算收入征收部门的年度收入计划，以及本级各部门（含直属单位）向所属各单位批复的预算；

（二）本级预算收支执行和预算收入征收部门的收入计划完成情况月报、年报，以及决算情况；

（三）综合性财政税务工作统计年报、情况简报，财政、预算、税务、财务和会计等规章制度；

（四）本级各部门（含直属单位）汇总编制的本部门决算草案。

第三十条　审计机关依照审计法第三十三条规定查询被审计单位在金融机构的账户的，应当持县级以上人民政府审计机关负责人签发的协助查询单位账户通知书；查询被审计单位以个人名义在金融机构的存款的，应当持县级以上人民政府审计机关主要负责人签发的协助查询个人存款通知书。有关金融机构应当予以协助，并提供证明材料，审计机关和审计人员负有保密义务。

第三十一条　审计法第三十四条所称违反国家规定取得的资产，包括：

（一）弄虚作假骗取的财政拨款、实物以及金融机构贷款；

（二）违反国家规定享受国家补贴、补助、贴息、免息、减税、免税、

退税等优惠政策取得的资产;

（三）违反国家规定向他人收取的款项、有价证券、实物;

（四）违反国家规定处分国有资产取得的收益;

（五）违反国家规定取得的其他资产。

第三十二条 审计机关依照审计法第三十四条规定封存被审计单位有关资料和违反国家规定取得的资产的,应当持县级以上人民政府审计机关负责人签发的封存通知书,并在依法收集与审计事项相关的证明材料或者采取其他措施后解除封存。封存的期限为7日以内;有特殊情况需要延长的,经县级以上人民政府审计机关负责人批准,可以适当延长,但延长的期限不得超过7日。

对封存的资料、资产,审计机关可以指定被审计单位负责保管,被审计单位不得损毁或者擅自转移。

第三十三条 审计机关依照审计法第三十六条规定,可以就有关审计事项向政府有关部门通报或者向社会公布对被审计单位的审计、专项审计调查结果。

审计机关经与有关主管机关协商,可以在向社会公布的审计、专项审计调查结果中,一并公布对社会审计机构相关审计报告核查的结果。

审计机关拟向社会公布对上市公司的审计、专项审计调查结果的,应当在5日前将拟公布的内容告知上市公司。

第五章 审计程序

第三十四条 审计机关应当根据法律、法规和国家其他有关规定,按照本级人民政府和上级审计机关的要求,确定年度审计工作重点,编制年度审计项目计划。

审计机关在年度审计项目计划中确定对国有资本占控股地位或者主导地位的企业、金融机构进行审计的,应当自确定之日起7日内告知列入年度审计项目计划的企业、金融机构。

第三十五条 审计机关应当根据年度审计项目计划,组成审计组,调查了解被审计单位的有关情况,编制审计方案,并在实施审计3日前,向被审计单位送达审计通知书。

第三十六条 审计法第三十八条所称特殊情况,包括:

(一)办理紧急事项的;

(二)被审计单位涉嫌严重违法违规的;

(三)其他特殊情况。

第三十七条 审计人员实施审计时,应当按照下列规定办理:

(一)通过检查、查询、监督盘点、发函询证等方法实施审计;

(二)通过收集原件、原物或者复制、拍照等方法取得证明材料;

(三)对与审计事项有关的会议和谈话内容作出记录,或者要求被审计单位提供会议记录材料;

(四)记录审计实施过程和查证结果。

第三十八条 审计人员向有关单位和个人调查取得的证明材料,应当有提供者的签名或者盖章;不能取得提供者签名或者盖章的,审计人员应当注明原因。

第三十九条 审计组向审计机关提出审计报告前,应当书面征求被审计单位意见。被审计单位应当自接到审计组的审计报告之日起10日内,提出书面意见;10日内未提出书面意见的,视同无异议。

审计组应当针对被审计单位提出的书面意见,进一步核实情况,对审计组的审计报告作必要修改,连同被审计单位的书面意见一并报送审计机关。

第四十条 审计机关有关业务机构和专门机构或者人员对审计组的审计报告以及相关审计事项进行复核、审理后,由审计机关按照下列规定办理:

(一)提出审计机关的审计报告,内容包括:对审计事项的审计评价,对违反国家规定的财政收支、财务收支行为提出的处理、处罚意见,移送有关主管机关、单位的意见,改进财政收支、财务收支管理工作的意见;

(二)对违反国家规定的财政收支、财务收支行为,依法应当给予处理、处罚的,在法定职权范围内作出处理、处罚的审计决定;

(三)对依法应当追究有关人员责任的,向有关主管机关、单位提出给予处分的建议;对依法应当由有关主管机关处理、处罚的,移送有关主管机关;涉嫌犯罪的,移送司法机关。

第四十一条 审计机关在审计中发现损害国家利益和社会公共利益的事项,但处理、处罚依据又不明确的,应当向本级人民政府和上一级审计机关报告。

第四十二条 被审计单位应当按照审计机关规定的期限和要求执行审计决定。对应当上缴的款项,被审计单位应当按照财政管理体制和国家有关规定缴入国库或者财政专户。审计决定需要有关主管机关、单位协助执行的,审计机关应当书面提请协助执行。

第四十三条 上级审计机关应当对下级审计机关的审计业务依法进行监督。

下级审计机关作出的审计决定违反国家有关规定的,上级审计机关可以责成下级审计机关予以变更或者撤销,也可以直接作出变更或者撤销的决定;审计决定被撤销后需要重新作出审计决定的,上级审计机关可以责成下级审计机关在规定的期限内重新作出审计决定,也可以直接作出审计决定。

下级审计机关应当作出而没有作出审计决定的,上级审计机关可以责成下级审计机关在规定的期限内作出审计决定,也可以直接作出审计决定。

第四十四条 审计机关进行专项审计调查时,应当向被调查的地方、部门、单位出示专项审计调查的书面通知,并说明有关情况;有关地方、部门、单位应当接受调查,如实反映情况,提供有关资料。

在专项审计调查中,依法属于审计机关审计监督对象的部门、单位有违反国家规定的财政收支、财务收支行为或者其他违法违规行为的,专项审计调查人员和审计机关可以依照审计法和本条例的规定提出审计报告,作出审计决定,或者移送有关主管机关、单位依法追究责任。

第四十五条 审计机关应当按照国家有关规定建立、健全审计档案制度。

第四十六条 审计机关送达审计文书,可以直接送达,也可以邮寄送达或者以其他方式送达。直接送达的,以被审计单位在送达回证上注明的签收日期或者见证人证明的收件日期为送达日期;邮寄送达的,以邮政回执上注明的收件日期为送达日期;以其他方式送达的,以签收或者收件日期为送达日期。

审计机关的审计文书的种类、内容和格式,由审计署规定。

第六章 法律责任

第四十七条 被审计单位违反审计法和本条例的规定,拒绝、拖延提供与审计事项有关的资料,或者提供的资料不真实、不完整,或者拒绝、阻碍检查的,由审计机关责令改正,可以通报批评,给予警告;拒不改正的,对被审计单位可以处 5 万元以下的罚款,对直接负责的主管人员和其他直接责任人员,可以处 2 万元以下的罚款,审计机关认为应当给予处分的,向有关主管机关、单位提出给予处分的建议;构成犯罪的,依法追究刑事责任。

第四十八条 对本级各部门(含直属单位)和下级人民政府违反预算的行为或者其他违反国家规定的财政收支行为,审计机关在法定职权范围内,依照法律、行政法规的规定,区别情况采取审计法第四十五条规定的处理措施。

第四十九条 对被审计单位违反国家规定的财务收支行为,审计机关在法定职权范围内,区别情况采取审计法第四十五条规定的处理措施,可以通报批评,给予警告;有违法所得的,没收违法所得,并处违法所得 1 倍以上 5 倍以下的罚款;没有违法所得的,可以处 5 万元以下的罚款;对直接负责的主管人员和其他直接责任人员,可以处 2 万元以下的罚款,审计机关认为应当给予处分的,向有关主管机关、单位提出给予处分的建议;构成犯罪的,依法追究刑事责任。

法律、行政法规对被审计单位违反国家规定的财务收支行为处理、处罚另有规定的,从其规定。

第五十条 审计机关在作出较大数额罚款的处罚决定前,应当告知被审计单位和有关人员有要求举行听证的权利。较大数额罚款的具体标准由审计署规定。

第五十一条 审计机关提出的对被审计单位给予处理、处罚的建议以及对直接负责的主管人员和其他直接责任人员给予处分的建议，有关主管机关、单位应当依法及时作出决定，并将结果书面通知审计机关。

第五十二条 被审计单位对审计机关依照审计法第十六条、第十七条和本条例第十五条规定进行审计监督作出的审计决定不服的，可以自审计决定送达之日起 60 日内，提请审计机关的本级人民政府裁决，本级人民政府的裁决为最终决定。

审计机关应当在审计决定中告知被审计单位提请裁决的途径和期限。

裁决期间，审计决定不停止执行。但是，有下列情形之一的，可以停止执行：

（一）审计机关认为需要停止执行的；

（二）受理裁决的人民政府认为需要停止执行的；

（三）被审计单位申请停止执行，受理裁决的人民政府认为其要求合理，决定停止执行的。

裁决由本级人民政府法制机构办理。裁决决定应当自接到提请之日起 60 日内作出；有特殊情况需要延长的，经法制机构负责人批准，可以适当延长，并告知审计机关和提请裁决的被审计单位，但延长的期限不得超过 30 日。

第五十三条 除本条例第五十二条规定的可以提请裁决的审计决定外，被审计单位对审计机关作出的其他审计决定不服的，可以依法申请行政复议或者提起行政诉讼。

审计机关应当在审计决定中告知被审计单位申请行政复议或者提起行政诉讼的途径和期限。

第五十四条 被审计单位应当将审计决定执行情况书面报告审计机关。审计机关应当检查审计决定的执行情况。

被审计单位不执行审计决定的,审计机关应当责令限期执行;逾期仍不执行的,审计机关可以申请人民法院强制执行,建议有关主管机关、单位对直接负责的主管人员和其他直接责任人员给予处分。

第五十五条 审计人员滥用职权、徇私舞弊、玩忽职守,或者泄露所知悉的国家秘密、商业秘密的,依法给予处分;构成犯罪的,依法追究刑事责任。

审计人员违法违纪取得的财物,依法予以追缴、没收或者责令退赔。

第七章 附 则

第五十六条 本条例所称以上、以下,包括本数。

本条例第五十二条规定的期间的最后一日是法定节假日的,以节假日后的第一个工作日为期间届满日。审计法和本条例规定的其他期间以工作日计算,不含法定节假日。

第五十七条 实施经济责任审计的规定,另行制定。

第五十八条 本条例自 2010 年 5 月 1 日起施行。

中华人民共和国国家审计准则

(中华人民共和国审计署令第8号)

经审计署审计长会议通过,自2011年1月1日起施行

第一章 总 则

第一条 为了规范和指导审计机关和审计人员执行审计业务的行为,保证审计质量,防范审计风险,发挥审计保障国家经济和社会健康运行的"免疫系统"功能,根据《中华人民共和国审计法》、《中华人民共和国审计法实施条例》和其他有关法律法规,制定本准则。

第二条 本准则是审计机关和审计人员履行法定审计职责的行为规范,是执行审计业务的职业标准,是评价审计质量的基本尺度。

第三条 本准则中使用"应当"、"不得"词汇的条款为约束性条款,是审计机关和审计人员执行审计业务必须遵守的职业要求。

本准则中使用"可以"词汇的条款为指导性条款,是对良好审计实务的推介。

第四条 审计机关和审计人员执行审计业务,应当适用本准则。其他组织或者人员接受审计机关的委托、聘用,承办或者参加审计业务,也应当适用本准则。

第五条 审计机关和审计人员执行审计业务,应当区分被审计单位的责任和审计机关的责任。

在财政收支、财务收支以及有关经济活动中,履行法定职责、遵守相关法律法规、建立并实施内部控制、按照有关会计准则和会计制度编报财务会计报告、保持财务会计资料的真实性和完整性,是被审计单位的责任。

依据法律法规和本准则的规定,对被审计单位财政收支、财务收支以及有关经济活动独立实施审计并作出审计结论,是审计机关的责任。

第六条 审计机关的主要工作目标是通过监督被审计单位财政收

支、财务收支以及有关经济活动的真实性、合法性、效益性,维护国家经济安全,推进民主法治,促进廉政建设,保障国家经济和社会健康发展。

真实性是指反映财政收支、财务收支以及有关经济活动的信息与实际情况相符合的程度。

合法性是指财政收支、财务收支以及有关经济活动遵守法律、法规或者规章的情况。

效益性是指财政收支、财务收支以及有关经济活动实现的经济效益、社会效益和环境效益。

第七条 审计机关对依法属于审计机关审计监督对象的单位、项目、资金进行审计。

审计机关按照国家有关规定,对依法属于审计机关审计监督对象的单位的主要负责人经济责任进行审计。

第八条 审计机关依法对预算管理或者国有资产管理使用等与国家财政收支有关的特定事项向有关地方、部门、单位进行专项审计调查。

审计机关进行专项审计调查时,也应当适用本准则。

第九条 审计机关和审计人员执行审计业务,应当依据年度审计项目计划,编制审计实施方案,获取审计证据,作出审计结论。

审计机关应当委派具备相应资格和能力的审计人员承办审计业务,并建立和执行审计质量控制制度。

第十条 审计机关依据法律法规规定,公开履行职责的情况及其结果,接受社会公众的监督。

第十一条 审计机关和审计人员未遵守本准则约束性条款的,应当说明原因。

第二章 审计机关和审计人员

第十二条 审计机关和审计人员执行审计业务,应当具备本准则规定的资格条件和职业要求。

第十三条 审计机关执行审计业务,应当具备下列资格条件:

（一）符合法定的审计职责和权限；

（二）有职业胜任能力的审计人员；

（三）建立适当的审计质量控制制度；

（四）必需的经费和其他工作条件。

第十四条 审计人员执行审计业务，应当具备下列职业要求：

（一）遵守法律法规和本准则；

（二）恪守审计职业道德；

（三）保持应有的审计独立性；

（四）具备必需的职业胜任能力；

（五）其他职业要求。

第十五条 审计人员应当恪守严格依法、正直坦诚、客观公正、勤勉尽责、保守秘密的基本审计职业道德。

严格依法就是审计人员应当严格依照法定的审计职责、权限和程序进行审计监督，规范审计行为。

正直坦诚就是审计人员应当坚持原则，不屈从于外部压力；不歪曲事实，不隐瞒审计发现的问题；廉洁自律，不利用职权谋取私利；维护国家利益和公共利益。

客观公正就是审计人员应当保持客观公正的立场和态度，以适当、充分的审计证据支持审计结论，实事求是地作出审计评价和处理审计发现的问题。

勤勉尽责就是审计人员应当爱岗敬业，勤勉高效，严谨细致，认真履行审计职责，保证审计工作质量。

保守秘密就是审计人员应当保守其在执行审计业务中知悉的国家秘密、商业秘密；对于执行审计业务取得的资料、形成的审计记录和掌握的相关情况，未经批准不得对外提供和披露，不得用于与审计工作无关的目的。

第十六条 审计人员执行审计业务时，应当保持应有的审计独立性，遇有下列可能损害审计独立性情形的，应当向审计机关报告：

（一）与被审计单位负责人或者有关主管人员有夫妻关系、直系血亲关系、三代以内旁系血亲以及近姻亲关系；

（二）与被审计单位或者审计事项有直接经济利益关系；

（三）对曾经管理或者直接办理过的相关业务进行审计；

（四）可能损害审计独立性的其他情形。

第十七条 审计人员不得参加影响审计独立性的活动，不得参与被审计单位的管理活动。

第十八条 审计机关组成审计组时，应当了解审计组成员可能损害审计独立性的情形，并根据具体情况采取下列措施，避免损害审计独立性：

（一）依法要求相关审计人员回避；

（二）对相关审计人员执行具体审计业务的范围作出限制；

（三）对相关审计人员的工作追加必要的复核程序；

（四）其他措施。

第十九条 审计机关应当建立审计人员交流等制度，避免审计人员因执行审计业务长期与同一被审计单位接触可能对审计独立性造成的损害。

第二十条 审计机关可以聘请外部人员参加审计业务或者提供技术支持、专业咨询、专业鉴定。

审计机关聘请的外部人员应当具备本准则第十四条规定的职业要求。

第二十一条 有下列情形之一的外部人员，审计机关不得聘请：

（一）被刑事处罚的；

（二）被劳动教养的；

（三）被行政拘留的；

（四）审计独立性可能受到损害的；

（五）法律规定不得从事公务的其他情形。

第二十二条 审计人员应当具备与其从事审计业务相适应的专业知识、职业能力和工作经验。

审计机关应当建立和实施审计人员录用、继续教育、培训、业绩评价考核和奖惩激励制度,确保审计人员具有与其从事业务相适应的职业胜任能力。

第二十三条 审计机关应当合理配备审计人员,组成审计组,确保其在整体上具备与审计项目相适应的职业胜任能力。

被审计单位的信息技术对实现审计目标有重大影响的,审计组的整体胜任能力应当包括信息技术方面的胜任能力。

第二十四条 审计人员执行审计业务时,应当合理运用职业判断,保持职业谨慎,对被审计单位可能存在的重要问题保持警觉,并审慎评价所获取审计证据的适当性和充分性,得出恰当的审计结论。

第二十五条 审计人员执行审计业务时,应当从下列方面保持与被审计单位的工作关系:

(一)与被审计单位沟通并听取其意见;

(二)客观公正地作出审计结论,尊重并维护被审计单位的合法权益;

(三)严格执行审计纪律;

(四)坚持文明审计,保持良好的职业形象。

第三章 审计计划

第二十六条 审计机关应当根据法定的审计职责和审计管辖范围,编制年度审计项目计划。

编制年度审计项目计划应当服务大局,围绕政府工作中心,突出审计工作重点,合理安排审计资源,防止不必要的重复审计。

第二十七条 审计机关按照下列步骤编制年度审计项目计划:

(一)调查审计需求,初步选择审计项目;

(二)对初选审计项目进行可行性研究,确定备选审计项目及其优先顺序;

(三)评估审计机关可用审计资源,确定审计项目,编制年度审计项目计划。

第二十八条 审计机关从下列方面调查审计需求,初步选择审计项目：

（一）国家和地区财政收支、财务收支以及有关经济活动情况；

（二）政府工作中心；

（三）本级政府行政首长和相关领导机关对审计工作的要求；

（四）上级审计机关安排或者授权审计的事项；

（五）有关部门委托或者提请审计机关审计的事项；

（六）群众举报、公众关注的事项；

（七）经分析相关数据认为应当列入审计的事项；

（八）其他方面的需求。

第二十九条 审计机关对初选审计项目进行可行性研究，确定初选审计项目的审计目标、审计范围、审计重点和其他重要事项。

进行可行性研究重点调查研究下列内容：

（一）与确定和实施审计项目相关的法律法规和政策；

（二）管理体制、组织结构、主要业务及其开展情况；

（三）财政收支、财务收支状况及结果；

（四）相关的信息系统及其电子数据情况；

（五）管理和监督机构的监督检查情况及结果；

（六）以前年度审计情况；

（七）其他相关内容。

第三十条 审计机关在调查审计需求和可行性研究过程中，从下列方面对初选审计项目进行评估，以确定备选审计项目及其优先顺序：

（一）项目重要程度，评估在国家经济和社会发展中的重要性、政府行政首长和相关领导机关及公众关注程度、资金和资产规模等；

（二）项目风险水平，评估项目规模、管理和控制状况等；

（三）审计预期效果；

（四）审计频率和覆盖面；

（五）项目对审计资源的要求。

第三十一条 年度审计项目计划应当按照审计机关规定的程序审定。

审计机关在审定年度审计项目计划前,根据需要,可以组织专家进行论证。

第三十二条 下列审计项目应当作为必选审计项目:

(一)法律法规规定每年应当审计的项目;

(二)本级政府行政首长和相关领导机关要求审计的项目;

(三)上级审计机关安排或者授权的审计项目。

审计机关对必选审计项目,可以不进行可行性研究。

第三十三条 上级审计机关直接审计下级审计机关审计管辖范围内的重大审计事项,应当列入上级审计机关年度审计项目计划,并及时通知下级审计机关。

第三十四条 上级审计机关可以依法将其审计管辖范围内的审计事项,授权下级审计机关进行审计。对于上级审计机关审计管辖范围内的审计事项,下级审计机关也可以提出授权申请,报有管辖权的上级审计机关审批。

获得授权的审计机关应当将授权的审计事项列入年度审计项目计划。

第三十五条 根据中国政府及其机构与国际组织、外国政府及其机构签订的协议和上级审计机关的要求,审计机关确定对国际组织、外国政府及其机构援助、贷款项目进行审计的,应当纳入年度审计项目计划。

第三十六条 对于预算管理或者国有资产管理使用等与国家财政收支有关的特定事项,符合下列情形的,可以进行专项审计调查:

(一)涉及宏观性、普遍性、政策性或者体制、机制问题的;

(二)事项跨行业、跨地区、跨单位的;

(三)事项涉及大量非财务数据的;

(四)其他适宜进行专项审计调查的。

第三十七条 审计机关年度审计项目计划的内容主要包括:

(一)审计项目名称;

(二)审计目标,即实施审计项目预期要完成的任务和结果;

（三）审计范围，即审计项目涉及的具体单位、事项和所属期间；

（四）审计重点；

（五）审计项目组织和实施单位；

（六）审计资源。

采取跟踪审计方式实施的审计项目，年度审计项目计划应当列明跟踪的具体方式和要求。

专项审计调查项目的年度审计项目计划应当列明专项审计调查的要求。

第三十八条 审计机关编制年度审计项目计划可以采取文字、表格或者两者相结合的形式。

第三十九条 审计机关计划管理部门与业务部门或者派出机构，应当建立经常性的沟通和协调机制。

调查审计需求、进行可行性研究和确定备选审计项目，以业务部门或者派出机构为主实施；备选审计项目排序、配置审计资源和编制年度审计项目计划草案，以计划管理部门为主实施。

第四十条 审计机关根据项目评估结果，确定年度审计项目计划。

第四十一条 审计机关应当将年度审计项目计划报经本级政府行政首长批准并向上一级审计机关报告。

第四十二条 审计机关应当对确定的审计项目配置必要的审计人力资源、审计时间、审计技术装备、审计经费等审计资源。

第四十三条 审计机关同一年度内对同一被审计单位实施不同的审计项目，应当在人员和时间安排上进行协调，尽量避免给被审计单位工作带来不必要的影响。

第四十四条 审计机关应当将年度审计项目计划下达审计项目组织和实施单位执行。

年度审计项目计划一经下达，审计项目组织和实施单位应当确保完成，不得擅自变更。

第四十五条 年度审计项目计划执行过程中，遇有下列情形之一的，应当按照原审批程序调整：

（一）本级政府行政首长和相关领导机关临时交办审计项目的；

（二）上级审计机关临时安排或者授权审计项目的；

（三）突发重大公共事件需要进行审计的；

（四）原定审计项目的被审计单位发生重大变化，导致原计划无法实施的；

（五）需要更换审计项目实施单位的；

（六）审计目标、审计范围等发生重大变化需要调整的；

（七）需要调整的其他情形。

第四十六条 上级审计机关应当指导下级审计机关编制年度审计项目计划，提出下级审计机关重点审计领域或者审计项目安排的指导意见。

第四十七条 年度审计项目计划确定审计机关统一组织多个审计组共同实施一个审计项目或者分别实施同一类审计项目的，审计机关业务部门应当编制审计工作方案。

第四十八条 审计机关业务部门编制审计工作方案，应当根据年度审计项目计划形成过程中调查审计需求、进行可行性研究的情况，开展进一步调查，对审计目标、范围、重点和项目组织实施等进行确定。

第四十九条 审计工作方案的内容主要包括：

（一）审计目标；

（二）审计范围；

（三）审计内容和重点；

（四）审计工作组织安排；

（五）审计工作要求。

第五十条 审计机关业务部门编制的审计工作方案应当按照审计机关规定的程序审批。在年度审计项目计划确定的实施审计起始时间之前，下达到审计项目实施单位。

审计机关批准审计工作方案前，根据需要，可以组织专家进行论证。

第五十一条 审计机关业务部门根据审计实施过程中情况的变

化，可以申请对审计工作方案的内容进行调整，并按审计机关规定的程序报批。

第五十二条 审计机关应当定期检查年度审计项目计划执行情况，评估执行效果。

审计项目实施单位应当向下达审计项目计划的审计机关报告计划执行情况。

第五十三条 审计机关应当按照国家有关规定，建立和实施审计项目计划执行情况及其结果的统计制度。

第四章 审计实施

第一节 审计实施方案

第五十四条 审计机关应当在实施项目审计前组成审计组。

审计组由审计组组长和其他成员组成。审计组实行审计组组长负责制。审计组组长由审计机关确定，审计组组长可以根据需要在审计组成员中确定主审，主审应当履行其规定职责和审计组组长委托履行的其他职责。

第五十五条 审计机关应当依照法律法规的规定，向被审计单位送达审计通知书。

第五十六条 审计通知书的内容主要包括被审计单位名称、审计依据、审计范围、审计起始时间、审计组组长及其他成员名单和被审计单位配合审计工作的要求。同时，还应当向被审计单位告知审计组的审计纪律要求。

采取跟踪审计方式实施审计的，审计通知书应当列明跟踪审计的具体方式和要求。

专项审计调查项目的审计通知书应当列明专项审计调查的要求。

第五十七条 审计组应当调查了解被审计单位及其相关情况，评估被审计单位存在重要问题的可能性，确定审计应对措施，编制审计实施方案。

对于审计机关已经下达审计工作方案的，审计组应当按照审计工作方案的要求编制审计实施方案。

第五十八条 审计实施方案的内容主要包括：

（一）审计目标；

（二）审计范围；

（三）审计内容、重点及审计措施，包括审计事项和根据本准则第七十三条确定的审计应对措施；

（四）审计工作要求，包括项目审计进度安排、审计组内部重要管理事项及职责分工等。

采取跟踪审计方式实施审计的，审计实施方案应当对整个跟踪审计工作作出统筹安排。

专项审计调查项目的审计实施方案应当列明专项审计调查的要求。

第五十九条 审计组调查了解被审计单位及其相关情况，为作出下列职业判断提供基础：

（一）确定职业判断适用的标准；

（二）判断可能存在的问题；

（三）判断问题的重要性；

（四）确定审计应对措施。

第六十条 审计人员可以从下列方面调查了解被审计单位及其相关情况：

（一）单位性质、组织结构；

（二）职责范围或者经营范围、业务活动及其目标；

（三）相关法律法规、政策及其执行情况；

（四）财政财务管理体制和业务管理体制；

（五）适用的业绩指标体系以及业绩评价情况；

（六）相关内部控制及其执行情况；

（七）相关信息系统及其电子数据情况；

（八）经济环境、行业状况及其他外部因素；

（九）以往接受审计和监管及其整改情况；

（十）需要了解的其他情况。

第六十一条　审计人员可以从下列方面调查了解被审计单位相关内部控制及其执行情况：

（一）控制环境，即管理模式、组织结构、责权配置、人力资源制度等；

（二）风险评估，即被审计单位确定、分析与实现内部控制目标相关的风险，以及采取的应对措施；

（三）控制活动，即根据风险评估结果采取的控制措施，包括不相容职务分离控制、授权审批控制、资产保护控制、预算控制、业绩分析和绩效考评控制等；

（四）信息与沟通，即收集、处理、传递与内部控制相关的信息，并能有效沟通的情况；

（五）对控制的监督，即对各项内部控制设计、职责及其履行情况的监督检查。

第六十二条　审计人员可以从下列方面调查了解被审计单位信息系统控制情况：

（一）一般控制，即保障信息系统正常运行的稳定性、有效性、安全性等方面的控制；

（二）应用控制，即保障信息系统产生的数据的真实性、完整性、可靠性等方面的控制。

第六十三条　审计人员可以采取下列方法调查了解被审计单位及其相关情况：

（一）书面或者口头询问被审计单位内部和外部相关人员；

（二）检查有关文件、报告、内部管理手册、信息系统的技术文档和操作手册；

（三）观察有关业务活动及其场所、设施和有关内部控制的执行情况；

（四）追踪有关业务的处理过程；

（五）分析相关数据。

第六十四条 审计人员根据审计目标和被审计单位的实际情况,运用职业判断确定调查了解的范围和程度。

对于定期审计项目,审计人员可以利用以往审计中获得的信息,重点调查了解已经发生变化的情况。

第六十五条 审计人员在调查了解被审计单位及其相关情况的过程中,可以选择下列标准作为职业判断的依据:

(一)法律、法规、规章和其他规范性文件;

(二)国家有关方针和政策;

(三)会计准则和会计制度;

(四)国家和行业的技术标准;

(五)预算、计划和合同;

(六)被审计单位的管理制度和绩效目标;

(七)被审计单位的历史数据和历史业绩;

(八)公认的业务惯例或者良好实务;

(九)专业机构或者专家的意见;

(十)其他标准。

审计人员在审计实施过程中需要持续关注标准的适用性。

第六十六条 职业判断所选择的标准应当具有客观性、适用性、相关性、公认性。

标准不一致时,审计人员应当采用权威的和公认程度高的标准。

第六十七条 审计人员应当结合适用的标准,分析调查了解的被审计单位及其相关情况,判断被审计单位可能存在的问题。

第六十八条 审计人员应当运用职业判断,根据可能存在问题的性质、数额及其发生的具体环境,判断其重要性。

第六十九条 审计人员判断重要性时,可以关注下列因素:

(一)是否属于涉嫌犯罪的问题;

(二)是否属于法律法规和政策禁止的问题;

(三)是否属于故意行为所产生的问题;

(四)可能存在问题涉及的数量或者金额;

（五）是否涉及政策、体制或者机制的严重缺陷；

（六）是否属于信息系统设计缺陷；

（七）政府行政首长和相关领导机关及公众的关注程度；

（八）需要关注的其他因素。

第七十条 审计人员实施审计时，应当根据重要性判断的结果，重点关注被审计单位可能存在的重要问题。

第七十一条 需要对财务报表发表审计意见的，审计人员可以参照中国注册会计师执业准则的有关规定确定和运用重要性。

第七十二条 审计组应当评估被审计单位存在重要问题的可能性，以确定审计事项和审计应对措施。

第七十三条 审计组针对审计事项确定的审计应对措施包括：

（一）评估对内部控制的依赖程度，确定是否及如何测试相关内部控制的有效性；

（二）评估对信息系统的依赖程度，确定是否及如何检查相关信息系统的有效性、安全性；

（三）确定主要审计步骤和方法；

（四）确定审计时间；

（五）确定执行的审计人员；

（六）其他必要措施。

第七十四条 审计组在分配审计资源时，应当为重要审计事项分派有经验的审计人员和安排充足的审计时间，并评估特定审计事项是否需要利用外部专家的工作。

第七十五条 审计人员认为存在下列情形之一的，应当测试相关内部控制的有效性：

（一）某项内部控制设计合理且预期运行有效，能够防止重要问题的发生；

（二）仅实施实质性审查不足以为发现重要问题提供适当、充分的审计证据。

审计人员决定不依赖某项内部控制的，可以对审计事项直接进行实质性审查。

被审计单位规模较小、业务比较简单的,审计人员可以对审计事项直接进行实质性审查。

第七十六条 审计人员认为存在下列情形之一的,应当检查相关信息系统的有效性、安全性:

(一)仅审计电子数据不足以为发现重要问题提供适当、充分的审计证据;

(二)电子数据中频繁出现某类差异。

审计人员在检查被审计单位相关信息系统时,可以利用被审计单位信息系统的现有功能或者采用其他计算机技术和工具,检查中应当避免对被审计单位相关信息系统及其电子数据造成不良影响。

第七十七条 审计人员实施审计时,应当持续关注已作出的重要性判断和对存在重要问题可能性的评估是否恰当,及时作出修正,并调整审计应对措施。

第七十八条 遇有下列情形之一的,审计组应当及时调整审计实施方案:

(一)年度审计项目计划、审计工作方案发生变化的;

(二)审计目标发生重大变化的;

(三)重要审计事项发生变化的;

(四)被审计单位及其相关情况发生重大变化的;

(五)审计组人员及其分工发生重大变化的;

(六)需要调整的其他情形。

第七十九条 一般审计项目的审计实施方案应当经审计组组长审定,并及时报审计机关业务部门备案。

重要审计项目的审计实施方案应当报经审计机关负责人审定。

第八十条 审计组调整审计实施方案中的下列事项,应当报经审计机关主要负责人批准:

(一)审计目标;

(二)审计组组长;

（三）审计重点；

（四）现场审计结束时间。

第八十一条 编制和调整审计实施方案可以采取文字、表格或者两者相结合的形式。

第二节 审 计 证 据

第八十二条 审计证据是指审计人员获取的能够为审计结论提供合理基础的全部事实，包括审计人员调查了解被审计单位及其相关情况和对确定的审计事项进行审查所获取的证据。

第八十三条 审计人员应当依照法定权限和程序获取审计证据。

第八十四条 审计人员获取的审计证据，应当具有适当性和充分性。

适当性是对审计证据质量的衡量，即审计证据在支持审计结论方面具有的相关性和可靠性。相关性是指审计证据与审计事项及其具体审计目标之间具有实质性联系。可靠性是指审计证据真实、可信。

充分性是对审计证据数量的衡量。审计人员在评估存在重要问题的可能性和审计证据质量的基础上，决定应当获取审计证据的数量。

第八十五条 审计人员对审计证据的相关性分析时，应当关注下列方面：

（一）一种取证方法获取的审计证据可能只与某些具体审计目标相关，而与其他具体审计目标无关；

（二）针对一项具体审计目标可以从不同来源获取审计证据或者获取不同形式的审计证据。

第八十六条 审计人员可以从下列方面分析审计证据的可靠性：

（一）从被审计单位外部获取的审计证据比从内部获取的审计证据更可靠；

（二）内部控制健全有效情况下形成的审计证据比内部控制缺失或者无效情况下形成的审计证据更可靠；

（三）直接获取的审计证据比间接获取的审计证据更可靠；

（四）从被审计单位财务会计资料中直接采集的审计证据比经被

审计单位加工处理后提交的审计证据更可靠；

（五）原件形式的审计证据比复制件形式的审计证据更可靠。

不同来源和不同形式的审计证据存在不一致或者不能相互印证时，审计人员应当追加必要的审计措施，确定审计证据的可靠性。

第八十七条 审计人员获取的电子审计证据包括与信息系统控制相关的配置参数、反映交易记录的电子数据等。

采集被审计单位电子数据作为审计证据的，审计人员应当记录电子数据的采集和处理过程。

第八十八条 审计人员根据实际情况，可以在审计事项中选取全部项目或者部分特定项目进行审查，也可以进行审计抽样，以获取审计证据。

第八十九条 存在下列情形之一的，审计人员可以对审计事项中的全部项目进行审查：

（一）审计事项由少量大额项目构成的；

（二）审计事项可能存在重要问题，而选取其中部分项目进行审查无法提供适当、充分的审计证据的；

（三）对审计事项中的全部项目进行审查符合成本效益原则的。

第九十条 审计人员可以在审计事项中选取下列特定项目进行审查：

（一）大额或者重要项目；

（二）数量或者金额符合设定标准的项目；

（三）其他特定项目。

选取部分特定项目进行审查的结果，不能用于推断整个审计事项。

第九十一条 在审计事项包含的项目数量较多，需要对审计事项某一方面的总体特征作出结论时，审计人员可以进行审计抽样。

审计人员进行审计抽样时，可以参照中国注册会计师执业准则的有关规定。

第九十二条 审计人员可以采取下列方法向有关单位和个人获取审计证据：

（一）检查，是指对纸质、电子或者其他介质形式存在的文件、资料进行审查，或者对有形资产进行审查；

（二）观察，是指察看相关人员正在从事的活动或者执行的程序；

（三）询问，是指以书面或者口头方式向有关人员了解关于审计事项的信息；

（四）外部调查，是指向与审计事项有关的第三方进行调查；

（五）重新计算，是指以手工方式或者使用信息技术对有关数据计算的正确性进行核对；

（六）重新操作，是指对有关业务程序或者控制活动独立进行重新操作验证；

（七）分析，是指研究财务数据之间、财务数据与非财务数据之间可能存在的合理关系，对相关信息作出评价，并关注异常波动和差异。

审计人员进行专项审计调查，可以使用上述方法及其以外的其他方法。

第九十三条 审计人员应当依照法律法规规定，取得被审计单位负责人对本单位提供资料真实性和完整性的书面承诺。

第九十四条 审计人员取得证明被审计单位存在违反国家规定的财政收支、财务收支行为以及其他重要审计事项的审计证据材料，应当由提供证据的有关人员、单位签名或者盖章；不能取得签名或者盖章不影响事实存在的，该审计证据仍然有效，但审计人员应当注明原因。

审计事项比较复杂或者取得的审计证据数量较大的，可以对审计证据进行汇总分析，编制审计取证单，由证据提供者签名或者盖章。

第九十五条 被审计单位的相关资料、资产可能被转移、隐匿、篡改、毁弃并影响获取审计证据的，审计机关应当依照法律法规的规定采取相应的证据保全措施。

第九十六条 审计机关执行审计业务过程中，因行使职权受到限制而无法获取适当、充分的审计证据，或者无法制止违法行为对国家利益的侵害时，根据需要，可以按照有关规定提请有权处理的机关或者相关单位予以协助和配合。

第九十七条 审计人员需要利用所聘请外部人员的专业咨询和专业鉴定作为审计证据的,应当对下列方面作出判断:

(一) 依据的样本是否符合审计项目的具体情况;

(二) 使用的方法是否适当和合理;

(三) 专业咨询、专业鉴定是否与其他审计证据相符。

第九十八条 审计人员需要使用有关监管机构、中介机构、内部审计机构等已经形成的工作结果作为审计证据的,应当对该工作结果的下列方面作出判断:

(一) 是否与审计目标相关;

(二) 是否可靠;

(三) 是否与其他审计证据相符。

第九十九条 审计人员对于重要问题,可以围绕下列方面获取审计证据:

(一) 标准,即判断被审计单位是否存在问题的依据;

(二) 事实,即客观存在和发生的情况。事实与标准之间的差异构成审计发现的问题;

(三) 影响,即问题产生的后果;

(四) 原因,即问题产生的条件。

第一百条 审计人员在审计实施过程中,应当持续评价审计证据的适当性和充分性。

已采取的审计措施难以获取适当、充分审计证据的,审计人员应当采取替代审计措施;仍无法获取审计证据的,由审计组报请审计机关采取其他必要的措施或者不作出审计结论。

第三节 审 计 记 录

第一百零一条 审计人员应当真实、完整地记录实施审计的过程、得出的结论和与审计项目有关的重要管理事项,以实现下列目标:

(一) 支持审计人员编制审计实施方案和审计报告;

(二) 证明审计人员遵循相关法律法规和本准则;

(三) 便于对审计人员的工作实施指导、监督和检查。

第一百零二条 审计人员作出的记录,应当使未参与该项业务的有经验的其他审计人员能够理解其执行的审计措施、获取的审计证据、作出的职业判断和得出的审计结论。

第一百零三条 审计记录包括调查了解记录、审计工作底稿和重要管理事项记录。

第一百零四条 审计组在编制审计实施方案前,应当对调查了解被审计单位及其相关情况作出记录。调查了解记录的内容主要包括:

(一)对被审计单位及其相关情况的调查了解情况;

(二)对被审计单位存在重要问题可能性的评估情况;

(三)确定的审计事项及其审计应对措施。

第一百零五条 审计工作底稿主要记录审计人员依据审计实施方案执行审计措施的活动。

审计人员对审计实施方案确定的每一审计事项,均应当编制审计工作底稿。一个审计事项可以根据需要编制多份审计工作底稿。

第一百零六条 审计工作底稿的内容主要包括:

(一)审计项目名称;

(二)审计事项名称;

(三)审计过程和结论;

(四)审计人员姓名及审计工作底稿编制日期并签名;

(五)审核人员姓名、审核意见及审核日期并签名;

(六)索引号及页码;

(七)附件数量。

第一百零七条 审计工作底稿记录的审计过程和结论主要包括:

(一)实施审计的主要步骤和方法;

(二)取得的审计证据的名称和来源;

(三)审计认定的事实摘要;

(四)得出的审计结论及其相关标准。

第一百零八条 审计证据材料应当作为调查了解记录和审计工作底稿的附件。一份审计证据材料对应多个审计记录时,审计人员可以将审计证据材料附在与其关系最密切的审计记录后面,并在其他审计记录中予以注明。

第一百零九条 审计组起草审计报告前,审计组组长应当对审计工作底稿的下列事项进行审核:

(一)具体审计目标是否实现;

(二)审计措施是否有效执行;

(三)事实是否清楚;

(四)审计证据是否适当、充分;

(五)得出的审计结论及其相关标准是否适当;

(六)其他有关重要事项。

第一百一十条 审计组组长审核审计工作底稿,应当根据不同情况分别提出下列意见:

(一)予以认可;

(二)责成采取进一步审计措施,获取适当、充分的审计证据;

(三)纠正或者责成纠正不恰当的审计结论。

第一百一十一条 重要管理事项记录应当记载与审计项目相关并对审计结论有重要影响的下列管理事项:

(一)可能损害审计独立性的情形及采取的措施;

(二)所聘请外部人员的相关情况;

(三)被审计单位承诺情况;

(四)征求被审计对象或者相关单位及人员意见的情况、被审计对象或者相关单位及人员反馈的意见及审计组的采纳情况;

(五)审计组对审计发现的重大问题和审计报告讨论的过程及结论;

(六)审计机关业务部门对审计报告、审计决定书等审计项目材料的复核情况和意见;

(七)审理机构对审计项目的审理情况和意见;

(八)审计机关对审计报告的审定过程和结论;

(九)审计人员未能遵守本准则规定的约束性条款及其原因;

（十）因外部因素使审计任务无法完成的原因及影响；

（十一）其他重要管理事项。

重要管理事项记录可以使用被审计单位承诺书、审计机关内部审批文稿、会议记录、会议纪要、审理意见书或者其他书面形式。

第四节　重大违法行为检查

第一百一十二条　审计人员执行审计业务时，应当保持职业谨慎，充分关注可能存在的重大违法行为。

第一百一十三条　本准则所称重大违法行为是指被审计单位和相关人员违反法律法规、涉及金额比较大、造成国家重大经济损失或者对社会造成重大不良影响的行为。

第一百一十四条　审计人员检查重大违法行为，应当评估被审计单位和相关人员实施重大违法行为的动机、性质、后果和违法构成。

第一百一十五条　审计人员调查了解被审计单位及其相关情况时，可以重点了解可能与重大违法行为有关的下列事项：

（一）被审计单位所在行业发生重大违法行为的状况；

（二）有关的法律法规及其执行情况；

（三）监管部门已经发现和了解的与被审计单位有关的重大违法行为的事实或者线索；

（四）可能形成重大违法行为的动机和原因；

（五）相关的内部控制及其执行情况；

（六）其他情况。

第一百一十六条　审计人员可以通过关注下列情况，判断可能存在的重大违法行为：

（一）具体经济活动中存在的异常事项；

（二）财务和非财务数据中反映出的异常变化；

（三）有关部门提供的线索和群众举报；

（四）公众、媒体的反映和报道；

（五）其他情况。

第一百一十七条　审计人员根据被审计单位实际情况、工作经验和审计发现的异常现象,判断可能存在重大违法行为的性质,并确定检查重点。

审计人员在检查重大违法行为时,应当关注重大违法行为的高发领域和环节。

第一百一十八条 发现重大违法行为的线索,审计组或者审计机关可以采取下列应对措施:

(一)增派具有相关经验和能力的人员;

(二)避免让有关单位和人员事先知晓检查的时间、事项、范围和方式;

(三)扩大检查范围,使其能够覆盖重大违法行为可能涉及的领域;

(四)获取必要的外部证据;

(五)依法采取保全措施;

(六)提请有关机关予以协助和配合;

(七)向政府和有关部门报告;

(八)其他必要的应对措施。

第五章 审计报告

第一节 审计报告的形式和内容

第一百一十九条 审计报告包括审计机关进行审计后出具的审计报告以及专项审计调查后出具的专项审计调查报告。

第一百二十条 审计组实施审计或者专项审计调查后,应当向派出审计组的审计机关提交审计报告。审计机关审定审计组的审计报告后,应当出具审计机关的审计报告。遇有特殊情况,审计机关可以不向被调查单位出具专项审计调查报告。

第一百二十一条 审计报告应当内容完整、事实清楚、结论正确、用词恰当、格式规范。

第一百二十二条 审计机关的审计报告(审计组的审计报告)包括下列基本要素:

（一）标题；

（二）文号（审计组的审计报告不含此项）；

（三）被审计单位名称；

（四）审计项目名称；

（五）内容；

（六）审计机关名称（审计组名称及审计组组长签名）；

（七）签发日期（审计组向审计机关提交报告的日期）。

经济责任审计报告还包括被审计人员姓名及所担任职务。

第一百二十三条 审计报告的内容主要包括：

（一）审计依据，即实施审计所依据的法律法规规定；

（二）实施审计的基本情况，一般包括审计范围、内容、方式和实施的起止时间；

（三）被审计单位基本情况；

（四）审计评价意见，即根据不同的审计目标，以适当、充分的审计证据为基础发表的评价意见；

（五）以往审计决定执行情况和审计建议采纳情况；

（六）审计发现的被审计单位违反国家规定的财政收支、财务收支行为和其他重要问题的事实、定性、处理处罚意见以及依据的法律法规和标准；

（七）审计发现的移送处理事项的事实和移送处理意见，但是涉嫌犯罪等不宜让被审计单位知悉的事项除外；

（八）针对审计发现的问题，根据需要提出的改进建议。

审计期间被审计单位对审计发现的问题已经整改的，审计报告还应当包括有关整改情况。

经济责任审计报告还应当包括被审计人员履行经济责任的基本情况，以及被审计人员对审计发现问题承担的责任。

核查社会审计机构相关审计报告发现的问题，应当在审计报告中一并反映。

第一百二十四条 采取跟踪审计方式实施审计的，审计组在跟踪审计过程中发现的问题,应当以审计机关的名义及时向被审计单位通报,并要求其整改。

跟踪审计实施工作全部结束后,应当以审计机关的名义出具审计报告。审计报告应当反映审计发现但尚未整改的问题,以及已经整改的重要问题及其整改情况。

第一百二十五条　专项审计调查报告除符合审计报告的要素和内容要求外,还应当根据专项审计调查目标重点分析宏观性、普遍性、政策性或者体制、机制问题并提出改进建议。

第一百二十六条　对审计或者专项审计调查中发现被审计单位违反国家规定的财政收支、财务收支行为,依法应当由审计机关在法定职权范围内作出处理处罚决定的,审计机关应当出具审计决定书。

第一百二十七条　审计决定书的内容主要包括:

(一)审计的依据、内容和时间;

(二)违反国家规定的财政收支、财务收支行为的事实、定性、处理处罚决定以及法律法规依据;

(三)处理处罚决定执行的期限和被审计单位书面报告审计决定执行结果等要求;

(四)依法提请政府裁决或者申请行政复议、提起行政诉讼的途径和期限。

第一百二十八条　审计或者专项审计调查发现的依法需要移送其他有关主管机关或者单位纠正、处理处罚或者追究有关人员责任的事项,审计机关应当出具审计移送处理书。

第一百二十九条　审计移送处理书的内容主要包括:

(一)审计的时间和内容;

(二)依法需要移送有关主管机关或者单位纠正、处理处罚或者追究有关人员责任事项的事实、定性及其依据和审计机关的意见;

(三)移送的依据和移送处理说明,包括将处理结果书面告知审计机关的说明;

(四)所附的审计证据材料。

第一百三十条 出具对国际组织、外国政府及其机构援助、贷款项目的审计报告,按照审计机关的相关规定执行。

第二节 审计报告的编审

第一百三十一条 审计组在起草审计报告前,应当讨论确定下列事项:

(一)评价审计目标的实现情况;

(二)审计实施方案确定的审计事项完成情况;

(三)评价审计证据的适当性和充分性;

(四)提出审计评价意见;

(五)评估审计发现问题的重要性;

(六)提出对审计发现问题的处理处罚意见;

(七)其他有关事项。

审计组应当对讨论前款事项的情况及其结果作出记录。

第一百三十二条 审计组组长应当确认审计工作底稿和审计证据已经审核,并从总体上评价审计证据的适当性和充分性。

第一百三十三条 审计组根据不同的审计目标,以审计认定的事实为基础,在防范审计风险的情况下,按照重要性原则,从真实性、合法性、效益性方面提出审计评价意见。

审计组应当只对所审计的事项发表审计评价意见。对审计过程中未涉及、审计证据不适当或者不充分、评价依据或者标准不明确以及超越审计职责范围的事项,不得发表审计评价意见。

第一百三十四条 审计组应当根据审计发现问题的性质、数额及其发生的原因和审计报告的使用对象,评估审计发现问题的重要性,如实在审计报告中予以反映。

第一百三十五条 审计组对审计发现的问题提出处理处罚意见时,应当关注下列因素:

(一)法律法规的规定;

(二)审计职权范围:属于审计职权范围的,直接提出处理处罚意见,不属于审计职权范围的,提出移送处理意见;

（三）问题的性质、金额、情节、原因和后果；

（四）对同类问题处理处罚的一致性；

（五）需要关注的其他因素。

审计发现被审计单位信息系统存在重大漏洞或者不符合国家规定的，应当责成被审计单位在规定期限内整改。

第一百三十六条 审计组应当针对经济责任审计发现的问题，根据被审计人员履行职责情况，界定其应当承担的责任。

第一百三十七条 审计组实施审计或者专项审计调查后，应当提出审计报告，按照审计机关规定的程序审批后，以审计机关的名义征求被审计单位、被调查单位和拟处罚的有关责任人员的意见。

经济责任审计报告还应当征求被审计人员的意见；必要时，征求有关干部监督管理部门的意见。

审计报告中涉及的重大经济案件调查等特殊事项，经审计机关主要负责人批准，可以不征求被审计单位或者被审计人员的意见。

第一百三十八条 被审计单位、被调查单位、被审计人员或者有关责任人员对征求意见的审计报告有异议的，审计组应当进一步核实，并根据核实情况对审计报告作出必要的修改。

审计组应当对采纳被审计单位、被调查单位、被审计人员、有关责任人员意见的情况和原因，或者上述单位或人员未在法定时间内提出书面意见的情况作出书面说明。

第一百三十九条 对被审计单位或者被调查单位违反国家规定的财政收支、财务收支行为，依法应当由审计机关进行处理处罚的，审计组应当起草审计决定书。

对依法应当由其他有关部门纠正、处理处罚或者追究有关责任人员责任的事项，审计组应当起草审计移送处理书。

第一百四十条 审计组应当将下列材料报送审计机关业务部门复核：

（一）审计报告；

（二）审计决定书；

（三）被审计单位、被调查单位、被审计人员或者有关责任人员对审计报告的书面意见及审计组采纳情况的书面说明；

（四）审计实施方案；

（五）调查了解记录、审计工作底稿、重要管理事项记录、审计证据材料；

（六）其他有关材料。

第一百四十一条 审计机关业务部门应当对下列事项进行复核，并提出书面复核意见：

（一）审计目标是否实现；

（二）审计实施方案确定的审计事项是否完成；

（三）审计发现的重要问题是否在审计报告中反映；

（四）事实是否清楚、数据是否正确；

（五）审计证据是否适当、充分；

（六）审计评价、定性、处理处罚和移送处理意见是否恰当，适用法律法规和标准是否适当；

（七）被审计单位、被调查单位、被审计人员或者有关责任人员提出的合理意见是否采纳；

（八）需要复核的其他事项。

第一百四十二条 审计机关业务部门应当将复核修改后的审计报告、审计决定书等审计项目材料连同书面复核意见，报送审理机构审理。

第一百四十三条 审理机构以审计实施方案为基础，重点关注审计实施的过程及结果，主要审理下列内容：

（一）审计实施方案确定的审计事项是否完成；

（二）审计发现的重要问题是否在审计报告中反映；

（三）主要事实是否清楚、相关证据是否适当、充分；

（四）适用法律法规和标准是否适当；

（五）评价、定性、处理处罚意见是否恰当；

（六）审计程序是否符合规定。

第一百四十四条 审理机构审理时,应当就有关事项与审计组及相关业务部门进行沟通。

必要时,审理机构可以参加审计组与被审计单位交换意见的会议,或者向被审计单位和有关人员了解相关情况。

第一百四十五条 审理机构审理后,可以根据情况采取下列措施:

(一)要求审计组补充重要审计证据;

(二)对审计报告、审计决定书进行修改。

审理过程中遇有复杂问题的,经审计机关负责人同意后,审理机构可以组织专家进行论证。

审理机构审理后,应当出具审理意见书。

第一百四十六条 审理机构将审理后的审计报告、审计决定书连同审理意见书报送审计机关负责人。

第一百四十七条 审计报告、审计决定书原则上应当由审计机关审计业务会议审定;特殊情况下,经审计机关主要负责人授权,可以由审计机关其他负责人审定。

第一百四十八条 审计决定书经审定,处罚的事实、理由、依据、决定与审计组征求意见的审计报告不一致并且加重处罚的,审计机关应当依照有关法律法规的规定及时告知被审计单位、被调查单位和有关责任人员,并听取其陈述和申辩。

第一百四十九条 对于拟作出罚款的处罚决定,符合法律法规规定的听证条件的,审计机关应当依照有关法律法规的规定履行听证程序。

第一百五十条 审计报告、审计决定书经审计机关负责人签发后,按照下列要求办理:

(一)审计报告送达被审计单位、被调查单位;

(二)经济责任审计报告送达被审计单位和被审计人员;

(三)审计决定书送达被审计单位、被调查单位、被处罚的有关责任人员。

第三节 专题报告与综合报告

第一百五十一条 审计机关在审计中发现的下列事项,可以采用专题报告、审计信息等方式向本级政府、上一级审计机关报告:

(一)涉嫌重大违法犯罪的问题;

(二)与国家财政收支、财务收支有关政策及其执行中存在的重大问题;

(三)关系国家经济安全的重大问题;

(四)关系国家信息安全的重大问题;

(五)影响人民群众经济利益的重大问题;

(六)其他重大事项。

第一百五十二条 专题报告应当主题突出、事实清楚、定性准确、建议适当。

审计信息应当事实清楚、定性准确、内容精炼、格式规范、反映及时。

第一百五十三条 审计机关统一组织审计项目的,可以根据需要汇总审计情况和结果,编制审计综合报告。必要时,审计综合报告应当征求有关主管机关的意见。

审计综合报告按照审计机关规定的程序审定后,向本级政府和上一级审计机关报送,或者向有关部门通报。

第一百五十四条 审计机关实施经济责任审计项目后,应当按照相关规定,向本级政府行政首长和有关干部监督管理部门报告经济责任审计结果。

第一百五十五条 审计机关依照法律法规的规定,每年汇总对本级预算执行情况和其他财政收支情况的审计报告,形成审计结果报告,报送本级政府和上一级审计机关。

第一百五十六条 审计机关依照法律法规的规定,代本级政府起草本级预算执行情况和其他财政收支情况的审计工作报告(稿),经本级政府行政首长审定后,受本级政府委托向本级人民代表大会常务委员会报告。

第四节 审计结果公布

第一百五十七条 审计机关依法实行公告制度。审计机关的审计结果、审计调查结果依法向社会公布。

第一百五十八条 审计机关公布的审计和审计调查结果主要包括下列信息：

（一）被审计（调查）单位基本情况；

（二）审计（调查）评价意见；

（三）审计（调查）发现的主要问题；

（四）处理处罚决定及审计（调查）建议；

（五）被审计（调查）单位的整改情况。

第一百五十九条 在公布审计和审计调查结果时，审计机关不得公布下列信息：

（一）涉及国家秘密、商业秘密的信息；

（二）正在调查、处理过程中的事项；

（三）依照法律法规的规定不予公开的其他信息。

涉及商业秘密的信息，经权利人同意或者审计机关认为不公布可能对公共利益造成重大影响的，可以予以公布。

审计机关公布审计和审计调查结果应当客观公正。

第一百六十条 审计机关公布审计和审计调查结果，应当指定专门机构统一办理，履行规定的保密审查和审核手续，报经审计机关主要负责人批准。

审计机关内设机构、派出机构和个人，未经授权不得向社会公布审计和审计调查结果。

第一百六十一条 审计机关统一组织不同级次审计机关参加的审计项目，其审计和审计调查结果原则上由负责该项目组织工作的审计机关统一对外公布。

第一百六十二条 审计机关公布审计和审计调查结果按照国家有关规定需要报批的，未经批准不得公布。

第五节　审计整改检查

第一百六十三条　审计机关应当建立审计整改检查机制,督促被审计单位和其他有关单位根据审计结果进行整改。

第一百六十四条　审计机关主要检查或者了解下列事项:

(一)执行审计机关作出的处理处罚决定情况;

(二)对审计机关要求自行纠正事项采取措施的情况;

(三)根据审计机关的审计建议采取措施的情况;

(四)对审计机关移送处理事项采取措施的情况。

第一百六十五条　审计组在审计实施过程中,应当及时督促被审计单位整改审计发现的问题。

审计机关在出具审计报告、作出审计决定后,应当在规定的时间内检查或者了解被审计单位和其他有关单位的整改情况。

第一百六十六条　审计机关可以采取下列方式检查或者了解被审计单位和其他有关单位的整改情况:

(一)实地检查或者了解;

(二)取得并审阅相关书面材料;

(三)其他方式。

对于定期审计项目,审计机关可以结合下一次审计,检查或者了解被审计单位的整改情况。

检查或者了解被审计单位和其他有关单位的整改情况应当取得相关证明材料。

第一百六十七条　审计机关指定的部门负责检查或者了解被审计单位和其他有关单位整改情况,并向审计机关提出检查报告。

第一百六十八条　检查报告的内容主要包括:

(一)检查工作开展情况,主要包括检查时间、范围、对象、和方式等;

(二)被审计单位和其他有关单位的整改情况;

(三)没有整改或者没有完全整改事项的原因和建议。

第一百六十九条　审计机关对被审计单位没有整改或者没有完全

整改的事项,依法采取必要措施。

第一百七十条 审计机关对审计决定书中存在的重要错误事项,应当予以纠正。

第一百七十一条 审计机关汇总审计整改情况,向本级政府报送关于审计工作报告中指出问题的整改情况的报告。

第六章 审计质量控制和责任

第一百七十二条 审计机关应当建立审计质量控制制度,以保证实现下列目标:

(一)遵守法律法规和本准则;

(二)作出恰当的审计结论;

(三)依法进行处理处罚。

第一百七十三条 审计机关应当针对下列要素建立审计质量控制制度:

(一)审计质量责任;

(二)审计职业道德;

(三)审计人力资源;

(四)审计业务执行;

(五)审计质量监控。

对前款第二、三、四项应当按照本准则第二至五章的有关要求建立审计质量控制制度。

第一百七十四条 审计机关实行审计组成员、审计组主审、审计组组长、审计机关业务部门、审理机构、总审计师和审计机关负责人对审计业务的分级质量控制。

第一百七十五条 审计组成员的工作职责包括:

(一)遵守本准则,保持审计独立性;

(二)按照分工完成审计任务,获取审计证据;

(三)如实记录实施的审计工作并报告工作结果;

(四)完成分配的其他工作。

第一百七十六条 审计组成员应当对下列事项承担责任：

（一）未按审计实施方案实施审计导致重大问题未被发现的；

（二）未按照本准则的要求获取审计证据导致审计证据不适当、不充分的；

（三）审计记录不真实、不完整的；

（四）对发现的重要问题隐瞒不报或者不如实报告的。

第一百七十七条 审计组组长的工作职责包括：

（一）编制或者审定审计实施方案；

（二）组织实施审计工作；

（三）督导审计组成员的工作；

（四）审核审计工作底稿和审计证据；

（五）组织编制并审核审计组起草的审计报告、审计决定书、审计移送处理书、专题报告、审计信息；

（六）配置和管理审计组的资源；

（七）审计机关规定的其他职责。

第一百七十八条 审计组组长应当从下列方面督导审计组成员的工作：

（一）将具体审计事项和审计措施等信息告知审计组成员，并与其讨论；

（二）检查审计组成员的工作进展，评估审计组成员的工作质量，并解决工作中存在的问题；

（三）给予审计组成员必要的培训和指导。

第一百七十九条 审计组组长应当对审计项目的总体质量负责，并对下列事项承担责任：

（一）审计实施方案编制或者组织实施不当，造成审计目标未实现或者重要问题未被发现的；

（二）审核未发现或者未纠正审计证据不适当、不充分问题的；

（三）审核未发现或者未纠正审计工作底稿不真实、不完整问题的；

（四）得出的审计结论不正确的；

（五）审计组起草的审计文书和审计信息反映的问题严重失实的；

（六）提出的审计处理处罚意见或者移送处理意见不正确的；

（七）对审计组发现的重要问题隐瞒不报或者不如实报告的；

（八）违反法定审计程序的。

第一百八十条 根据工作需要，审计组可以设立主审。主审根据审计分工和审计组组长的委托，主要履行下列职责：

（一）起草审计实施方案、审计文书和审计信息；

（二）对主要审计事项进行审计查证；

（三）协助组织实施审计；

（四）督导审计组成员的工作；

（五）审核审计工作底稿和审计证据；

（六）组织审计项目归档工作；

（七）完成审计组组长委托的其他工作。

第一百八十一条 审计组组长将其工作职责委托给主审或者审计组其他成员的，仍应当对委托事项承担责任。受委托的成员在受托范围内承担相应责任。

第一百八十二条 审计机关业务部门的工作职责包括：

（一）提出审计组组长人选；

（二）确定聘请外部人员事宜；

（三）指导、监督审计组的审计工作；

（四）复核审计报告、审计决定书等审计项目材料；

（五）审计机关规定的其他职责。

业务部门统一组织审计项目的，应当承担编制审计工作方案，组织、协调审计实施和汇总审计结果的职责。

第一百八十三条 审计机关业务部门应当及时发现和纠正审计组工作中存在的重要问题，并对下列事项承担责任：

（一）对审计组请示的问题未及时采取适当措施导致严重后果的；

（二）复核未发现审计报告、审计决定书等审计项目材料中存在的重要问题的；

（三）复核意见不正确的；

（四）要求审计组不在审计文书和审计信息中反映重要问题的。

业务部门对统一组织审计项目的汇总审计结果出现重大错误、造成严重不良影响的事项承担责任。

第一百八十四条　审计机关审理机构的工作职责包括：

（一）审查修改审计报告、审计决定书；

（二）提出审理意见；

（三）审计机关规定的其他职责。

第一百八十五条　审计机关审理机构对下列事项承担责任：

（一）审理意见不正确的；

（二）对审计报告、审计决定书作出的修改不正确的；

（三）审理时应当发现而未发现重要问题的。

第一百八十六条　审计机关负责人的工作职责包括：

（一）审定审计项目目标、范围和审计资源的配置；

（二）指导和监督检查审计工作；

（三）审定审计文书和审计信息；

（四）审计管理中的其他重要事项。

审计机关负责人对审计项目实施结果承担最终责任。

第一百八十七条　审计机关对审计人员违反法律法规和本准则的行为，应当按照相关规定追究其责任。

第一百八十八条　审计机关应当按照国家有关规定，建立健全审计项目档案管理制度，明确审计项目归档要求、保存期限、保存措施、档案利用审批程序等。

第一百八十九条　审计项目归档工作实行审计组组长负责制，审计组组长应当确定立卷责任人。

立卷责任人应当收集审计项目的文件材料，并在审计项目终结后及时立卷归档，由审计组组长审查验收。

第一百九十条　审计机关实行审计业务质量检查制度，对其业务部门、派出机构和下级审计机关的审计业务质量进行检查。

第一百九十一条 审计机关可以通过查阅有关文件和审计档案、询问相关人员等方式、方法,检查下列事项:

(一)建立和执行审计质量控制制度的情况;

(二)审计工作中遵守法律法规和本准则的情况;

(三)与审计业务质量有关的其他事项。

审计业务质量检查应当重点关注审计结论的恰当性、审计处理处罚意见的合法性和适当性。

第一百九十二条 审计机关开展审计业务质量检查,应当向被检查单位通报检查结果。

第一百九十三条 审计机关在审计业务质量检查中,发现被检查的派出机构或者下级审计机关应当作出审计决定而未作出的,可以依法直接或者责成其在规定期限内作出审计决定;发现其作出的审计决定违反国家有关规定的,可以依法直接或者责成其在规定期限内变更、撤销审计决定。

第一百九十四条 审计机关应当对其业务部门、派出机构实行审计业务年度考核制度,考核审计质量控制目标的实现情况。

第一百九十五条 审计机关可以定期组织优秀审计项目评选,对被评为优秀审计项目的予以表彰。

第一百九十六条 审计机关应当对审计质量控制制度及其执行情况进行持续评估,及时发现审计质量控制制度及其执行中存在的问题,并采取措施加以纠正或者改进。

审计机关可以结合日常管理工作或者通过开展审计业务质量检查、考核和优秀审计项目评选等方式,对审计质量控制制度及其执行情况进行持续评估。

第七章 附 则

第一百九十七条 审计机关和审计人员开展下列工作,不适用本准则的规定:

（一）配合有关部门查处案件；

（二）与有关部门共同办理检查事项；

（三）接受交办或者接受委托办理不属于法定审计职责范围的事项。

第一百九十八条 地方审计机关可以根据本地实际情况，在遵循本准则规定的基础上制定实施细则。

第一百九十九条 本准则由审计署负责解释。

第二百条 本准则自 2011 年 1 月 1 日起施行。附件所列的审计署以前发布的审计准则和规定同时废止。

中国内部审计准则

(中国内部审计协会公告 2013 年第 1 号)

目 录

第 1101 号——内部审计基本准则

第 1201 号——内部审计人员职业道德规范

第 2101 号内部审计具体准则——审计计划

第 2102 号内部审计具体准则——审计通知书

第 2103 号内部审计具体准则——审计证据

第 2104 号内部审计具体准则——审计工作底稿

第 2105 号内部审计具体准则——结果沟通

第 2106 号内部审计具体准则——审计报告

第 2107 号内部审计具体准则——后续审计

第 2108 号内部审计具体准则——审计抽样

第 2109 号内部审计具体准则——分析程序

第 2201 号内部审计具体准则——内部控制审计

第 2202 号内部审计具体准则——绩效审计

第 2203 号内部审计具体准则——信息系统审计

第 2204 号内部审计具体准则——对舞弊行为进行检查和报告

第 2301 号内部审计具体准则——内部审计机构的管理

第 2302 号内部审计具体准则——与董事会或者最高管理层的关系

第 2303 号内部审计具体准则——内部审计与外部审计的协调

第 2304 号内部审计具体准则——利用外部专家服务

第 2305 号内部审计具体准则——人际关系

第 2306 号内部审计具体准则——内部审计质量控制

第 2307 号内部审计具体准则——评价外部审计工作质量

第1101号——内部审计基本准则

第一章 总 则

第一条 为了规范内部审计工作,保证内部审计质量,明确内部审计机构和内部审计人员的责任,根据《审计法》及其实施条例,以及其他有关法律、法规和规章,制定本准则。

第二条 本准则所称内部审计,是一种独立、客观的确认和咨询活动,它通过运用系统、规范的方法,审查和评价组织的业务活动、内部控制和风险管理的适当性和有效性,以促进组织完善治理、增加价值和实现目标。

第三条 本准则适用于各类组织的内部审计机构、内部审计人员及其从事的内部审计活动。其他组织或者人员接受委托、聘用,承办或者参与内部审计业务,也应当遵守本准则。

第二章 一般准则

第四条 组织应当设置与其目标、性质、规模、治理结构等相适应的内部审计机构,并配备具有相应资格的内部审计人员。

第五条 内部审计的目标、职责和权限等内容应当在组织的内部审计章程中明确规定。

第六条 内部审计机构和内部审计人员应当保持独立性和客观性,不得负责被审计单位的业务活动、内部控制和风险管理的决策与执行。

第七条 内部审计人员应当遵守职业道德,在实施内部审计业务时保持应有的职业谨慎。

第八条 内部审计人员应当具备相应的专业胜任能力,并通过后续教育加以保持和提高。

第九条 内部审计人员应当履行保密义务,对于实施内部审计业务中所获取的信息保密。

第三章 作业准则

第十条 内部审计机构和内部审计人员应当全面关注组织风险，以风险为基础组织实施内部审计业务。

第十一条 内部审计人员应当充分运用重要性原则，考虑差异或者缺陷的性质、数量等因素，合理确定重要性水平。

第十二条 内部审计机构应当根据组织的风险状况、管理需要及审计资源的配置情况，编制年度审计计划。

第十三条 内部审计人员根据年度审计计划确定的审计项目，编制项目审计方案。

第十四条 内部审计机构应当在实施审计三日前，向被审计单位或者被审计人员送达审计通知书，做好审计准备工作。

第十五条 内部审计人员应当深入了解被审计单位的情况，审查和评价业务活动、内部控制和风险管理的适当性和有效性，关注信息系统对业务活动、内部控制和风险管理的影响。

第十六条 内部审计人员应当关注被审计单位业务活动、内部控制和风险管理中的舞弊风险，对舞弊行为进行检查和报告。

第十七条 内部审计人员可以运用审核、观察、监盘、访谈、调查、函证、计算和分析程序等方法，获取相关、可靠和充分的审计证据，以支持审计结论、意见和建议。

第十八条 内部审计人员应当在审计工作底稿中记录审计程序的执行过程，获取的审计证据，以及作出的审计结论。

第十九条 内部审计人员应当以适当方式提供咨询服务，改善组织的业务活动、内部控制和风险管理。

第四章 报告准则

第二十条 内部审计机构应当在实施必要的审计程序后，及时出具审计报告。

第二十一条　审计报告应当客观、完整、清晰,具有建设性并体现重要性原则。

第二十二条　审计报告应当包括审计概况、审计依据、审计发现、审计结论、审计意见和审计建议。

第二十三条　审计报告应当包含是否遵循内部审计准则的声明。如存在未遵循内部审计准则的情形,应当在审计报告中作出解释和说明。

第五章　内部管理准则

第二十四条　内部审计机构应当接受组织董事会或者最高管理层的领导和监督,并保持与董事会或者最高管理层及时、高效的沟通。

第二十五条　内部审计机构应当建立合理、有效的组织结构,多层级组织的内部审计机构可以实行集中管理或者分级管理。

第二十六条　内部审计机构应当根据内部审计准则及相关规定,结合本组织的实际情况制定内部审计工作手册,指导内部审计人员的工作。

第二十七条　内部审计机构应当对内部审计质量实施有效控制,建立指导、监督、分级复核和内部审计质量评估制度,并接受内部审计质量外部评估。

第二十八条　内部审计机构应当编制中长期审计规划、年度审计计划、本机构人力资源计划和财务预算。

第二十九条　内部审计机构应当建立激励约束机制,对内部审计人员的工作进行考核、评价和奖惩。

第三十条　内部审计机构应当在董事会或者最高管理层的支持和监督下,做好与外部审计的协调工作。

第三十一条　内部审计机构负责人应当对内部审计机构管理的适当性和有效性负主要责任。

第六章 附 则

第三十二条 本准则由中国内部审计协会发布并负责解释。

第三十三条 本准则自2014年1月1日起施行。

第1201号——内部审计人员职业道德规范

第一章 总 则

第一条 为了规范内部审计人员的职业行为,维护内部审计职业声誉,根据《审计法》及其实施条例,以及其他有关法律、法规和规章,制定本规范。

第二条 内部审计人员职业道德是内部审计人员在开展内部审计工作中应当具有的职业品德、应当遵守的职业纪律和应当承担的职业责任的总称。

第三条 内部审计人员从事内部审计活动时,应当遵守本规范,认真履行职责,不得损害国家利益、组织利益和内部审计职业声誉。

第二章 一般原则

第四条 内部审计人员在从事内部审计活动时,应当保持诚信正直。

第五条 内部审计人员应当遵循客观性原则,公正、不偏不倚地作出审计职业判断。

第六条 内部审计人员应当保持并提高专业胜任能力,按照规定参加后续教育。

第七条 内部审计人员应当遵循保密原则,按照规定使用其在履行职责时所获取的信息。

第八条 内部审计人员违反本规范要求的,组织应当批评教育,也可以视情节给予一定的处分。

第三章 诚信正直

第九条 内部审计人员在实施内部审计业务时,应当诚实、守信,不应有下列行为:

(一) 歪曲事实;

(二) 隐瞒审计发现的问题;

(三) 进行缺少证据支持的判断;

(四) 做误导性的或者含糊的陈述。

第十条 内部审计人员在实施内部审计业务时,应当廉洁、正直,不应有下列行为:

(一) 利用职权谋取私利;

(二) 屈从于外部压力,违反原则。

第四章 客观性

第十一条 内部审计人员实施内部审计业务时,应当实事求是,不得由于偏见、利益冲突而影响职业判断。

第十二条 内部审计人员实施内部审计业务前,应当采取下列步骤对客观性进行评估:

(一) 识别可能影响客观性的因素;

(二) 评估可能影响客观性因素的严重程度;

(三) 向审计项目负责人或者内部审计机构负责人报告客观性受损可能造成的影响。

第十三条 内部审计人员应当识别下列可能影响客观性的因素:

(一) 审计本人曾经参与过的业务活动;

(二) 与被审计单位存在直接利益关系;

(三) 与被审计单位存在长期合作关系;

(四) 与被审计单位管理层有密切的私人关系;

(五) 遭受来自组织内部和外部的压力;

(六) 内部审计范围受到限制;

（七）其他。

第十四条 内部审计机构负责人应当采取下列措施保障内部审计的客观性：

（一）提高内部审计人员的职业道德水准；

（二）选派适当的内部审计人员参加审计项目，并进行适当分工；

（三）采用工作轮换的方式安排审计项目及审计组；

（四）建立适当、有效的激励机制；

（五）制定并实施系统、有效的内部审计质量控制制度、程序和方法；

（六）当内部审计人员的客观性受到严重影响，且无法采取适当措施降低影响时，停止实施有关业务，并及时向董事会或者最高管理层报告。

第五章 专业胜任能力

第十五条 内部审计人员应当具备下列履行职责所需的专业知识、职业技能和实践经验：

（一）审计、会计、财务、税务、经济、金融、统计、管理、内部控制、风险管理、法律和信息技术等专业知识，以及与组织业务活动相关的专业知识；

（二）语言文字表达、问题分析、审计技术应用、人际沟通、组织管理等职业技能；

（三）必要的实践经验及相关职业经历。

第十六条 内部审计人员应当通过后续教育和职业实践等途径，了解、学习和掌握相关法律法规、专业知识、技术方法和审计实务的发展变化，保持和提升专业胜任能力。

第十七条 内部审计人员实施内部审计业务时，应当保持职业谨慎，合理运用职业判断。

第六章 保 密

第十八条 内部审计人员应当对实施内部审计业务所获取的信息保密,非因有效授权、法律规定或其他合法事由不得披露。

第十九条 内部审计人员在社会交往中,应当履行保密义务,警惕非故意泄密的可能性。

内部审计人员不得利用其在实施内部审计业务时获取的信息牟取不正当利益,或者以有悖于法律法规、组织规定及职业道德的方式使用信息。

第七章 附 则

第二十条 本规范由中国内部审计协会发布并负责解释。

第二十一条 本规范自 2014 年 1 月 1 日起施行。

第 2101 号内部审计具体准则——审计计划

第一章 总 则

第一条 为了规范审计计划的编制与执行,保证有计划、有重点地开展审计业务,提高审计质量和效率,根据《内部审计基本准则》,制定本准则。

第二条 本准则所称审计计划,是指内部审计机构和内部审计人员为完成审计业务,达到预期的审计目的,对审计工作或者具体审计项目作出的安排。

第三条 本准则适用于各类组织的内部审计机构、内部审计人员及其从事的内部审计活动。其他组织或者人员接受委托、聘用,承办或者参与内部审计业务,也应当遵守本准则。

第二章 一般原则

第四条 审计计划一般包括年度审计计划和项目审计方案。

年度审计计划是对年度预期要完成的审计任务所作的工作安排,是组织年度工作计划的重要组成部分。

项目审计方案是对实施具体审计项目所需要的审计内容、审计程序、人员分工、审计时间等作出的安排。

第五条 内部审计机构应当在本年度编制下年度审计计划,并报经组织董事会或者最高管理层批准;审计项目负责人应当在审计项目实施前编制项目审计方案,并报经内部审计机构负责人批准。

第六条 内部审计机构应当根据批准后的审计计划组织开展内部审计活动。在审计计划执行过程中,如有必要,应当按照规定的程序对审计计划进行调整。

第七条 内部审计机构负责人应当定期检查审计计划的执行情况。

第三章　年度审计计划

第八条 内部审计机构负责人负责年度审计计划的编制工作。

第九条 编制年度审计计划应当结合内部审计中长期规划,在对组织风险进行评估的基础上,根据组织的风险状况、管理需要和审计资源的配置情况,确定具体审计项目及时间安排。

第十条 年度审计计划应当包括下列基本内容:

(一)年度审计工作目标;

(二)具体审计项目及实施时间;

(三)各审计项目需要的审计资源;

(四)后续审计安排。

第十一条 内部审计机构在编制年度审计计划前,应当重点调查了解下列情况,以评价具体审计项目的风险:

(一)组织的战略目标、年度目标及业务活动重点;

(二)对相关业务活动有重大影响的法律、法规、政策、计划和合同;

(三)相关内部控制的有效性和风险管理水平;

（四）相关业务活动的复杂性及其近期变化；

（五）相关人员的能力及其岗位的近期变动；

（六）其他与项目有关的重要情况。

第十二条 内部审计机构负责人应当根据具体审计项目的性质、复杂程度及时间要求，合理安排审计资源。

第四章 项目审计方案

第十三条 内部审计机构应当根据年度审计计划确定的审计项目和时间安排，选派内部审计人员开展审计工作。

第十四条 审计项目负责人应当根据被审计单位的下列情况，编制项目审计方案：

（一）业务活动概况；

（二）内部控制、风险管理体系的设计及运行情况；

（三）财务、会计资料；

（四）重要的合同、协议及会议记录；

（五）上次审计结论、建议及后续审计情况；

（六）上次外部审计的审计意见；

（七）其他与项目审计方案有关的重要情况。

第十五条 项目审计方案应当包括下列基本内容：

（一）被审计单位、项目的名称；

（二）审计目标和范围；

（三）审计内容和重点；

（四）审计程序和方法；

（五）审计组成员的组成及分工；

（六）审计起止日期；

（七）对专家和外部审计工作结果的利用；

（八）其他有关内容。

第五章 附 则

第十六条 本准则由中国内部审计协会发布并负责解释。

第十七条 本准则自 2014 年 1 月 1 日起施行。

第 2102 号内部审计具体准则——审计通知书

第一章 总 则

第一条 为了规范审计通知书的编制与送达,根据《内部审计基本准则》,制定本准则。

第二条 本准则所称审计通知书,是指内部审计机构在实施审计之前,告知被审计单位或者人员接受审计的书面文件。

第三条 本准则适用于各类组织的内部审计机构、内部审计人员及其从事的内部审计活动。其他组织或者人员接受委托、聘用,承办或者参与的内部审计业务,也应当遵守本准则。

第二章 审计通知书的编制与送达

第四条 审计通知书应当包括下列内容:

(一)审计项目名称;

(二)被审计单位名称或者被审计人员姓名;

(三)审计范围和审计内容;

(四)审计时间;

(五)需要被审计单位提供的资料及其他必要的协助要求;

(六)审计组组长及审计组成员名单;

(七)内部审计机构的印章和签发日期。

第五条 内部审计机构应当根据经过批准后的年度审计计划和其他授权或者委托文件编制审计通知书。

第六条 内部审计机构应当在实施审计三日前,向被审计单位或者被审计人员送达审计通知书。特殊审计业务的审计通知书可以在实施审计时送达。

第七条 审计通知书送达被审计单位，必要时可以抄送组织内部相关部门。

经济责任审计项目的审计通知书送达被审计人员及其所在单位，并抄送有关部门。

第三章 附 则

第八条 本准则由中国内部审计协会发布并负责解释。

第九条 本准则自 2014 年 1 月 1 日起施行。

第 2103 号内部审计具体准则——审计证据

第一章 总 则

第一条 为了规范审计证据的获取及处理，保证审计证据的相关性、可靠性和充分性，根据《内部审计基本准则》，制定本准则。

第二条 本准则所称审计证据，是指内部审计人员在实施内部审计业务中，通过实施审计程序所获取的，用以证实审计事项，支持审计结论、意见和建议的各种事实依据。

第三条 本准则适用于各类组织的内部审计机构、内部审计人员及其从事的内部审计活动。其他组织或者人员接受委托、聘用，承办或者参与内部审计业务，也应当遵守本准则。

第二章 一般原则

第四条 内部审计人员应当依据不同的审计事项及其审计目标，获取不同种类的审计证据。

审计证据主要包括下列种类：

（一）书面证据；

（二）实物证据；

（三）视听证据；

（四）电子证据；

（五）口头证据；

（六）环境证据。

第五条 内部审计人员获取的审计证据应当具备相关性、可靠性和充分性。

相关性，即审计证据与审计事项及其具体审计目标之间具有实质性联系。

可靠性，即审计证据真实、可信。

充分性，即审计证据在数量上足以支持审计结论、意见和建议。

第六条 审计项目的各级复核人员应当在各自职责范围内对审计证据的相关性、可靠性和充分性予以复核。

第七条 内部审计人员在获取审计证据时，应当考虑下列基本因素：

（一）具体审计事项的重要性。内部审计人员应当从数量和性质两个方面判断审计事项的重要性，以做出获取审计证据的决策。

（二）可以接受的审计风险水平。证据的充分性与审计风险水平密切相关。可以接受的审计风险水平越低，所需证据的数量越多。

（三）成本与效益的合理程度。获取审计证据应当考虑成本与效益的对比，但对于重要审计事项，不应当将审计成本的高低作为减少必要审计程序的理由。

（四）适当的抽样方法。

第三章 审计证据的获取与处理

第八条 内部审计人员向有关单位和个人获取审计证据时，可以采用（但不限于）下列方法：

（一）审核；

（二）观察；

（三）监盘；

（四）访谈；

（五）调查；

（六）函证；

（七）计算；

（八）分析程序。

第九条 内部审计人员应当将获取的审计证据名称、来源、内容、时间等完整、清晰地记录于审计工作底稿中。

采集被审计单位电子数据作为审计证据的，内部审计人员应当记录电子数据的采集和处理过程。

第十条 内部审计机构可以聘请其他专业机构或者人员对审计项目的某些特殊问题进行鉴定，并将鉴定结论作为审计证据。内部审计人员应当对所引用鉴定结论的可靠性负责。

第十一条 对于被审计单位有异议的审计证据，内部审计人员应当进一步核实。

第十二条 内部审计人员获取的审计证据，如有必要，应当由证据提供者签名或者盖章。如果证据提供者拒绝签名或者盖章，内部审计人员应当注明原因和日期。

第十三条 内部审计人员应当对获取的审计证据进行分类、筛选和汇总，保证审计证据的相关性、可靠性和充分性。

第十四条 在评价审计证据时，应当考虑审计证据之间的相互印证关系及证据来源的可靠程度。

第四章 附 则

第十五条 本准则由中国内部审计协会发布并负责解释。

第十六条 本准则自 2014 年 1 月 1 日起施行。

第 2104 号内部审计具体准则——审计工作底稿

第一章 总 则

第一条 为了规范审计工作底稿的编制和使用，根据《内部审计基本准则》,制定本准则。

第二条 本准则所称审计工作底稿,是指内部审计人员在审计过程中所形成的工作记录。

第三条 本准则适用于各类组织的内部审计机构、内部审计人员及其从事的内部审计活动。其他组织或者人员接受委托、聘用,承办或者参与内部审计业务,也应当遵守本准则。

第二章 一般原则

第四条 内部审计人员在审计工作中应当编制审计工作底稿,以达到下列目的:

(一)为编制审计报告提供依据;
(二)证明审计目标的实现程度;
(三)为检查和评价内部审计工作质量提供依据;
(四)证明内部审计机构和内部审计人员是否遵循内部审计准则;
(五)为以后的审计工作提供参考。

第五条 审计工作底稿应当内容完整、记录清晰、结论明确,客观地反映项目审计方案的编制及实施情况,以及与形成审计结论、意见和建议有关的所有重要事项。

第六条 内部审计机构应当建立审计工作底稿的分级复核制度,明确规定各级复核人员的要求和责任。

第三章 审计工作底稿的编制与复核

第七条 审计工作底稿主要包括下列要素:

(一)被审计单位的名称;
(二)审计事项及其期间或者截止日期;
(三)审计程序的执行过程及结果记录;
(四)审计结论、意见及建议;
(五)审计人员姓名和审计日期;
(六)复核人员姓名、复核日期和复核意见;

（七）索引号及页次；

（八）审计标识与其他符号及其说明等。

第八条 项目审计方案的编制及调整情况应当编制审计工作底稿。

第九条 审计工作底稿中可以使用各种审计标识，但应当注明含义并保持前后一致。

第十条 审计工作底稿应当注明索引编号和顺序编号。相关审计工作底稿之间如存在勾稽关系，应当予以清晰反映，相互引用时应当交叉注明索引编号。

第十一条 审计工作底稿的复核工作应当由比审计工作底稿编制人员职位更高或者经验更为丰富的人员承担。

第十二条 如果发现审计工作底稿存在问题，复核人员应当在复核意见中加以说明，并要求相关人员补充或者修改审计工作底稿。

第十三条 在审计业务执行过程中，审计项目负责人应当加强对审计工作底稿的现场复核。

第四章　审计工作底稿的归档与保管

第十四条 内部审计人员在审计项目完成后，应当及时对审计工作底稿进行分类整理，按照审计工作底稿相关规定进行归档、保管和使用。

第十五条 审计工作底稿归组织所有，由内部审计机构或者组织内部有关部门具体负责保管。

第十六条 内部审计机构应当建立审计工作底稿保管制度。如果内部审计机构以外的组织或者个人要求查阅审计工作底稿，必须经内部审计机构负责人或者其主管领导批准，但国家有关部门依法进行查阅的除外。

第五章　附　　则

第十七条 本准则由中国内部审计协会发布并负责解释。

第十八条 本准则自 2014 年 1 月 1 日起实行。

第 2105 号内部审计具体准则——结果沟通

第一章 总 则

第一条 为了规范内部审计的结果沟通,保证审计工作质量,根据《内部审计基本准则》,制定本准则。

第二条 本准则所称结果沟通,是指内部审计机构与被审计单位、组织适当管理层就审计概况、审计依据、审计发现、审计结论、审计意见和审计建议进行的讨论和交流。

第三条 本准则适用于各类组织的内部审计机构、内部审计人员及其从事的内部审计活动。其他组织或者人员接受委托、聘用,承办或者参与内部审计业务,也应当遵守本准则。

第二章 一般原则

第四条 结果沟通的目的,是提高审计结果的客观性、公正性,并取得被审计单位、组织适当管理层的理解和认同。

第五条 内部审计机构应当建立审计结果沟通制度,明确各级人员的责任,进行积极有效的沟通。

第六条 内部审计机构应当与被审计单位、组织适当管理层进行认真、充分的沟通,听取其意见。

第七条 结果沟通一般采取书面或者口头方式。

第八条 内部审计机构应当在审计报告正式提交之前进行审计结果的沟通。

第九条 内部审计机构应当将结果沟通的有关书面材料作为审计工作底稿归档保存。

第三章 结果沟通的内容

第十条 结果沟通主要包括下列内容:

（一）审计概况；

（二）审计依据；

（三）审计发现；

（四）审计结论；

（五）审计意见；

（六）审计建议。

第十一条 如果被审计单位对审计结果有异议，审计项目负责人及相关人员应当进行核实和答复。

第十二条 内部审计机构负责人应当与组织适当管理层就审计过程中发现的重大问题及时进行沟通。

第十三条 内部审计机构与被审计单位进行结果沟通时，应当注意沟通技巧。

第四章　附　则

第十四条 本准则由中国内部审计协会发布并负责解释。

第十五条 本准则自 2014 年 1 月 1 日起施行。

第 2106 号内部审计具体准则——审计报告

第一章　总　则

第一条 为了规范审计报告的编制、复核和报送，根据《内部审计基本准则》，制定本准则。

第二条 本准则所称审计报告，是指内部审计人员根据审计计划对被审计单位实施必要的审计程序后，就被审计事项作出审计结论，提出审计意见和审计建议的书面文件。

第三条 本准则适用于各类组织的内部审计机构、内部审计人员及其从事的内部审计活动。其他组织或者人员接受委托、聘用、承办或者参与内部审计业务，也应当遵守本准则。

第二章 一般原则

第四条 内部审计人员应当在审计实施结束后,以经过核实的审计证据为依据,形成审计结论、意见和建议,出具审计报告。如有必要,内部审计人员可以在审计过程中提交期中报告,以便及时采取有效的纠正措施改善业务活动、内部控制和风险管理。

第五条 审计报告的编制应当符合下列要求:

(一)实事求是、不偏不倚地反映被审计事项的事实;

(二)要素齐全、格式规范,完整反映审计中发现的重要问题;

(三)逻辑清晰、用词准确、简明扼要、易于理解;

(四)充分考虑审计项目的重要性和风险水平,对于重要事项应当重点说明;

(五)针对被审计单位业务活动、内部控制和风险管理中存在的主要问题或者缺陷提出可行的改进建议,以促进组织实现目标。

第六条 内部审计机构应当建立健全审计报告分级复核制度,明确规定各级复核人员的要求和责任。

第三章 审计报告的内容

第七条 审计报告主要包括下列要素:

(一)标题;

(二)收件人;

(三)正文;

(四)附件;

(五)签章;

(六)报告日期;

(七)其他。

第八条 审计报告的正文主要包括下列内容:

(一)审计概况,包括审计目标、审计范围、审计内容及重点、审计方法、审计程序及审计时间等;

（二）审计依据，即实施审计所依据的相关法律法规、内部审计准则等规定；

（三）审计发现，即对被审计单位的业务活动、内部控制和风险管理实施审计过程中所发现的主要问题的事实；

（四）审计结论，即根据已查明的事实，对被审计单位业务活动、内部控制和风险管理所作的评价；

（五）审计意见，即针对审计发现的主要问题提出的处理意见；

（六）审计建议，即针对审计发现的主要问题，提出的改善业务活动、内部控制和风险管理的建议。

第九条　审计报告的附件应当包括针对审计过程、审计中发现问题所作出的具体说明，以及被审计单位的反馈意见等内容。

第四章　审计报告的编制、复核与报送

第十条　审计组应当在实施必要的审计程序后，及时编制审计报告，并征求被审计对象的意见。

第十一条　被审计单位对审计报告有异议的，审计项目负责人及相关人员应当核实，必要时应当修改审计报告。

第十二条　审计报告经过必要的修改后，应当连同被审计单位的反馈意见及时报送内部审计机构负责人复核。

第十三条　内部审计机构应当将审计报告提交被审计单位和组织适当管理层，并要求被审计单位在规定的期限内落实纠正措施。

第十四条　已经出具的审计报告如果存在重要错误或者遗漏，内部审计机构应当及时更正，并将更正后的审计报告提交给原审计报告接收者。

第十五条　内部审计机构应当将审计报告及时归入审计档案，妥善保存。

第五章　附　则

第十六条　本准则由中国内部审计协会发布并负责解释。

第十七条 本准则自 2014 年 1 月 1 日起施行。

第 2107 号内部审计具体准则——后续审计

第一章 总 则

第一条 为了规范后续审计活动,提高审计效果,根据《内部审计基本准则》,制定本准则。

第二条 本准则所称后续审计,是指内部审计机构为跟踪检查被审计单位针对审计发现的问题所采取的纠正措施及其改进效果,而进行的审查和评价活动。

第三条 本准则适用于各类组织的内部审计机构、内部审计人员及其从事的内部审计活动。其他组织或者人员接受委托、聘用、承办或者参与内部审计业务,也应当遵守本准则。

第二章 一般原则

第四条 对审计中发现的问题采取纠正措施,是被审计单位管理层的责任。评价被审计单位管理层所采取的纠正措施是否及时、合理、有效,是内部审计人员的责任。

第五条 内部审计机构可以在规定期限内,或者与被审计单位约定的期限内实施后续审计。

第六条 内部审计机构负责人可以适时安排后续审计工作,并将其列入年度审计计划。

第七条 内部审计机构负责人如果初步认定被审计单位管理层对审计发现的问题已采取了有效的纠正措施,可以将后续审计作为下次审计工作的一部分。

第八条 当被审计单位基于成本或者其他方面考虑,决定对审计发现的问题不采取纠正措施并做出书面承诺时,内部审计机构负责人应当向组织董事会或者最高管理层报告。

第三章 后续审计程序

第九条 审计项目负责人应当编制后续审计方案,对后续审计作出安排。

第十条 编制后续审计方案时应当考虑下列因素:

(一) 审计意见和审计建议的重要性;

(二) 纠正措施的复杂性;

(三) 落实纠正措施所需要的时间和成本;

(四) 纠正措施失败可能产生的影响;

(五) 被审计单位的业务安排和时间要求。

第十一条 对于已采取纠正措施的事项,内部审计人员应当判断是否需要深入检查,必要时可以提出应在下次审计中予以关注。

第十二条 内部审计人员应当根据后续审计的实施过程和结果编制后续审计报告。

第四章 附 则

第十三条 本准则由中国内部审计协会发布并负责解释。

第十四条 本准则自 2014 年 1 月 1 日起施行。

第 2108 号内部审计具体准则——审计抽样

第一章 总 则

第一条 为了规范内部审计人员运用审计抽样方法,提高审计质量和效率,根据《内部审计基本准则》,制定本准则。

第二条 本准则所称审计抽样,是指内部审计人员在审计业务实施过程中,从被审查和评价的审计总体中抽取一定数量具有代表性的样本进行测试,以样本审查结果推断总体特征,并作出审计结论的一种审计方法。

第三条 本准则适用于各类组织的内部审计机构、内部审计人员及其从事的内部审计活动。其他组织或者人员接受委托、聘用,承办或者参与内部审计业务,也应当遵守本准则。

第二章 一般原则

第四条 确定抽样总体、选择抽样方法时应当以审计目标为依据,并考虑被审计单位及审计项目的具体情况。

第五条 抽样总体的确定应当遵循相关性、充分性和经济性原则。

相关性是指抽样总体与审计对象及其审计目标相关;充分性是指抽样总体能够在数量上代表审计项目的实际情况;经济性是指抽样总体的确定符合成本效益原则。

第六条 审计抽样方法包括统计抽样和非统计抽样。在审计抽样过程中,可以采用统计抽样方法,也可以采用非统计抽样方法,或者两种方法结合使用。

第七条 选取的样本应当有代表性,具有与审计总体相似的特征。

第八条 内部审计人员在选取样本时,应当对业务活动中存在重大差异或者缺陷的风险以及审计过程中的检查风险进行评估,并充分考虑因抽样引起的抽样风险及其他因素引起的非抽样风险。

第九条 抽样结果的评价应当从定量和定性两个方面进行,并以此为依据合理推断审计总体特征。

第三章 抽样程序和方法

第十条 审计抽样的一般程序包括下列步骤:

(一)根据审计目标及审计对象的特征制定审计抽样方案;

(二)选取样本;

(三)对样本进行审查;

(四)评价抽样结果;

(五)根据抽样结果推断总体特征;

(六)形成审计结论。

第十一条 审计抽样方案包括下列主要内容:

（一）审计总体，是指由审计对象的各个单位组成的整体；

（二）抽样单位，是指从审计总体中抽取并代表总体的各个单位；

（三）样本，是指在抽样过程中从审计总体中抽取的部分单位组成的整体；

（四）误差，是指业务活动、内部控制和风险管理中存在的差异或者缺陷；

（五）可容忍误差，是指内部审计人员可以接受的差异或者缺陷的最大程度；

（六）预计总体误差，是指内部审计人员预先估计的审计总体中存在的差异或者缺陷；

（七）可靠程度，是指预计抽样结果能够代表审计总体质量特征的概率；

（八）抽样风险，是指内部审计人员依据抽样结果得出的结论与总体特征不相符合的可能性；

（九）样本量，是指为了能使内部审计人员对审计总体作出审计结论所抽取样本单位的数量；

（十）其他因素。

第十二条　内部审计人员应当根据审计重要性水平，合理确定预计总体误差、可容忍误差和可靠程度。

第十三条　内部审计人员应当根据审计目标和审计对象的特征，选择确定审计抽样方法。

统计抽样，是指以数理统计方法为基础，按照随机原则从总体中选取样本进行审查，并对总体特征进行推断的审计抽样方法。主要包括发现抽样、连续抽样等属性抽样方法，以及单位均值抽样、差异估计抽样和货币单位抽样等变量抽样方法。

非统计抽样，是指内部审计人员根据自己的专业判断和经验抽取样本进行审查，并对总体特征进行推断的审计抽样方法。

统计抽样和非统计抽样审计方法相互结合使用，可以降低抽样风险。

第十四条 内部审计人员应当根据下列要素确定样本量：

（一）审计总体。审计总体的量越大，所需要的样本量越多；

（二）可容忍误差。可容忍误差越大，所需样本量越少；

（三）预计总体误差。预计总体误差越大，所需样本量越多；

（四）抽样风险。抽样风险越小，所需样本量越多；

（五）可靠程度。可靠程度越大，所需样本量越多。

第十五条 内部审计人员可以运用下列方法选取样本：

（一）随机数表选样法；

（二）系统选样法；

（三）分层选样法；

（四）整群选样法；

（五）任意选样法。

第十六条 内部审计人员在选取样本之后，应当对样本进行审查，获取相关、可靠和充分的审计证据。

第四章　抽样结果的评价

第十七条 内部审计人员应当根据预先确定的误差构成条件，确定存在误差的样本。

第十八条 内部审计人员应当对抽样风险和非抽样风险进行评估，以防止对审计总体作出不恰当的审计结论。

第十九条 抽样风险主要包括两类：

（一）误受风险，是指样本结果表明审计项目不存在重大差异或者缺陷，而实际上却存在着重大差异或者缺陷的可能性；

（二）误拒风险，是指样本结果表明审计项目存在重大差异或者缺陷，而实际上并没有存在重大差异或者缺陷的可能性。

第二十条 非抽样风险是由抽样之外的其他因素造成的风险，一般包括下列原因：

（一）审计程序设计及执行不恰当；

（二）抽样过程没有按照规范程序执行；

（三）样本审查结果解释错误；

（四）审计人员业务能力不足；

（五）其他原因。

第二十一条 内部审计人员应当根据样本误差，采用适当的方法，推断审计总体误差。

第二十二条 内部审计人员应当根据抽样结果的评价，确定审计证据是否足以证实某一审计总体特征。如果推断的总体误差超过可容忍误差，应当增加样本量或者执行替代审计程序。

第二十三条 内部审计人员在上述评价的基础上还应当考虑误差性质、误差产生的原因，以及误差对其他审计项目可能产生的影响等。

第五章 附 则

第二十四条 本准则由中国内部审计协会发布并负责解释。

第二十五条 本准则自2014年1月1日起施行。

第2109号内部审计具体准则——分析程序

第一章 总 则

第一条 为了规范内部审计人员执行分析程序的行为，提高审计质量和效率，根据《内部审计基本准则》，制定本准则。

第二条 本准则所称分析程序，是指内部审计人员通过分析和比较信息之间的关系或者计算相关的比率，以确定合理性，并发现潜在差异和漏洞的一种审计方法。

第三条 本准则适用于各类组织的内部审计机构、内部审计人员及其从事的内部审计活动。其他组织或者人员接受委托、聘用，承办或者参与内部审计业务，也应当遵守本准则。

第二章 一般原则

第四条 内部审计人员应当合理运用职业判断，根据需要在审计过程中执行分析程序。

第五条 内部审计人员执行分析程序,有助于实现下列目标:

(一)确认业务活动信息的合理性;

(二)发现差异;

(三)分析潜在的差异和漏洞;

(四)发现不合法和不合规行为的线索。

第六条 内部审计人员通过执行分析程序,能够获取与下列事项相关的证据:

(一)被审计单位的持续经营能力;

(二)被审计事项的总体合理性;

(三)业务活动、内部控制和风险管理中差异和漏洞的严重程度;

(四)业务活动的经济性、效率性和效果性;

(五)计划、预算的完成情况;

(六)其他事项。

第七条 分析程序所使用的信息按其存在的形式划分,主要包括下列内容:

(一)财务信息和非财务信息;

(二)实物信息和货币信息;

(三)电子数据信息和非电子数据信息;

(四)绝对数信息和相对数信息。

第八条 执行分析程序时,应当考虑信息之间的相关性,以免得出不恰当的审计结论。

第九条 内部审计人员应当保持应有的职业谨慎,在确定对分析程序结果的依赖程度时,需要考虑下列因素:

(一)分析程序的目标;

(二)被审计单位的性质及其业务活动的复杂程度;

(三)已收集信息资料的相关性、可靠性和充分性;

(四)以往审计中对被审计单位内部控制、风险管理的评价结果;

(五)以往审计中发现的差异和漏洞。

第三章 分析程序的执行

第十条 分析程序一般包括下列基本内容：

（一）将当期信息与历史信息相比较，分析其波动情况及发展趋势；

（二）将当期信息与预测、计划或者预算信息相比较，并作差异分析；

（三）将当期信息与内部审计人员预期信息相比较，分析差异；

（四）将被审计单位信息与组织其他部门类似信息相比较，分析差异；

（五）将被审计单位信息与行业相关信息相比较，分析差异；

（六）对财务信息与非财务信息之间的关系、比率的计算与分析；

（七）对重要信息内部组成因素的关系、比率的计算与分析。

第十一条 分析程序主要包括下列具体方法：

（一）比较分析；

（二）比率分析；

（三）结构分析；

（四）趋势分析；

（五）回归分析；

（六）其他技术方法。

内部审计人员可以根据审计目标和审计事项单独或者综合运用以上方法。

第十二条 内部审计人员需要在审计计划阶段执行分析程序，以了解被审计事项的基本情况，确定审计重点。

第十三条 内部审计人员需要在审计实施阶段执行分析程序，对业务活动、内部控制和风险管理进行审查，以获取审计证据。

第十四条 内部审计人员需要在审计终结阶段执行分析程序，验证其他审计程序所得结论的合理性，以保证审计质量。

第四章 对分析程序结果的利用

第十五条 内部审计人员应当考虑下列影响分析程序效率和效果的因素：

（一）被审计事项的重要性；

（二）内部控制、风险管理的适当性和有效性；

（三）获取信息的便捷性和可靠性；

（四）分析程序执行人员的专业素质；

（五）分析程序操作的规范性。

第十六条 内部审计人员执行分析程序发现差异时，应当采用下列方法对其进行调查和评价：

（一）询问管理层获取其解释和答复；

（二）实施必要的审计程序，确认管理层解释和答复的合理性与可靠性；

（三）如果管理层没有作出恰当解释，应当扩大审计范围，执行其他审计程序，实施进一步审查，以便得出审计结论。

第五章 附 则

第十七条 本准则由中国内部审计协会发布并负责解释。

第十八条 本准则自 2014 年 1 月 1 日起施行。

第 2201 号内部审计具体准则——内部控制审计

第一章 总 则

第一条 为了规范内部审计人员实施内部控制审计的行为，保证内部控制审计质量，根据《内部审计基本准则》，制定本准则。

第二条 本准则所称内部控制审计，是指内部审计机构对组织内部控制设计和运行的有效性进行的审查和评价活动。

第三条 本准则适用于各类组织的内部审计机构、内部审计人员及其从事的内部控制审计活动。其他组织或者人员接受委托、聘用,承办或者参与内部审计业务,也应当遵守本准则。

第二章 一般原则

第四条 董事会及管理层的责任是建立、健全内部控制并使之有效运行。

内部审计的责任是对内部控制设计和运行的有效性进行审查和评价,出具客观、公正的审计报告,促进组织改善内部控制及风险管理。

第五条 内部控制审计应当以风险评估为基础,根据风险发生的可能性和对组织单个或者整体控制目标造成的影响程度,确定审计的范围和重点。

内部审计人员应当关注串通舞弊、滥用职权、环境变化和成本效益等内部控制的局限性。

第六条 内部控制审计应当在对内部控制全面评价的基础上,关注重要业务单位、重大业务事项和高风险领域的内部控制。

第七条 内部控制审计应当真实、客观地揭示经营管理的风险状况,如实反映内部控制设计和运行的情况。

第八条 内部控制审计按其范围划分,分为全面内部控制审计和专项内部控制审计。

全面内部控制审计,是针对组织所有业务活动的内部控制,包括内部环境、风险评估、控制活动、信息与沟通、内部监督五个要素所进行的全面审计。

专项内部控制审计,是针对组织内部控制的某个要素、某项业务活动或者业务活动某些环节的内部控制所进行的审计。

第三章 内部控制审计的内容

第九条 内部审计机构可以参考《企业内部控制基本规范》及配套指引的相关规定,根据组织的实际情况和需要,通过审查内部环境、风险评估、控制活动、信息与沟通、内部监督等要素,对组织层面内部控制的设计与运行情况进行审查和评价。

第十条 内部审计人员开展内部环境要素审计时,应当以《企业内部控制基本规范》和各项应用指引中有关内部环境要素的规定为依据,关注组织架构、发展战略、人力资源、组织文化、社会责任等,结合本组织的内部控制,对内部环境进行审查和评价。

第十一条 内部审计人员开展风险评估要素审计时,应当以《企业内部控制基本规范》有关风险评估的要求,以及各项应用指引中所列主要风险为依据,结合本组织的内部控制,对日常经营管理过程中的风险识别、风险分析、应对策略等进行审查和评价。

第十二条 内部审计人员开展控制活动要素审计时,应当以《企业内部控制基本规范》和各项应用指引中关于控制活动的规定为依据,结合本组织的内部控制,对相关控制活动的设计和运行情况进行审查和评价。

第十三条 内部审计人员开展信息与沟通要素审计时,应当以《企业内部控制基本规范》和各项应用指引中有关内部信息传递、财务报告、信息系统等规定为依据,结合本组织的内部控制,对信息收集处理和传递的及时性、反舞弊机制的健全性、财务报告的真实性、信息系统的安全性,以及利用信息系统实施内部控制的有效性进行审查和评价。

第十四条 内部审计人员开展内部监督要素审计时,应当以《企业内部控制基本规范》有关内部监督的要求,以及各项应用指引中有关日常管控的规定为依据,结合本组织的内部控制,对内部监督机制的有效性进行审查和评价,重点关注监事会、审计委员会、内部审计机构等是否在内部控制设计和运行中有效发挥监督作用。

第十五条 内部审计人员根据管理需求和业务活动的特点,可以针对采购业务、资产管理、销售业务、研究与开发、工程项目、担保业务、业务外包、财务报告、全面预算、合同管理、信息系统等,对业务层面内部控制的设计和运行情况进行审查和评价。

第四章　内部控制审计的具体程序与方法

第十六条　内部控制审计主要包括下列程序：

（一）编制项目审计方案；

（二）组成审计组；

（三）实施现场审查；

（四）认定控制缺陷；

（五）汇总审计结果；

（六）编制审计报告。

第十七条　内部审计人员在实施现场审查之前，可以要求被审计单位提交最近一次的内部控制自我评估报告。

内部审计人员应当结合内部控制自我评估报告，确定审计内容及重点，实施内部控制审计。

第十八条　内部审计机构可以适当吸收组织内部相关机构熟悉情况的业务人员参加内部控制审计。

第十九条　内部审计人员应当综合运用访谈、问卷调查、专题讨论、穿行测试、实地查验、抽样和比较分析等方法，充分收集组织内部控制设计和运行是否有效的证据。

第二十条　内部审计人员编制审计工作底稿应当详细记录实施内部控制审计的内容，包括审查和评价的要素、主要风险点、采取的控制措施、有关证据资料，以及内部控制缺陷认定结果等。

第五章　内部控制缺陷的认定

第二十一条　内部控制缺陷包括设计缺陷和运行缺陷。内部审计人员应当根据内部控制审计结果，结合相关管理层的自我评估，综合分析后提出内部控制缺陷认定意见，按照规定的权限和程序进行审核后予以认定。

第二十二条　内部审计人员应当根据获取的证据，对内部控制缺陷进行初步认定，并按照其性质和影响程度分为重大缺陷、重要缺陷和一般缺陷。

重大缺陷，是指一个或者多个控制缺陷的组合，可能导致组织严重偏离控制目标。重要缺陷，是指一个或者多个控制缺陷的组合，其严重程度和经济后果低于重大缺陷，但仍有可能导致组织偏离控制目标。一般缺陷，是指除重大缺陷、重要缺陷之外的其他缺陷。

重大缺陷、重要缺陷和一般缺陷的认定标准，由内部审计机构根据上述要求，结合本组织具体情况确定。

第二十三条　内部审计人员应当编制内部控制缺陷认定汇总表，对内部控制缺陷及其成因、表现形式和影响程度进行综合分析和全面复核，提出认定意见，并以适当的形式向组织适当管理层报告。重大缺陷应当及时向组织董事会或者最高管理层报告。

第六章　内部控制审计报告

第二十四条　内部控制审计报告的内容，应当包括审计目标、依据、范围、程序与方法、内部控制缺陷认定及整改情况，以及内部控制设计和运行有效性的审计结论、意见、建议等相关内容。

第二十五条　内部审计机构应当向组织适当管理层报告内部控制审计结果。一般情况下，全面内部控制审计报告应当报送组织董事会或者最高管理层。包含有重大缺陷认定的专项内部控制审计报告在报送组织适当管理层的同时，也应当报送董事会或者最高管理层。

第二十六条　经董事会或者最高管理层批准，内部控制审计报告可以作为《企业内部控制评价指引》中要求的内部控制评价报告对外披露。

第七章　附　则

第二十七条　本准则由中国内部审计协会发布并负责解释。

第二十八条　本准则自2014年1月1日起施行。

第2202号内部审计具体准则——绩效审计

第一章 总　则

第一条 为了规范绩效审计工作,提高绩效审计质量和效率,根据《内部审计基本准则》,制定本准则。

第二条 本准则所称绩效审计,是指内部审计机构和内部审计人员对本组织经营管理活动的经济性、效率性和效果性进行的审查和评价。

经济性,是指组织经营管理过程中获得一定数量和质量的产品或者服务及其他成果时所耗费的资源最少;效率性,是指组织经营管理过程中投入资源与产出成果之间的对比关系;效果性,是指组织经营管理目标的实现程度。

第三条 本准则适用于各类组织的内部审计机构、内部审计人员及其从事的绩效审计活动。其他组织或者人员接受委托、聘用、承办或者参与内部审计业务,也应当遵守本准则。

第二章　一般原则

第四条 内部审计机构应当充分考虑实施绩效审计项目对内部审计人员专业胜任能力的需求,合理配置审计资源。

第五条 组织各管理层根据授权承担相应的经营管理责任,对经营管理活动的经济性、效率性和效果性负责。内部审计机构开展绩效审计不能减轻或者替代管理层的责任。

第六条 内部审计机构和内部审计人员根据实际需要选择和确定绩效审计对象,既可以针对组织的全部或者部分经营管理活动,也可以针对特定项目和业务。

第三章　绩效审计的内容

第七条 根据实际情况和需要,绩效审计可以同时对组织经营管理活动的经济性、效率性和效果性进行审查和评价,也可以只侧重某一方面进行审查和评价。

第八条 绩效审计主要审查和评价下列内容:

(一)有关经营管理活动经济性、效率性和效果性的信息是否真实、可靠;

(二)相关经营管理活动的人、财、物、信息、技术等资源取得、配置和使用的合法性、合理性、恰当性和节约性;

(三)经营管理活动既定目标的适当性、相关性、可行性和实现程度,以及未能实现既定目标的情况及其原因;

(四)研发、财务、采购、生产、销售等主要业务活动的效率;

(五)计划、决策、指挥、控制及协调等主要管理活动的效率;

(六)经营管理活动预期的经济效益和社会效益等的实现情况;

(七)组织为评价、报告和监督特定业务或者项目的经济性、效率性和效果性所建立的内部控制及风险管理体系的健全性及其运行的有效性;

(八)其他有关事项。

第四章 绩效审计的方法

第九条 内部审计机构和内部审计人员应当依据重要性、审计风险和审计成本,选择与审计对象、审计目标及审计评价标准相适应的绩效审计方法,以获取相关、可靠和充分的审计证据。

第十条 选择绩效审计方法时,除运用常规审计方法以外,还可以运用下列方法:

(一)数量分析法,即对经营管理活动相关数据进行计算分析,并运用抽样技术对抽样结果进行评价的方法;

(二)比较分析法,即通过分析、比较数据间的关系、趋势或者比率获取审计证据的方法;

(三)因素分析法,即查找产生影响的因素,并分析各个因素的影响方向和影响程度的方法;

(四)量本利分析法,即分析一定期间内的业务量、成本和利润三

者之间变量关系的方法;

(五)专题讨论会,即通过召集组织相关管理人员就经营管理活动特定项目或者业务的具体问题进行讨论的方法;

(六)标杆法,即对经营管理活动状况进行观察和检查,通过与组织内外部相同或者相似经营管理活动的最佳实务进行比较的方法;

(七)调查法,即凭借一定的手段和方式(如访谈、问卷),对某种或者某几种现象、事实进行考察,通过对搜集到的各种资料进行分析处理,进而得出结论的方法;

(八)成本效益(效果)分析法,即通过分析成本和效益(效果)之间的关系,以每单位效益(效果)所消耗的成本来评价项目效益(效果)的方法;

(九)数据包络分析法,即以相对效率概念为基础,以凸分析和线性规划为工具,应用数学规划模型计算比较决策单元之间的相对效率,对评价对象做出评价的方法;

(十)目标成果法,即根据实际产出成果评价被审计单位或者项目的目标是否实现,将产出成果与事先确定的目标和需求进行对比,确定目标实现程度的方法;

(十一)公众评价法,即通过专家评估、公众问卷及抽样调查等方式,获取具有重要参考价值的证据信息,评价目标实现程度的方法。

第五章 绩效审计的评价标准

第十一条 内部审计机构和内部审计人员应当选择适当的绩效审计评价标准。

绩效审计评价标准应当具有可靠性、客观性和可比性。

第十二条 绩效审计评价标准的来源主要包括:

(一)有关法律法规、方针、政策、规章制度等的规定;

(二)国家部门、行业组织公布的行业指标;

(三)组织制定的目标、计划、预算、定额等;

(四)同类指标的历史数据和国际数据;

(五)同行业的实践标准、经验和做法。

第十三条 内部审计机构和内部审计人员在确定绩效审计评价标准时,应当与组织管理层进行沟通,在双方认可的基础上确定绩效审计评价标准。

第六章 绩效审计报告

第十四条 绩效审计报告应当反映绩效审计评价标准的选择、确定及沟通过程等重要信息,包括必要的局限性分析。

第十五条 绩效审计报告中的绩效评价应当根据审计目标和审计证据作出,可以分为总体评价和分项评价。当审计风险较大,难以做出总体评价时,可以只做分项评价。

第十六条 绩效审计报告中反映的合法、合规性问题,除进行相应的审计处理外,还应当侧重从绩效的角度对问题进行定性,描述问题对绩效造成的影响、后果及严重程度。

第十七条 绩效审计报告应当注重从体制、机制、制度上分析问题产生的根源,兼顾短期目标和长期目标、个体利益和组织整体利益,提出切实可行的建议。

第七章 附 则

第十八条 本准则由中国内部审计协会发布并负责解释。

第十九条 本准则自 2014 年 1 月 1 日起施行。

第 2203 号内部审计具体准则——信息系统审计

第一章 总 则

第一条 为了规范信息系统审计工作,提高审计质量和效率,根据《内部审计基本准则》,制定本准则。

第二条 本准则所称信息系统审计,是指内部审计机构和内部审计人员对组织的信息系统及其相关的信息技术内部控制和流程所进行的审查与评价活动。

第三条 本准则适用于各类组织的内部审计机构、内部审计人员及其从事的信息系统审计活动。其他组织或者人员接受委托、聘用,承办或者参与内部审计业务,也应当遵守本准则。

第二章 一般原则

第四条 信息系统审计的目的是通过实施信息系统审计工作,对组织是否实现信息技术管理目标进行审查和评价,并基于评价意见提出管理建议,协助组织信息技术管理人员有效地履行职责。

组织的信息技术管理目标主要包括:

(一)保证组织的信息技术战略充分反映组织的战略目标;

(二)提高组织所依赖的信息系统的可靠性、稳定性、安全性及数据处理的完整性和准确性;

(三)提高信息系统运行的效果与效率,合理保证信息系统的运行符合法律法规以及相关监管要求。

第五条 组织中信息技术管理人员的责任是进行信息系统的开发、运行和维护,以及与信息技术相关的内部控制的设计、执行和监控;信息系统审计人员的责任是实施信息系统审计工作并出具审计报告。

第六条 从事信息系统审计的内部审计人员应当具备必要的信息技术及信息系统审计专业知识、技能和经验。必要时,实施信息系统审计可以利用外部专家服务。

第七条 信息系统审计可以作为独立的审计项目组织实施,也可以作为综合性内部审计项目的组成部分实施。

当信息系统审计作为综合性内部审计项目的一部分时,信息系统审计人员应当及时与其他相关内部审计人员沟通信息系统审计中的发现,并考虑依据审计结果调整其他相关审计的范围、时间及性质。

第八条 内部审计人员应当采用以风险为基础的审计方法进行信息系统审计,风险评估应当贯穿于信息系统审计的全过程。

第三章 信息系统审计计划

第九条 内部审计人员在实施信息系统审计前,需要确定审计目标并初步评估审计风险,估算完成信息系统审计或者专项审计所需的资源,确定重点审计领域及审计活动的优先次序,明确审计组成员的职责,编制信息系统审计方案。

第十条 编制信息系统审计方案时,除遵循相关内部审计具体准则的规定,还应当考虑下列因素:

(一)高度依赖信息技术、信息系统的关键业务流程及相关的组织战略目标;

(二)信息技术管理的组织架构;

(三)信息系统框架和信息系统的长期发展规划及近期发展计划;

(四)信息系统及其支持的业务流程的变更情况;

(五)信息系统的复杂程度;

(六)以前年度信息系统内、外部审计所发现的问题及后续审计情况;

(七)其他影响信息系统审计的因素。

第十一条 当信息系统审计作为综合性内部审计项目的一部分时,内部审计人员在审计计划阶段还应当考虑项目审计目标及要求。

第四章 信息技术风险评估

第十二条 内部审计人员进行信息系统审计时,应当识别组织所面临的与信息技术相关的内、外部风险,并采用适当的风险评估技术与方法,分析和评价其发生的可能性及影响程度,为确定审计目标、范围和方法提供依据。

第十三条 信息技术风险是指组织在信息处理和信息技术运用过程中产生的、可能影响组织目标实现的各种不确定因素。信息技术风险,包括组织层面的信息技术风险、一般性控制层面的信息技术风险及业务流程层面的信息技术风险等。

第十四条 内部审计人员在识别和评估组织层面、一般性控制层面的信息技术风险时,需要关注下列内容:

(一)业务关注度,即组织的信息技术战略与组织整体发展战略规划的契合度以及信息技术(包括硬件及软件环境)对业务和用户需求的支持度;

(二)信息资产的重要性;

(三)对信息技术的依赖程度;

(四)对信息技术部门人员的依赖程度;

(五)对外部信息技术服务的依赖程度;

(六)信息系统及其运行环境的安全性、可靠性;

(七)信息技术变更;

(八)法律规范环境;

(九)其他。

第十五条 业务流程层面的信息技术风险受行业背景、业务流程的复杂程度、上述组织层面及一般性控制层面的控制有效性等因素的影响而存在差异。一般而言,内部审计人员应当了解业务流程,并关注下列信息技术风险:

(一)数据输入;

(二)数据处理;

(三)数据输出。

第十六条 内部审计人员应当充分考虑风险评估的结果,以合理确定信息系统审计的内容及范围,并对组织的信息技术内部控制设计合理性和运行有效性进行测试。

第五章 信息系统审计的内容

第十七条 信息系统审计主要是对组织层面信息技术控制、信息技术一般性控制及业务流程层面相关应用控制的审查和评价。

第十八条 信息技术内部控制的各个层面均包括人工控制、自动控制和人工、自动相结合的控制形式,内部审计人员应当根据不同的控制形式采取恰当的审计程序。

第十九条 组织层面信息技术控制,是指董事会或者最高管理层对信息技术治理职能及内部控制的重要性的态度、认识和措施。内部审计人员应当考虑下列控制要素中与信息技术相关的内容:

(一)控制环境。内部审计人员应当关注组织的信息技术战略规划对业务战略规划的契合度、信息技术治理制度体系的建设、信息技术部门的组织结构和关系、信息技术治理相关职权与责任的分配、信息技术人力资源管理、对用户的信息技术教育和培训等方面。

(二)风险评估。内部审计人员应当关注组织的风险评估的总体架构中信息技术风险管理的框架、流程和执行情况,信息资产的分类以及信息资产所有者的职责等方面。

(三)信息与沟通。内部审计人员应当关注组织的信息系统架构及其对财务、业务流程的支持度、董事会或者最高管理层的信息沟通模式、信息技术政策/信息安全制度的传达与沟通等方面。

(四)内部监督。内部审计人员应当关注组织的监控管理报告系统、监控反馈、跟踪处理程序以及组织对信息技术内部控制的自我评估机制等方面。

第二十条 信息技术一般性控制是指与网络、操作系统、数据库、应用系统及其相关人员有关的信息技术政策和措施,以确保信息系统持续稳定的运行,支持应用控制的有效性。对信息技术一般性控制的审计应当考虑下列控制活动:

(一)信息安全管理。内部审计人员应当关注组织的信息安全管理政策,物理访问及针对网络、操作系统、数据库、应用系统的身份认证和逻辑访问管理机制,系统设置的职责分离控制等。

(二)系统变更管理。内部审计人员应当关注组织的应用系统及相关系统基础架构的变更、参数设置变更的授权与审批,变更测试,变更移植到生产环境的流程控制等。

(三)系统开发和采购管理。内部审计人员应当关注组织的应用系统及相关系统基础架构的开发和采购的授权审批,系统开发的方法论,开发环境、测试环境、生产环境严格分离情况,系统的测试、审核、移植到生产环境等环节。

（四）系统运行管理。内部审计人员应当关注组织的信息技术资产管理、系统容量管理、系统物理环境控制、系统和数据备份及恢复管理、问题管理和系统的日常运行管理等。

第二十一条　业务流程层面应用控制是指在业务流程层面为了合理保证应用系统准确、完整、及时完成业务数据的生成、记录、处理、报告等功能而设计、执行的信息技术控制。对业务流程层面应用控制的审计应当考虑下列与数据输入、数据处理以及数据输出环节相关的控制活动：

（一）授权与批准；

（二）系统配置控制；

（三）异常情况报告和差错报告；

（四）接口/转换控制；

（五）一致性核对；

（六）职责分离；

（七）系统访问权限；

（八）系统计算；

（九）其他。

第二十二条　信息系统审计除上述常规的审计内容外,内部审计人员还可以根据组织当前面临的特殊风险或者需求,设计专项审计以满足审计战略,具体包括(但不限于)下列领域：

（一）信息系统开发实施项目的专项审计；

（二）信息系统安全专项审计；

（三）信息技术投资专项审计；

（四）业务连续性计划的专项审计；

（五）外包条件下的专项审计；

（六）法律、法规、行业规范要求的内部控制合规性专项审计；

（七）其他专项审计。

第六章 信息系统审计的方法

第二十三条 内部审计人员在进行信息系统审计时,可以单独或者综合运用下列审计方法获取相关、可靠和充分的审计证据,以评估信息系统内部控制的设计合理性和运行有效性:

(一)询问相关控制人员;

(二)观察特定控制的运用;

(三)审阅文件和报告及计算机文档或者日志;

(四)根据信息系统的特性进行穿行测试,追踪交易在信息系统中的处理过程;

(五)验证系统控制和计算逻辑;

(六)登录信息系统进行系统查询;

(七)利用计算机辅助审计工具和技术;

(八)利用其他专业机构的审计结果或者组织对信息技术内部控制的自我评估结果;

(九)其他。

第二十四条 信息系统审计人员可以根据实际需要利用计算机辅助审计工具和技术进行数据的验证、关键系统控制/计算的逻辑验证、审计样本选取等;内部审计人员在充分考虑安全的前提下,可以利用可靠的信息安全侦测工具进行渗透性测试等。

第二十五条 内部审计人员在对信息系统内部控制进行评估时,应当获得相关、可靠和充分的审计证据以支持审计结论完成审计目标,并应当充分考虑系统自动控制的控制效果的一致性及可靠性的特点,在选取审计样本时可以根据情况适当减少样本量。在系统未发生变更的情况下,可以考虑适当降低审计频率。

第二十六条 内部审计人员在审计过程中应当在风险评估的基础上,依据信息系统内部控制评估的结果重新评估审计风险,并根据剩余风险设计进一步的审计程序。

第七章　附　则

第二十七条　本准则由中国内部审计协会发布并负责解释。

第二十八条　本准则自 2014 年 1 月 1 日起施行。

第 2204 号内部审计具体准则——对舞弊行为进行检查和报告

第一章　总　则

第一条　为了规范内部审计机构和内部审计人员在审计活动中对舞弊行为进行检查和报告，提高审计效率和效果，根据《内部审计基本准则》，制定本准则。

第二条　本准则所称舞弊，是指组织内、外人员采用欺骗等违法违规手段，损害或者谋取组织利益，同时可能为个人带来不正当利益的行为。

第三条　本准则适用于各类组织的内部审计机构、内部审计人员及其从事的内部审计活动。其他组织或者人员接受委托、聘用，承办或者参与内部审计业务，也应当遵守本准则。

第二章　一般原则

第四条　组织管理层对舞弊行为的发生承担责任。建立、健全并有效实施内部控制，预防、发现及纠正舞弊行为是组织管理层的责任。

第五条　内部审计机构和内部审计人员应当保持应有的职业谨慎，在实施的审计活动中关注可能发生的舞弊行为，并对舞弊行为进行检查和报告。

第六条　内部审计机构和内部审计人员在检查和报告舞弊行为时，应当从下列方面保持应有的职业谨慎：

（一）具有识别、检查舞弊的基本知识和技能，在实施审计项目时警惕相关方面可能存在的舞弊风险；

（二）根据被审计事项的重要性、复杂性以及审计成本效益，合理关注和检查可能存在的舞弊行为；

（三）运用适当的审计职业判断，确定审计范围和审计程序，以检查、发现和报告舞弊行为；

（四）发现舞弊迹象时，应当及时向适当管理层报告，提出进一步检查的建议。

第七条 由于内部审计并非专为检查舞弊而进行，即使审计人员以应有的职业谨慎执行了必要的审计程序，也不能保证发现所有的舞弊行为。

第八条 损害组织经济利益的舞弊，是指组织内、外人员为谋取自身利益，采用欺骗等违法违规手段使组织经济利益遭受损害的不正当行为。具体包括下列情形：

（一）收受贿赂或者回扣；

（二）将正常情况下可以使组织获利的交易事项转移给他人；

（三）贪污、挪用、盗窃组织资产；

（四）使组织为虚假的交易事项支付款项；

（五）故意隐瞒、错报交易事项；

（六）泄露组织的商业秘密；

（七）其他损害组织经济利益的舞弊行为。

第九条 谋取组织经济利益的舞弊，是指组织内部人员为使本组织获得不当经济利益而其自身也可能获得相关利益，采用欺骗等违法违规手段，损害国家和其他组织或者个人利益的不正当行为。具体包括下列情形：

（一）支付贿赂或者回扣；

（二）出售不存在或者不真实的资产；

（三）故意错报交易事项、记录虚假的交易事项，使财务报表使用者误解而作出不适当的投融资决策；

（四）隐瞒或者删除应当对外披露的重要信息；

（五）从事违法违规的经营活动；

（六）偷逃税款；

（七）其他谋取组织经济利益的舞弊行为。

第十条　内部审计人员在检查和报告舞弊行为时，应当特别注意做好保密工作。

第三章　评估舞弊发生的可能性

第十一条　内部审计人员在审查和评价业务活动、内部控制和风险管理时，应当从以下方面对舞弊发生的可能性进行评估：

（一）组织目标的可行性；

（二）控制意识和态度的科学性；

（三）员工行为规范的合理性和有效性；

（四）业务活动授权审批制度的有效性；

（五）内部控制和风险管理机制的有效性；

（六）信息系统运行的有效性。

第十二条　内部审计人员除考虑内部控制的固有局限外，还应当考虑下列可能导致舞弊发生的情况：

（一）管理人员品质不佳；

（二）管理人员遭受异常压力；

（三）业务活动中存在异常交易事项；

（四）组织内部个人利益、局部利益和整体利益存在较大冲突。

第十三条　内部审计人员应当根据可能发生的舞弊行为的性质，向组织适当管理层报告，同时就需要实施的舞弊检查提出建议。

第四章　舞弊的检查

第十四条　舞弊的检查是指实施必要的检查程序，以确定舞弊迹象所显示的舞弊行为是否已经发生。

第十五条　内部审计人员进行舞弊检查时，应当根据下列要求进行：

（一）评估舞弊涉及的范围及复杂程度，避免向可能涉及舞弊的人员提供信息或者被其所提供的信息误导；

（二）设计适当的舞弊检查程序，以确定舞弊者、舞弊程度、舞弊手段及舞弊原因；

（三）在舞弊检查过程中，与组织适当管理层、专业舞弊调查人员、法律顾问及其他专家保持必要的沟通；

（四）保持应有的职业谨慎，以避免损害相关组织或者人员的合法权益。

第五章 舞弊的报告

第十六条 舞弊的报告是指内部审计人员以书面或者口头形式向组织适当管理层或者董事会报告舞弊检查情况及结果。

第十七条 在舞弊检查过程中，出现下列情况时，内部审计人员应当及时向组织适当管理层报告：

（一）可以合理确信舞弊已经发生，并需要深入调查；

（二）舞弊行为已经导致对外披露的财务报表严重失实；

（三）发现犯罪线索，并获得了应当移送司法机关处理的证据。

第十八条 内部审计人员完成必要的舞弊检查程序后，应当从舞弊行为的性质和金额两方面考虑其严重程度，并出具相应的审计报告。审计报告的内容主要包括舞弊行为的性质、涉及人员、舞弊手段及原因、检查结论、处理意见、提出的建议及纠正措施。

第六章 附 则

第十九条 本准则由中国内部审计协会发布并负责解释。

第二十条 本准则自2014年1月1日起施行。

第2301号内部审计具体准则——内部审计机构的管理

第一章 总 则

第一条 为了规范内部审计机构的管理工作，保证审计质量，提高审计效率，根据《内部审计基本准则》，制定本准则。

第二条 本准则所称内部审计机构的管理,是指内部审计机构对内部审计人员和内部审计活动实施的计划、组织、领导、控制和协调工作。

第三条 本准则适用于各类组织的内部审计机构。

第二章 一般原则

第四条 内部审计机构的管理主要包括下列目的:

(一) 实现内部审计目标;

(二) 促使内部审计资源得到充分和有效的利用;

(三) 提高内部审计质量,更好地履行内部审计职责;

(四) 促使内部审计活动符合内部审计准则的要求。

第五条 内部审计机构应当接受组织董事会或者最高管理层的领导和监督,内部审计机构负责人应当对内部审计机构管理的适当性和有效性负主要责任。

第六条 内部审计机构应当制定内部审计章程,对内部审计的目标、职责和权限进行规范,并报经董事会或者最高管理层批准。

内部审计章程应当包括下列主要内容:

(一) 内部审计目标;

(二) 内部审计机构的职责和权限;

(三) 内部审计范围;

(四) 内部审计标准;

(五) 其他需要明确的事项。

第七条 内部审计机构应当建立合理、有效的组织结构,多层级组织的内部审计机构可以实行集中管理或者分级管理。

实行集中管理的内部审计机构可以对下级组织实行内部审计派驻制或者委派制。

实行分级管理的内部审计机构应当通过适当的组织形式和方式对下级内部审计机构进行指导和监督。

第八条 内部审计机构管理的内容主要包括下列方面:

（一）审计计划；

（二）人力资源；

（三）财务预算；

（四）组织协调；

（五）审计质量；

（六）其他事项。

第九条 内部审计机构的管理可以分为部门管理和项目管理。部门管理主要包括内部审计机构运行过程中的一般性行政管理。项目管理主要包括内部审计机构对审计项目业务工作的管理与控制。

第三章 部门管理的内容和方法

第十条 内部审计机构应当根据组织的风险状况、管理需要及审计资源的配置情况，编制年度审计计划。

第十一条 内部审计机构应当根据内部审计目标和管理需要，加强人力资源管理，保证人力资源利用的充分性和有效性，主要包括下列内容：

（一）内部审计人员的聘用；

（二）内部审计人员的培训；

（三）内部审计人员的工作任务安排；

（四）内部审计人员专业胜任能力分析；

（五）内部审计人员的业绩考核与激励机制；

（六）其他有关事项。

第十二条 内部审计机构负责人应当根据年度审计计划和人力资源计划编制财务预算。编制财务预算时应当考虑下列因素：

（一）内部审计人员的数量；

（二）内部审计工作的安排；

（三）内部审计机构的行政管理活动；

（四）内部审计人员的教育及培训要求；

（五）内部审计工作的研究和发展；

（六）其他有关事项。

第十三条 内部审计机构应当根据组织的性质、规模和特点，编制内部审计工作手册，以指导内部审计人员的工作。内部审计工作手册主要包括下列内容：

（一）内部审计机构的目标、权限和职责的说明；

（二）内部审计机构的组织、管理及工作说明；

（三）内部审计机构的岗位设置及岗位职责说明；

（四）主要审计工作流程；

（五）内部审计质量控制制度、程序和方法；

（六）内部审计人员职业道德规范和奖惩措施；

（七）内部审计工作中应当注意的事项。

第十四条 内部审计机构和内部审计人员应当在组织董事会或者最高管理层的支持和监督下，做好与组织其他机构和外部审计的协调工作。

第十五条 内部审计机构应当接受组织董事会或者最高管理层的领导和监督，在日常工作中保持有效的沟通，向其定期提交工作报告，适时提交审计报告。

第十六条 内部审计机构应当制定内部审计质量控制制度，通过实施督导、分级复核、审计质量内部评估、接受审计质量外部评估等，保证审计质量。

第四章 项目管理的内容和方法

第十七条 内部审计机构应当根据年度审计计划确定的审计项目，编制项目审计方案并组织实施，在实施过程中做好审计项目管理与控制工作。

第十八条 在审计项目管理过程中，内部审计机构负责人与项目负责人应当充分履行职责，以确保审计质量，提高审计效率。

第十九条 内部审计机构负责人在项目管理中应当履行下列职责：

（一）选派审计项目负责人并对其进行有效的授权；

（二）审定项目审计方案；

（三）督导审计项目的实施；

（四）协调、沟通审计过程中发现的重大问题；

（五）审定审计报告；

（六）督促被审计单位对审计发现问题的整改；

（七）其他有关事项。

第二十条 审计项目负责人应当履行的职责包括下列方面：

（一）编制项目审计方案；

（二）组织审计项目的实施；

（三）对项目审计工作进行现场督导；

（四）向内部审计机构负责人及时汇报审计进展及重大审计发现；

（五）组织编制审计报告；

（六）组织实施后续审计；

（七）其他有关事项。

第二十一条 内部审计机构可以采取下列辅助管理工具，完善和改进项目管理工作，保证审计项目管理与控制的有效性：

（一）审计工作授权表；

（二）审计任务清单；

（三）审计工作底稿检查表；

（四）审计文书跟踪表；

（五）其他辅助管理工具。

第二十二条 内部审计机构应当建立审计项目档案管理制度，加强审计工作底稿的归档、保管、查询、复制、移交和销毁等环节的管理工作，妥善保存审计档案。

第五章 附 则

第二十三条 本准则由中国内部审计协会发布并负责解释。

第二十四条 本准则自 2014 年 1 月 1 日起施行。

第2302号内部审计具体准则——与董事会或者最高管理层的关系

第一章 总 则

第一条 为了明确和协调内部审计机构与董事会或者最高管理层的关系,保证内部审计的独立性,增强内部审计工作的有效性,根据《内部审计基本准则》,制定本准则。

第二条 本准则所称与董事会或者最高管理层的关系,是指内部审计机构因其隶属于董事会或者最高管理层所形成的接受其领导并向其报告的组织关系。

第三条 本准则适用于各类组织的内部审计机构。

第二章 一般原则

第四条 内部审计机构应当接受董事会或者最高管理层的领导,保持与董事会或最高管理层的良好关系,实现董事会、最高管理层与内部审计在组织治理中的协同作用。

第五条 对内部审计机构有管理权限的董事会或者类似的机构包括:

(一) 董事会;

(二) 董事会下属的审计委员会;

(三) 非盈利组织的理事会。

第六条 对内部审计机构有管理权限的最高管理层包括:

(一) 总经理;

(二) 与总经理级别相当的人员。

第七条 内部审计机构与董事会或者最高管理层的关系主要包括:

(一) 接受董事会或者最高管理层的领导;

(二) 向董事会或者最高管理层报告工作。

第八条 内部审计机构负责人应当积极寻求董事会或者最高管理

层对内部审计工作的理解与支持。

第九条 在设立监事会的组织中,内部审计机构应当在授权范围内配合监事会的工作。

第三章 接受董事会或者最高管理层的领导

第十条 内部审计机构接受董事会或者最高管理层领导的方式主要包括:

(一)报请董事会或者最高管理层批准审计工作事项;

(二)接受并完成董事会或者最高管理层的业务委派。

第十一条 内部审计机构应当向董事会或者最高管理层报请批准的事项主要包括:

(一)内部审计章程;

(二)年度审计计划;

(三)人力资源计划;

(四)财务预算;

(五)内部审计政策的制定及变动。

第十二条 内部审计机构除实施常规审计业务外,还可以接受董事会或者最高管理层委派的下列事项:

(一)进行舞弊检查;

(二)实施专项审计;

(三)开展经济责任审计;

(四)评价社会审计组织的工作质量;

(五)其他。

第四章 向董事会或者最高管理层报告

第十三条 内部审计机构应当与董事会或者最高管理层保持有效的沟通,除向董事会或者最高管理层提交审计报告之外,还应当定期提交工作报告,一般每年至少一次。

第十四条 内部审计机构的工作报告应当概括、清晰地说明内部

审计工作的开展以及内部审计资源的使用情况,主要包括下列内容:

(一)年度审计计划的执行情况;

(二)审计项目涉及范围及审计意见的总括说明;

(三)对组织业务活动、内部控制和风险管理的总体评价;

(四)审计中发现的差异和缺陷的汇总及其原因分析;

(五)审计发现的重要问题和建议;

(六)财务预算的执行情况;

(七)人力资源计划的执行情况;

(八)内部审计工作的效率和效果;

(九)董事会或者最高管理层要求或关注的其他内容。

第十五条 内部审计机构提交工作报告时,还应当对年度审计计划、财务预算和人力资源计划执行中出现的重大偏差及原因做出说明,并提出改进措施。

第十六条 内部审计机构应当及时向董事会或者最高管理层提交审计报告,审计报告应当清晰反映审计发现的重要问题、审计结论、意见和建议。

第十七条 日常工作中,内部审计机构还应当与董事会或者最高管理层就下列事项进行交流:

(一)董事会或者最高管理层关注的领域;

(二)内部审计活动满足董事会或者最高管理层信息需求的程度;

(三)内部审计的新趋势和最佳实务;

(四)内部审计与外部审计之间的协调。

第五章 附 则

第十八条 本准则由中国内部审计协会发布并负责解释。

第十九条 本准则自 2014 年 1 月 1 日起施行。

第2303号内部审计具体准则——内部审计与外部审计的协调

第一章 总 则

第一条 为了规范内部审计与外部审计的协调工作,提高审计效率和效果,根据《内部审计基本准则》,制定本准则。

第二条 本准则所称内部审计与外部审计的协调,是指内部审计机构与社会审计组织、国家审计机关在审计工作中的沟通与合作。

第三条 本准则适用于各类组织的内部审计机构。

第二章 一般原则

第四条 内部审计应当做好与外部审计的协调工作,以实现下列目的:

(一)保证充分、适当的审计范围;

(二)减少重复审计,提高审计效率;

(三)共享审计成果,降低审计成本;

(四)持续改进内部审计机构工作。

第五条 内部审计与外部审计的协调工作,应当在组织董事会或者最高管理层的支持和监督下,由内部审计机构负责人具体组织实施。

第六条 内部审计机构负责人应当定期对内外部审计的协调工作进行评估,并根据评估结果及时调整、改进内外部审计协调工作。

第七条 内部审计机构应当在外部审计对本组织开展审计时做好协调工作。

第三章 协调的方法和内容

第八条 内部审计与外部审计之间的协调,可以通过定期会议、不定期会面或者其他沟通方式进行。

第九条 内部审计与外部审计的协调工作包括下列方面:

(一)与外部审计机构和人员的沟通;

（二）配合外部审计工作；

（三）评价外部审计工作质量；

（四）利用外部审计工作成果。

第十条 内部审计与外部审计应当在审计范围上进行协调。在编制年度审计计划和项目审计方案时，应当考虑双方的工作，以确保充分、适当的审计范围，最大限度减少重复性工作。

第十一条 在条件允许的情况下，内部审计与外部审计应当在必要的范围内互相交流相关审计工作底稿，以便利用对方的工作成果。

第十二条 内部审计与外部审计应当相互参阅审计报告。

第十三条 内部审计与外部审计应当在具体审计程序和方法上相互沟通，达成共识，以促进双方的合作。

第四章 附 则

第十四条 本准则由中国内部审计协会发布并负责解释。

第十五条 本准则自 2014 年 1 月 1 日起施行。

第 2304 号内部审计具体准则——利用外部专家服务

第一章 总 则

第一条 为了规范内部审计机构利用外部专家服务的行为，提高审计质量和效率，根据《内部审计基本准则》，制定本准则。

第二条 本准则所称利用外部专家服务，是指内部审计机构聘请在某一领域中具有专门技能、知识和经验的人员或者单位提供专业服务，并在审计活动中利用其工作结果的行为。

第三条 本准则适用于各类组织的内部审计机构。

第二章 一般原则

第四条 内部审计机构可以根据实际需要利用外部专家服务。利用外部专家服务是为了获取相关、可靠和充分的审计证据，保证审计工作的质量。

第五条 外部专家应当对其所选用的假设、方法及其工作结果负责。

第六条 内部审计机构应当对利用外部专家服务结果所形成的审计结论负责。

第七条 内部审计机构和内部审计人员可以在下列方面利用外部专家服务：

（一）特定资产的评估；

（二）工程项目的评估；

（三）产品或者服务质量问题；

（四）信息技术问题；

（五）衍生金融工具问题；

（六）舞弊及安全问题；

（七）法律问题；

（八）风险管理问题；

（九）其他。

第八条 外部专家可以由内部审计机构从组织外部聘请，也可以在组织内部指派。

第三章 对外部专家的聘请

第九条 内部审计机构聘请外部专家时，应当对外部专家的独立性、客观性进行评价，评价时应当考虑下列影响因素：

（一）外部专家与被审计单位之间是否存在重大利益关系；

（二）外部专家与被审计单位董事会、最高管理层是否存在密切的私人关系；

（三）外部专家与审计事项之间是否存在专业相关性；

（四）外部专家是否正在或者即将为组织提供其他服务；

（五）其他可能影响独立性、客观性的因素。

第十条 在聘请外部专家时，内部审计机构应当对外部专家的专业胜任能力进行评价,考虑其专业资格、专业经验与声望等。

第十一条 在利用外部专家服务前,内部审计机构应当与外部专家签订书面协议。书面协议主要包括下列内容:

(一)外部专家服务的目的、范围及相关责任;

(二)外部专家服务结果的预定用途;

(三)在审计报告中可能提及外部专家的情形;

(四)外部专家利用相关资料的范围;

(五)报酬及其支付方式;

(六)对保密性的要求;

(七)违约责任。

第四章 对外部专家服务结果的评价和利用

第十二条 内部审计机构在利用外部专家服务结果作为审计证据时,应当评价其相关性、可靠性和充分性。

第十三条 内部审计机构在评价外部专家服务结果时,应当考虑下列影响因素:

(一)外部专家选用的假设和方法的适当性;

(二)外部专家所用资料的相关性、可靠性和充分性。

第十四条 在利用外部专家服务时,如果有必要,应当在审计报告中提及。

第十五条 内部审计机构对外部专家服务评价后,如果认为其服务的结果无法形成相关、可靠和充分的审计证据,应当通过实施其他替代审计程序补充获取相应的审计证据。

第五章 附 则

第十六条 本准则由中国内部审计协会发布并负责解释。

第十七条 本准则自2014年1月1日起施行。

第2305号内部审计具体准则——人际关系

第一章 总 则

第一条 为了规范内部审计人员与组织内、外相关机构和人员建立和保持良好的人际关系,保证内部审计工作顺利而有效地进行,提高审计效率和效果,根据《内部审计基本准则》,制定本准则。

第二条 本准则所称人际关系,是指内部审计人员与组织内外相关机构和人员之间的相互交往与联系。

第三条 本准则适用于各类组织的内部审计机构中的内部审计人员。其他组织或者人员接受委托、聘用,承办或者参与内部审计业务,也应当遵守本准则。

第二章 一般原则

第四条 内部审计人员在从事内部审计活动中,需要与下列机构和人员建立人际关系:

(一)组织适当管理层和相关人员;

(二)被审计单位和相关人员;

(三)组织内部各职能部门和相关人员;

(四)组织外部相关机构和人员;

(五)内部审计机构中的其他成员。

第五条 内部审计人员应当与组织内外相关机构和人员进行必要的沟通,保持良好的人际关系,以实现下列目的:

(一)在内部审计工作中与相关机构和人员建立相互信任的关系,促进彼此的交流与沟通;

(二)在内部审计工作中取得相关机构和人员的理解和配合,及时获得相关、可靠和充分的信息,提高内部审计效率;

(三)保证内部审计意见得到有效落实,实现内部审计目标。

第六条 内部审计人员应当具备建立良好人际关系的意识和

能力。

第七条 内部审计人员在人际关系的处理中应当注意保持独立性和客观性。

第八条 内部审计人员应当在遵循有关法律、法规的情况下灵活、妥善地处理人际关系。

第九条 内部审计机构负责人应当定期对内部审计人员的人际关系进行评价,并根据评价结果及时采取措施改进人际关系。

第三章 处理人际关系的方式和方法

第十条 内部审计人员在处理人际关系时,应当主动、及时、有效地进行沟通,以保证信息的快捷传递和充分交流。

第十一条 内部审计人员处理人际关系时采用的沟通类型包括:

(一)人员沟通,即内部审计人员与相关人员之间的沟通。

(二)组织沟通,即内部审计机构在特定组织环境下的沟通,主要包括与上下级部门之间的信息交流,与组织内各平行部门之间的信息交流,信息在非平行、非隶属部门之间的交流。

第十二条 内部审计人员处理人际关系时采用的主要沟通方式有口头沟通和书面沟通两种。

口头沟通,即内部审计人员利用口头语言进行信息交流。书面沟通,即内部审计人员利用书面语言进行信息交流。

第十三条 内部审计人员人际关系冲突的原因主要包括:

(一)缺乏必要、及时的信息沟通;

(二)对同一事物的认识存在分歧,导致不同的评价;

(三)各自的价值观、利益观不一致;

(四)职业道德信念的差异。

第十四条 内部审计人员应当及时、妥善地化解人际冲突,可以采取的方法主要包括:

(一)暂时回避,寻找适当的时机再进行协调;

(二)说服、劝导;

(三) 适当的妥协;

(四) 互相协作;

(五) 向适当管理层报告,寻求协调;

(六) 其他。

第十五条 内部审计人员应当积极、主动地与对内部审计工作负有领导责任的组织适当管理层进行沟通,可以采取的沟通途径主要包括:

(一) 与组织适当管理层就审计计划进行沟通,以达成共识;

(二) 咨询组织适当管理层,了解内部控制环境;

(三) 根据审计发现的问题和作出的审计结论,及时向组织适当管理层提出审计意见和建议;

(四) 出具书面审计报告之前,利用各种沟通方式征求组织适当管理层对审计结论、意见和建议的意见。

第十六条 内部审计人员应当与被审计单位建立并保持良好的人际关系,可以采取下列沟通途径获得被审计单位的理解、配合和支持:

(一) 在了解被审计单位基本情况时,应当进行及时、有效的沟通和协调;

(二) 通过询问、会谈、会议、问卷调查等沟通方式,了解被审计单位业务活动、内部控制和风险管理的情况;

(三) 通过口头方式或者其他非正式方式,与被审计单位交流审计中发现的问题;

(四) 在审计报告提交之前,以书面方式与被审计单位进行结果沟通。

第十七条 内部审计人员应当与组织内其他职能部门建立并保持良好的人际关系,确保在下列方面得到支持与配合:

(一) 了解组织及相关职能部门的情况;

(二) 寻求审计中发现问题的解决方法;

(三) 落实审计结论、意见和建议;

(四) 有效利用审计成果;

（五）其他。

第十八条 内部审计人员应当与组织外部相关机构和人员之间建立并保持良好的人际关系，以获得更多的认同、支持及协助。

第十九条 内部审计人员应当重视内部审计机构成员间的人际关系，相互协作，相互包容。

第四章 附 则

第二十条 本准则由中国内部审计协会发布并负责解释。

第二十一条 本准则自2014年1月1日起施行。

第2306号内部审计具体准则——内部审计质量控制

第一章 总 则

第一条 为了规范内部审计质量控制工作，保证内部审计质量，根据《内部审计基本准则》，制定本准则。

第二条 本准则所称内部审计质量控制，是指内部审计机构为保证其审计质量符合内部审计准则的要求而制定和执行的制度、程序和方法。

第三条 本准则适用于各类组织的内部审计机构和内部审计人员。

第二章 一般原则

第四条 内部审计机构负责人对制定并实施系统、有效的质量控制制度与程序负主要责任。

第五条 内部审计质量控制主要包括下列目标：

（一）保证内部审计活动遵循内部审计准则和本组织内部审计工作手册的要求；

（二）保证内部审计活动的效率和效果达到既定要求；

（三）保证内部审计活动能够增加组织的价值，促进组织实现目标。

第六条 内部审计质量控制分为内部审计机构质量控制和内部审计项目质量控制。

第七条 内部审计机构负责人和审计项目负责人通过督导、分级复核、质量评估等方式对内部审计质量进行控制。

第三章 内部审计机构质量控制

第八条 内部审计机构负责人对内部审计机构质量负责。

第九条 内部审计机构质量控制需要考虑下列因素：

（一）内部审计机构的组织形式及授权状况；

（二）内部审计人员的素质与专业结构；

（三）内部审计业务的范围与特点；

（四）成本效益原则的要求；

（五）其他。

第十条 内部审计机构质量控制主要包括下列措施：

（一）确保内部审计人员遵守职业道德规范；

（二）保持并不断提升内部审计人员的专业胜任能力；

（三）依据内部审计准则制定内部审计工作手册；

（四）编制年度审计计划及项目审计方案；

（五）合理配置内部审计资源；

（六）建立审计项目督导和复核机制；

（七）开展审计质量评估；

（八）评估审计报告的使用效果；

（九）对审计质量进行考核与评价。

第四章 内部审计项目质量控制

第十一条 内部审计项目负责人对审计项目质量负责。

第十二条 内部审计项目质量控制应当考虑下列因素：

（一）审计项目的性质及复杂程度；

（二）参与项目审计的内部审计人员的专业胜任能力；

（三）其他。

第十三条 内部审计项目质量控制主要包括下列措施：

（一）指导内部审计人员执行项目审计方案；

（二）监督审计实施过程；

（三）检查已实施的审计工作。

第十四条 内部审计项目负责人在指导内部审计人员开展项目审计时，应当告知项目组成员下列事项：

（一）项目组成员各自的责任；

（二）被审计项目或者业务的性质；

（三）与风险相关的事项；

（四）可能出现的问题；

（五）其他。

第十五条 内部审计项目负责人监督内部审计实施过程时，应当履行下列职责：

（一）追踪业务的过程；

（二）解决审计过程中出现的重大问题，根据需要修改原项目审计方案；

（三）识别在审计过程中需要咨询的事项；

（四）其他。

第十六条 内部审计项目负责人在检查已实施的审计工作时，应当关注下列内容：

（一）审计工作是否已按照审计准则和职业道德规范的规定执行；

（二）审计证据是否相关、可靠和充分；

（三）审计工作是否实现了审计目标。

第五章 附 则

第十七条 本准则由中国内部审计协会发布并负责解释。

第十八条 本准则自 2014 年 1 月 1 日起施行。

第2307号内部审计具体准则——评价外部审计工作质量

第一章 总 则

第一条 为规范内部审计机构对外部审计工作质量的评价工作,有效利用外部审计成果,提高内部审计效率和效果,根据《内部审计基本准则》,制定本准则。

第二条 本准则所称评价外部审计工作质量,是指由内部审计机构对外部审计工作过程及结果的质量所进行的评价活动。

第三条 本准则适用于各类组织的内部审计机构。

第二章 一般原则

第四条 内部审计机构应当根据适当的标准对外部审计工作质量进行客观评价,合理利用外部审计成果。

第五条 评价外部审计工作质量,可以按照评价准备、评价实施和评价报告三个阶段进行。

第六条 内部审计机构应当挑选具有足够专业胜任能力的人员对外部审计工作质量进行评价。

第三章 评价准备

第七条 在评价外部审计工作质量之前,内部审计机构应当考虑下列因素:

(一)评价活动的必要性;

(二)评价活动的可行性;

(三)评价活动预期结果的有效性。

第八条 在决定对外部审计工作质量进行评价后,内部审计机构应当编制适当的评价方案。评价方案应当包括下列主要内容:

(一)评价目的;

(二)评价的主要内容与步骤;

（三）评价的依据；

（四）评价工作的主要方法；

（五）评价工作的时间安排；

（六）评价人员的分工。

第九条 内部审计机构应当取得反映外部审计工作质量的审计报告及其他相关资料。

第十条 内部审计机构应当详细了解外部审计所采用的审计依据、实施的审计过程及其在审计过程中与组织之间进行协调的情况。

第十一条 如有必要，内部审计机构可以与外部审计机构就评价事项进行适当的沟通。

第四章 评价实施

第十二条 内部审计机构在评价外部审计工作质量时，应当重点关注下列内容：

（一）外部审计机构和人员的独立性与客观性；

（二）外部审计人员的专业胜任能力；

（三）外部审计人员的职业谨慎性；

（四）外部审计机构的信誉；

（五）外部审计所采用审计程序及方法的适当性；

（六）外部审计所采用审计依据的有效性；

（七）外部审计所获取审计证据的相关性、可靠性和充分性。

第十三条 内部审计机构在评价外部审计工作质量时，应当充分考虑其与内部审计活动的差异。

第十四条 内部审计机构在评价外部审计工作质量时，可以采用审核、观察、询问等常用方法，以及与有关方面进行沟通、协调的方法。

第十五条 内部审计机构应当将评价工作过程及结果记录于审计工作底稿中。

第五章 评价报告

第十六条 内部审计机构做出外部审计工作质量评价结论之前,应当征求组织内部有关部门和人员的意见。必要时,内部审计人员也可以就评价结论与被评价的外部审计机构进行沟通。

第十七条 内部审计机构完成外部审计工作质量评价之后,应当编制评价报告。评价报告一般包括下列要素:

(一)评价报告的名称;
(二)被评价外部审计机构的名称;
(三)评价目的;
(四)评价的主要内容及方法;
(五)评价结果;
(六)评价报告编制人员及编制时间。

第六章 附 则

第十八条 本准则由中国内部审计协会发布并负责解释。

第十九条 本准则自2014年1月1日起施行。

附件

关于修订《中国内部审计准则》的说明

为了促进内部审计的规范化和职业化建设,提高审计质量,防范审计风险,推动内部审计事业健康发展,中国内部审计协会对2003年以来发布的内部审计准则进行了修订。现将修订情况说明如下:

一、关于准则修订的必要性

中国内部审计协会于2003年发布了首批内部审计准则,包括《内部审计基本准则》、《内部审计人员职业道德规范》以及10个内部审计具体准则。此后又陆续发布了五批共19个内部审计具体准则和五个实务指南,形成了由内部审计基本准则、内部审计人员职业道德规范、内部审计具体准则和内部审计实务指南构成的较为完善的内部审计准则体系。内部审计准则的发布和实施有力地促进了我国内部审计工作的规范化建设。实践证明,这些准则是符合一定历史条件下内部审计工作发展要求的,也是被广大内部审计机构和内部审计人员接受和认可的,至今仍有很强的指导意义。

近年来,我国社会经济形势发生了深刻变化,内部审计工作也得到了深入发展。据不完全统计,截止到2012年,全国已有5万多个内部审计机构,专兼职内部审计人员近20万人。随着经济社会的发展,各类组织对内部审计的重视程度日益提高,内部审计在理念、目标、职能和内容等方面发生了很大变化,内部审计面临着新的发展机遇和挑战,对内部审计准则也提出了新的更高的要求。一是内部审计理念发生了重大变化。国际内部审计师协会(IIA)根据内部审计实务的最新发展变化,多次对内部审计实务框架的结构和内容进行更新和调整,最近的两次调整分别是在2010年和2012年。这些修订和完善充分反映内部审计发展的最新理念,如更加重视内部审计在促进组织改善治理、风险管理和内部控制中发挥作用,以及重视内部审计的价值增值功能等。随着我国内部审计的转型和发展,内部审计的理念、目标和定位也逐渐由"查错纠弊"向防范风险和增加价值方向转变。二是广大内部审计机构和内部审计人员在审计实践中,不断创新审计方式方法,拓展审计领域,积累了许多宝贵经验,需要加以总结并通过准则予以规定;三是近年来,审计机关、监管部门以及相关部门出台了一系列与内部审计相关的制度规范,对内部审计工作作出了更详细的规定,提出了更高的要求。而原有准则中的一些规定已不能适应新形势下内部审计工作的发展要求。四是受制定时我国内部审计发展水平及认识水平的限制,原准则体系存在着逻辑性和系统性的不足,如准则之间缺乏内在的逻辑关系,有些准则间部分内容存在交叉重复。基于以上原因需要对内部审计准则加以修订,以进一步提高准则的科学性、适用性和先进性。

二、关于准则修订的主要原则

此次内部审计准则修订的主要原则为:一是保持现有准则体系的连续性和稳定性。保留被内部审计实践证明比较成熟的规定,在传承、发展的基础上,对内容作进一步调整、完善和优化;二是增强准则体系的逻辑性和系统性。通过对具体准则的分类以及对准则体系的重新编码,达到进一步完善与优化准则体系结构的目的;三是突出准则的适用性和前瞻性。在总结近年来内部审计实践的基础上,适当参考我国国家审计准则和注册会计师执业准则的有益内容,使修订后的准则符合内部审计理论与实务发展的需要,突出其适用性。同时充分吸收国际内部审计准则的最新成果,借鉴其先进内容,努力与国际惯例相衔接,突出其前瞻性,以更好地指导我国内部审计实践。

三、关于准则修订的过程

(一)确定准则修订方案

2012年2月,中国内部审计协会第六届理事会准则委员会召开会议研究准则修订方案,指定时现、范经华两位准则委员分别提出侧重点和落脚点不同的准则修订方案。协会准则与学术部在充分征求全体准则委员意见的基础上,拟定了初步的准则修订方案并提交准则委员会讨论。2012年5月,准则委员会召开会议,研究确定了修订方案的具体内容和修订工作的总体目标和时间安排,并对准则修订任务进行了分工。由刘济平承担《内部审计基本准则》的修订任务,安广实承担《内部审计人员职业道德规范》的修订任务,冯均科承担《内部审计质量控制》准则的修订任务,黄晓东和毕秀玲共同承担《重要性与审计风险》准则的修订任务,尹维劼承担《内部控制审计》准则的修订任务,时现承担《绩效审计》准则的修订任务。

(二)起草准则修订稿初稿

按照准则修订方案和任务分工,2012年6—7月,各位委员按照修订方案分别起草或修改相关准则,并及时提交了初稿。在此基础上,准则与学术部对准则体系结构、内容进一步梳理和修改,于8月份形成准则修订稿初稿,并向准则委员征求意见。

(三)准则讨论修改阶段

2012年8月,准则委员会召开会议对准则修订稿初稿进行讨论,解决修订过程中遇到的问题,进一步明确了修订思路,并根据情况对修订方案做出适当调整。执笔委员根据会议意见,对准则初稿进行了修改和完善。准则与学术部向部分准则委员征求了对修改稿的意见,并及时向执笔委员反馈。同时,准则与学术部于2012年10—11月,对准则体系结构、内容再次进行了调整,经准则委员会审核后于2013年1月形成了准则征求意见稿。

(四)面向社会征求意见阶段

2013年4月,中国内部审计协会网站公布了准则征求意见稿,面向社会广泛征求意见。准则与学术部根据反馈意见进行了修改和补充。

(五)准则修订稿审定阶段

2013年5—6月,准则与学术部将准则修订稿提交准则委员会主任委员、副主任委员及协会主要领导审阅,并根据上述领导的意见进行修改完善。

(六)提交常务理事会审议阶段

2013年7—8月,准则修订稿提交协会常务理事会书面审议,并获得了一致通过。对部分常务理事提出的意见,协会也再次进行了认真讨论和相应修改,经协会领导最终审定后正式印发。

四、关于准则体系框架结构的调整

(一)具体准则分类及准则体系编码

此次修订将内部审计具体准则分为作业类、业务类和管理类三大类。作业类准则涵盖了内部审计程序和技术方法方面的准则,具体包括审计计划、审计通知书、审计证据、审计工作底稿、结果沟通、审计报告、后续审计、审计抽样、分析程序等九个具体准则;业务类准则包括内部控制审计、绩效审计、信息系统审计、对舞弊行为进行检查与报告等四个具体准则;管理类准则包括内部审计机构的管理、与董事会或者最高管理层的关系、内部审计与外部审计的协调、利用外部专家服务、人际关系、内部审计质量控制、评价外部审计工作质量等七个具体准则。

在分类的基础上,对准则体系采用四位数编码进行编号。四位数中,千位数代表准则的层次,百位数代表准则在某一层次中的类别,十位数和个位数代表某具体准则在该类中的排序。新的编号方式借鉴国际内部审计准则的经验,体现准则体系的系统性和准则之间的逻辑关系,为准则未来发展预留了空间。

内部审计基本准则和内部审计人员职业道德规范作为准则体系的第一层次,编码为1000。其中内部审计基本准则为第1101号,内部审计人员职业道德规范为第1201号。

具体准则作为准则体系的第二层次,编码为2000。其中,内部审计作业类编号为2100,属于这一类别的九个具体准则编码分别为第2101号至第2109号;内部审计业务类编号为2200,属于这一类别的四个具体准则编码分别为第2201号至第2204号;内部审计管理类编号为2300,属于这一类别的七个具体准则编码分别为第2301号至第2307号。以第2305号内部审计具体准则——人际关系为例,千位数2代表该准则为准则体系中的具体准则,百位数3代表该准则为具体准则中的管理类准则,个位数5代表该准则在管理类准则中的排序。

实务指南作为准则体系的第三层次,编码是3000。第3101号为审计报告指南,第3201号至3204号分别为建设项目审计指南、物资采购审计指南、高校内部审计指南和企业内部经济责任审计指南。以第3202号内部审计实务指南——物资采购审计为例,千位数 3 代表第三层次实务指南,百位数 2 代表与具体准则的业务类准则相对应,个位数 2 代表在此类指南中的排序。

(二)内部审计准则结构的调整

针对现有具体准则中存在的内容交叉、重复,个别准则不适应内部审计最新发展等问题,此次修订对准则体系结构进行了调整,对部分准则的内容进行了整合,并根据实际情况取消了部分准则。修订后的内部审计准则体系由内部审计基本准则、内部审计人员职业道德规范、20 个具体准则、五个实务指南构成。具体包括:

1. 将原第 12 号、第 16 号、第 21 号具体准则与原第 5 号具体准则合并修订为第 2201 号内部审计具体准则——内部控制审计。原第 5 号准则《内部控制审计》规范了内部控制的定义、要素、内部控制审计的目标、内容、方法等,属于对内部控制审计的总纲式规定;原第 12 号准则《遵循性审计》具体规范内部控制目标中关于遵守国家有关法律法规和组织内部标准的内容;原第 16 号准则《风险管理审计》具体规范内部控制中风险评估要素的审查和评价;原第 21 号准则《内部审计的控制自我评估法》规范了控制自我评估这一具体方法,以及内部审计人员如何运用该方法协助管理层对内部控制进行评估。遵循性审计、风险管理审计、内部审计的控制自我评估法等三个准则从内容或逻辑上都应当属于内部控制审计的组成部分,因此,此次修订将原分属四个准则的内容进行了整合和补充,并充分借鉴《企业内部控制基本规范》及配套指引的相关内容,制定了《内部控制审计准则》。

2. 将原第 25 号、第 26 号、第 27 号具体准则合并修订为第 2202 号内部审计具体准则——绩效审计。按照经济性、效率性和效果性等三个方面分别制定具体准则是我国准则制定工作的有益探索。然而,由于经济性、效率性和效果性均为绩效审计的目标,实践中往往需要对某一事项或项目的经济性、效率性和效果性同时做出评价,因而原准则存在内容重复、实践中不好操作等弊端。因此,此次修订将原来的三个具体准则进行了合并,修订为《绩效审计准则》。

3. 将原第 9 号、第 19 号具体准则合并修订为第 2306 号内部审计具体准则——内部审计质量控制。原第 9 号具体准则《内部审计督导》中将督导定义为通过内部审计机构负责人和审计项目负责人对实施审计工作的审计人员所进行的监督和指导,其目的是为了保证内部审计质量。而原第 19 号准则《内部审计质量控制》中规定的项目质量控制,主要是指审计项目负责人指导内部审计人员执行审计计划、监督内部审计过程、复核审计工作底稿及审计报告。从内容上看，内部审计质量控制涵盖了内部审计督导，因此，此次修订调整了原第19号准则《内部审计质量控制》的结构，与原第9号准则《内部审计督导》的相关内容进行整合，并做进一步修改和完善。

4. 不再保留原第17号具体准则——重要性和审计风险。与国际内部审计准则的有关内容相比，制定《重要性与审计风险》准则是我国内部审计准则体系的尝试和创新。但是，随着内部审计逐步从财务审计发展到更加关注内部控制、风险管理的阶段，原来侧重于财务报表审计的重要性、审计风险等概念及运用已经发生了变化。鉴于此，此次修订不再保留该准则，将"重要性"和"审计风险"的内容分散在基本准则以及相关具体准则中予以反映。

5. 不再保留原第22号具体准则——内部审计的独立性和客观性。独立性和客观性是内部审计的基本特质，也是内部审计人员职业道德规范的重要组成部分。因此，此次修订不再保留该具体准则，相应条款充实到内部审计基本准则和内部审计人员职业道德规范中。

6. 不再保留原第29号具体准则——内部审计人员后续教育。原第29号具体准则所指的内部审计人员包括取得内部审计人员岗位资格证书或取得国际注册内部审计师（CIA）资格证书的人员。目前，国际内部审计师协会对取得CIA证书和内部控制自我评估专业资格证书（CCSA）人员的后续教育作出了新的规定，中国内部审计协会根据该规定出台了《国际注册内部审计师后续教育办法》和《内部控制自我评估专业资格证书后续教育办法》，对中国大陆地区持有上述资格证书人员的后续教育进行规范。鉴于第29号具体准则的内容和目前的实际情况已有较大出入，此次修订不再保留该准则，同时在基本准则和内部审计人员职业道德规范中对内部审计人员后续教育方面的要求进一步明确和强化。今后协会将结合内部审计人员后续教育的实际情况，制定更有针对性的办法或规定。

五、关于修订的重点内容

按照修订方案，内部审计基本准则、内部审计人员职业道德规范、内部控制审计准则、绩效审计准则、内部审计质量控制准则为此次重点修订的准则，同时对审计计划、审计通知书等准则的部分内容和表述做出了修订，对其他准则的文字表述进行了统一和完善。实务指南未纳入此次修订的范围，下一步将根据调整后的准则做进一步修订。

(一)关于内部审计基本准则

此次修订后,内部审计基本准则的内容由原来的 27 条调整为 33 条,具体修订如下:

1. 内部审计定义。修订后的定义力求反映国际、国内内部审计实务的最新发展变化,与 IIA 对内部审计的定义接轨。与原定义相比,主要变化体现在:

(1)关于内部审计的职能。IIA 在内部审计最新定义中将内部审计界定为一种"确认和咨询"活动。实际上,"确认"的含义就是指通过监督检查,对被审计的事项予以鉴证,并在此基础上提出评价意见和建议。而"咨询"是在评价的基础上提出的意见和建议,是评价的进一步发展。因此,从内涵上来看,确认和咨询包含了监督和评价的含义。相对于"监督"所体现的内部审计的查错纠弊功能,现代内部审计更强调由"咨询"所体现出的内部审计的价值增值功能。随着我国内部审计的全面转型和发展,原内部审计定义中的"监督和评价"已不能全面反映当前内部审计理念和实践的最新发展,借鉴 IIA 的定义,此次修订将原内部审计定义中的"监督和评价"职能改为"确认和咨询"职能,进一步扩大了内部审计的职能范围。

(2)关于内部审计的范围。修订后的定义将内部审计范围界定为"业务活动、内部控制和风险管理的适当性和有效性",将原来的"经营活动"改为"业务活动",体现了内部审计的业务范围不仅仅局限于以盈利为目的的组织,还适用于非盈利组织。定义中增加了对"风险管理的适当性和有效性"的审查和评价,以体现内部审计对组织风险的关注。

(3)关于内部审计的方法。修订后的定义增加了运用"系统、规范的方法"的规定,强调了内部审计的专业技术特征,体现内部审计职业的科学性和规范性,有助于内部审计人员和社会各界人士了解内部审计职业对技术方法和人员素质的要求。

(4)关于内部审计的目标。修订后的定义将内部审计的目标界定为"促进组织完善治理、增加价值和实现目标",进一步明确了内部审计在提升组织治理水平,促进价值增值以及实现组织目标中的重要作用。对内部审计目标更高的定位将进一步提升内部审计在组织中的地位和影响力,提升内部审计的层次。

2. 关于准则的适用范围。为涵盖内部审计外包的情况,准则中增加了"其他组织或者人员接受本组织委托、聘用,承办或者参与的内部审计业务,也应当遵守本准则"的规定。

3. 调整的其他主要内容。一是在一般准则中,增加了内部审计章程中应明确规定内部审计的目标、职责和权限的内容;增加了内部审计人员保密义务的内容。二是在作业准则中增加了内部审计机构和内部审计人员应当全面关注组织风险,以风险为基础组织实施审计业务的内容;增加了内部审计人员关注组织舞弊风险,对舞弊行为进行检查和报告的内容;增加了内部审计人员为组织提供适当咨询服务的内容。三是在报告准则中不再保留审计报告分级复核制度及后续审计方面的内容;四是在内部管理准则中增加了内部审计机构与董事会或者最高管理层的关系、内部审计机构管理体制,以及内部审计机构对内部审计实施有效质量控制等内容。

（二）关于内部审计人员职业道德规范

原《内部审计人员职业道德规范》共 11 条,基本涵盖了内部审计人员应当具备的职业道德素质,但规定过于原则,只是对内部审计人员职业道德提供了方向性指引,弹性过大,适用性不强。此次修订以原《内部审计人员职业道德规范》为基础,吸收了原《内部审计的独立性和客观性》准则和《内部审计人员后续教育》准则的部分内容,同时充分借鉴了国际内部审计师协会《职业道德规范》的有关内容,并参考其他行业的职业道德要求,对内部审计人员职业道德进行充实和完善。体例结构上也与其他准则一致,采用分章表述,分为总则、一般原则、诚信正直、客观性、专业胜任能力、保密、附则等七个部分,对内部审计人员的职业道德要求做出了较为详细的规定。

（三）关于内部控制审计准则

五部委《企业内部控制基本规范》及配套指引的出台,对内部控制审计工作提出了明确要求。此次修订借鉴了《企业内部控制基本规范》、《企业内部控制评价指引》的相关规定,对原《内部控制审计》准则进行了较大的修改。考虑到目前企业内部控制评价主体模糊的情况,以及内部控制审计和内部控制评价在实务中无论从实施主体还是报告方式等方面都存在一定差别,为突出内部审计部门在内部控制评价中的特殊性和职能作用,此次修订仍将该准则的名称定为内部控制审计,同时进一步明确了内部控制审计的定义、定位和主体,突出了内部审计部门在内部控制审计中发挥的作用和优势,进一步丰富了相关内容。具体修订如下:

1. 内部控制审计的内容。此次修订将内部控制审计按照审计范围分为全面内部控制审计和专项内部控制审计,并从组织层面和业务层面对内部控制审计的内容作了较为细致的规定。其中组织层面内部控制审计的内容主要按照内部控制五要素进行规范,同时借鉴、吸收了《企业内部控制评价指引》中有关内部控制评价内容的规定,力求与《企业内部控制基本规范》及配套指引相衔接。

2. 内部控制审计的程序和方法。强调了内部审计人员在实施现场审查前,可以要求被审计单位提交最近一次的内部控制自我评估报告。内部审计人员应当结合内部控制自我评估报告,确定审计内容及重点,实施内部控制审计。

3. 内部控制缺陷的认定。专章规定了内部控制缺陷的认定,对缺陷认定的方法、缺陷的种类和缺陷的报告等内容进行了规定。

4. 内部控制审计报告。专章规定了内部控制审计报告,要求全面内部控制审计报告一般应当报送组织董事会或者最高管理层,包含有重大缺陷认定的专项内部控制审计报告应当报送董事会或者最高管理层;经董事会或者最高管理层批准,内部控制审计报告可以作为《企业内部控制评价指引》中要求的内部控制评价报告对外披露。

(四)关于绩效审计准则

绩效审计准则的修订内容主要包括:一是将绩效审计的概念界定为对组织经营管理活动的经济性、效率性和效果性进行的评价,从而涵盖了非盈利组织开展绩效审计的相关工作。二是明确了绩效审计既可以根据实际情况和需要,对组织经营管理活动的经济性、效率性和效果性同时进行审查和评价,也可以只侧重某一方面进行审查和评价,并概括了绩效审计主要审查和评价的内容。三是规定了选择绩效审计方法的要求,列举了常规审计方法以外的绩效审计方法。四是规定了绩效审计评价标准的来源,以及确定绩效审计评价标准时应当注意的原则。五是根据绩效审计的特点,细化了对绩效审计报告内容的要求。

(五)关于内部审计质量控制准则

此次修订后的内部审计质量控制准则,一是将内部审计质量控制划分为内部审计机构质量控制和内部审计项目质量控制。二是在内部审计项目质量控制中,将项目负责人在指导、监督、检查过程中应考虑和注意的事项以及应当履行的职责做了进一步细化,不再保留内部审计机构对审计质量进行考核和评估的相关内容。三是由于中国内部审计协会已出台了内部审计质量评估办法和评估手册,此次修订对内部审计质量外部评估的内容不再做重复规定。

(六)关于审计计划等13个具体准则的修订

1. 修订后的审计计划准则将审计计划由原来的年度审计计划、项目审计计划和审计方案三个层次调整为年度审计计划和项目审计方案两个层次。这是考虑内部审计实践中的做法,参考国际内部审计准则、国家审计准则有关审计计划的规定而做的修订。

2. 修订后的审计通知书准则明确了"内部审计机构应当在实施审计三日前,向被审计单位或者被审计人员送达审计通知书"的要求。

3. 修订后的审计证据准则将原准则第四条审计证据种类中的"视听电子证据"细分为"视听证据"和"电子证据"两种;将审计证据的"充分性、相关性和可靠性"特征的表述调整为"相关性、可靠性和充分性",并对各自的含义做了修订;对原第七条:"获取审计证据需要考虑的基本要素"的内容的前后顺序做了调整;将原第八条:"审计证据的获取方法"中的"询问"改成"访谈",增加"调查"方法;原第九条后增加"采集被审计单位电子数据作为审计证据的,内部审计人员应当记录电子数据的采集和处理过程"的规定。

4. 修订后的审计工作底稿准则,删除了原准则第六条有关审计工作底稿的形式方面内容;将原第七条:"审计工作底稿的记录"与原第九条:"审计工作底稿应载明事项"的内容进行了整合;增加了项目审计方案的编制及调整情况也应当编制审计工作底稿的要求;原第四章"审计工作底稿的整理与使用"的名称改成"审计工作底稿的归档与保管",并对相关用语做了规范。

5. 修订后的审计报告准则删除了原准则第七条:"审计报告是对被审计单位经营活动及内部控制的适当性和有效性进行的相对保证"的内容;"审计报告的正文内容"中增加"审计发现","审计决定"改成"审计意见";将第四章"审计报告的编制、复核与分发"的名称改成"审计报告的编制、复核与报送",并增加了"已经出具的审计报告若存在重要错误或遗漏,内部审计机构应当及时更正,并将更正后的审计报告及时提交给所有的原审计报告接收者"的规定。

6. 修订后的后续审计准则,将内部审计机构开展后续审计工作等相应规定中的"应当"改成"可以",主要基于后续审计是实践中根据具体情况选择采用的审计程序;删除原第十一条内部审计人员确定后续审计范围时的相关要求方面的内容。

7. 将原分析性复核准则的名称改成分析程序准则。这是根据国际通行的用法以及注册会计师执业准则的相关表述而做的相应调整;进一步界定了"分析程序"的概念,对相关用语和内容作了修正;删除了原第十六条:"内部审计人员应充分考虑分析性复核的结果,在综合分析和评价的基础上得出审计结论"的内容。

8. 修订后的审计抽样准则,进一步完善了审计抽样的定义、抽样总体的确定原则、抽样的程序和方法等内容,并对相关用语做了进一步规范。

9. 修订后的信息系统审计准则对原准则第六条有关信息系统审计人员专业胜任能力的内容做了调整,对此做了较为宽泛的要求,不再规定具体的工作时间及经验的要求;将"信息系统审计内容"中的"监控"改为"内部监督";删除了原第六章"信息系统审计的方法"第二十八条有关审计工作底稿的内容;鉴于原第七章"审计报告与后续工作"中有关审计报告的内容不具有特殊性,故予以删除;将原第三十条信息系统审计作为综合性内部审计项目的一部分的内容与原第七条的相关内容整合。

10. 基于实践中内部审计部门在对组织舞弊行为的检查和报告中所发挥的作用,此次修订将原舞弊的预防、检查和报告准则的名称改为对舞弊行为进行检查和报告准则;将原"舞弊的预防"一章的名称修改为"评估舞弊发生的可能性",并对有关内容作了相应调整,以增强该准则的科学性和可操作性;将原第四章"舞弊的检查"第十七条和第十九条的内容删除。

11. 修订后的与董事会或者最高管理层的关系准则将原准则"协助董事会或最高管理层的工作"一章的内容删除。原因是该部分的内容表述不清晰,在实践中的不易操作;原准则名称精炼修改为"与董事会或者最高管理层的关系"。

12. 修订后的利用外部专家服务准则,在原准则第九条的内容中增加了内部审计机构对外部专家"客观性"内容的评价;原第十五条的内容修改为"内部审计机构对外部专家服务评价后,如果认为其服务的结果无法形成相关、可靠和充分的证据,应当通过其他替代程序补充获取相应的审计证据"。

13. 修订后的评价外部审计工作质量准则,分别删除原准则第四条:"内部审计机构在需要利用外部审计工作成果,以减少重复工作,提高工作效率时,应对外部审计工作质量进行评价"和第十九条:"编制对外审计工作质量的评价报告,应当做到客观、清晰、及时"的内容。

第2205号内部审计具体准则——经济责任审计

第一章 总 则

第一条 为了规范经济责任审计工作，提高审计质量和效果，根据《党政主要领导干部和国有企业领导人员经济责任审计规定》、《党政主要领导干部和国有企业领导人员经济责任审计规定实施细则》和《内部审计基本准则》，制定本准则。

第二条 本准则所称经济责任，是指领导干部任职期间因其所任职务，依法对所在部门、单位、团体或企业（含金融机构）的财政、财务收支以及有关经济活动应当履行的职责、义务。

第三条 本准则所称经济责任审计，是指内部审计机构对本组织所管理的领导干部经济责任的履行情况进行监督、评价和鉴证的行为。

第四条 本准则适用于各类组织的内部审计机构、内部审计人员所从事的经济责任审计活动。其他单位或者人员接受委托、聘用，承办或者参与经济责任审计业务，也应当遵守本准则。

第二章 一般原则

第五条 经济责任审计的对象包括：党政工作部门、事业单位和人民团体下属独立核算单位的主要领导人员，以及下属非独立核算但负有经济管理职能单位的主要领导人员；企业（含金融机构）下属全资或控股企业的主要领导人员，以及对经营效益产生重大影响或掌握重要资产的部门和机构的主要领导人员等。

第六条 经济责任审计应当有计划地进行，一般由干部管理部门书面委托内部审计机构负责实施。

内部审计机构应当结合干部管理部门提出的年度委托建议，拟定年度经济责任审计计划，报请主管领导批准后，纳入年度审计计划并组织实施。

组织可以结合实际，建立经济责任审计工作联席会议制度，负责经济责任审计的委托和其他重大经济责任事项的审定。

第三章 审计内容

第七条 内部审计机构应当根据被审计领导干部的职责权限和履行经济责任情况，结合其所在组织或者原任职组织的实际情况，确定审计内容。

第八条 经济责任审计的主要内容一般包括：

（一）贯彻执行党和国家有关经济方针政策和决策部署，推动组织可持续发展情况；

（二）组织治理结构的健全和运转情况；

（三）组织发展战略的制定和执行情况及其效果；

（四）遵守有关法律法规和财经纪律情况；

（五）各项管理制度的健全和完善，特别是内部控制制度的制定和执行情况，以及对下属单位的监管情况；

（六）财政、财务收支的真实、合法和效益情况；

（七）有关目标责任制完成情况；

（八）重大经济事项决策程序的执行情况及其效果；

（九）重要项目的投资、建设、管理及效益情况；

（十）资产的管理及保值增值情况；

（十一）本人遵守廉洁从业规定情况；

（十二）对以往审计中发现问题的整改情况；

（十三）其他需要审计的内容。

第四章 审计程序和方法

第九条 经济责任审计可分为准备、实施、终结和后续审计四个阶段。

（一）审计准备阶段主要工作包括：组成审计组、开展审前调查、编制审计方案和下达审计通知书。审计通知书送达被审计领导干部及其所在组织，并抄送有关部门。

（二）审计实施阶段主要工作包括：召开进点会议、收集有关资料、获取审计证据、编制审计工作底稿、与被审计领导干部及其所在组织交换意见。被审计领导干部应当参加审计进点会并做述职。

（三）审计终结阶段主要工作包括：编制审计报告、征求意见、修改与审定审计报告、出具审计报告、建立审计档案。

（四）后续审计阶段主要工作包括：检查审计发现问题的整改情况和审计建议的实施效果。

第十条 内部审计人员应当考虑审计目标、审计重要性、审计风险和审计成本等因素，综合运用审核、观察、监盘、访谈、调查、函证、计算和分析程序等方法，获取相关、可靠和充分的审计证据。

第五章 审计评价

第十一条 内部审计机构应当依据法律法规、国家有关政策以及干部考核评价等规定，结合所在组织的实际情况，根据审计查证或者认定的事实，客观公正、实事求是地进行审计评价。

第十二条 审计评价应当遵循全面性、重要性、客观性、相关性和谨慎性原则。审计评价应当与审计内容相一致，一般包括被审计领导干部任职期间履行经济责任的业绩、主要问题以及应当承担的责任。

第十三条 审计评价可以综合运用多种方法，主要包括：进行纵向和横向的业绩比较分析；运用与被审计领导干部履行经济责任有关的指标量化分析；将被审计领导干部履行经济责任的行为或事项置于相关经济社会环境中进行对比分析等。

内部审计机构应当根据审计内容和审计评价的需要，合理选择和设定定性和定量评价指标。

第十四条 审计评价的依据一般包括：

（一）法律、法规、规章、规范性文件；

（二）国家和行业的有关标准；

（三）组织的内部管理制度、发展战略、规划、目标；

（四）有关领导的职责分工文件，有关会议记录、纪要、决议和决定，有关预算、决算和合同；

（五）有关职能部门、主管部门发布或者认可的统计数据、考核结果和评价意见；

（六）专业机构的意见和公认的业务惯例或者良好实务；

（七）其他依据。

第十五条 对被审计领导干部履行经济责任过程中存在的问题，内部审计机构应当按照权责一致原则，根据领导干部的职责分工，结合相关事项的决策环境、决策程序等实际情况，依法依规进行责任界定。被审计领导干部对审计中发现的问题应当承担的责任包括：直接责任、主管责任和领导责任。

对被审计领导干部应当承担责任的问题或者事项，可以提出责任追究建议。

第十六条 被审计领导干部以外的其他人员对有关问题应当承担的责任，内部审计机构可以以适当方式向干部管理监督部门等提供相关情况。

第六章 审计报告

第十七条 内部审计机构实施经济责任审计项目后，应当出具审计报告。

第十八条 审计组实施审计后，应当将审计报告书面征求被审计领导干部及其所在组织的意见。内部审计机构应当针对收到的书面意见，进一步核实情况，对审计报告作出必要的修改。

被审计领导干部及其所在组织应当自接到审计组的审计报告之日起10日内提出书面意见；10日内未提出书面意见的，视同无异议。

第十九条 经济责任审计报告的内容，主要包括：

（一）基本情况，包括审计依据、实施审计的情况、被审计领导干部所在组织的基本情况、被审计领导干部的任职及分工情况等；

（二）被审计领导干部履行经济责任的主要情况；

（三）审计发现的主要问题和责任认定；

（四）审计评价；

（五）审计处理意见和建议；

（六）其他必要的内容。

审计中发现的有关重大事项,可以直接报送主管领导或者相关部门,不在审计报告中反映。

第二十条 内部审计机构应当将审计报告报送主管领导;提交委托审计的干部管理部门;抄送被审计领导干部及其所在组织和相关部门。

内部审计机构可以根据实际情况撰写并向委托部门报送经济责任审计结果报告。

第七章 审计结果运用

第二十一条 经济责任审计结果应当作为干部考核、任免和奖惩的重要依据。

内部审计机构应当促进经济责任审计结果的充分运用,推进组织健全经济责任审计情况通报、责任追究、整改落实、结果公告等制度。

第二十二条 内部审计机构发现被审计领导干部及其所在组织违反内部规章制度时,可以建议由组织的权力机构或有关部门对责任单位和责任人员作出处理、处罚决定;发现涉嫌违法违规线索时,应当将线索移送纪检监察部门或司法机关查处并协助其落实、查处与审计项目相关的问题和事项。

第二十三条 内部审计机构应当及时跟踪、了解、核实被审计领导干部及其所在组织对审计查实问题和审计建议的整改落实情况。必要时,内部审计机构应当开展后续审计,审查和评价被审计领导干部及其所在组织对审计发现的问题所采取的整改情况。

第二十四条 内部审计机构应当将经济责任审计结果和被审计领导干部及其所在组织的整改落实情况,在一定范围内进行公告;对审计发现的典型性、普遍性、倾向性问题和有关建议,以综合报告、专题报告等形式报送主要领导,提交有关部门。

第八章 附 则

第二十五条 本准则由中国内部审计协会发布并负责解释。

第二十六条 本准则自2016年3月1日起施行。

第2308号内部审计具体准则——审计档案工作

第一章 总 则

第一条 为了规范审计档案工作,提高审计档案质量,发挥审计档案作用,根据《中华人民共和国档案法》和《内部审计基本准则》,制定本准则。

第二条 本准则所称审计档案,是指内部审计机构和内部审计人员在审计项目实施过程中形成的、具有保存价值的历史记录。

第三条 本准则所称审计档案工作,是指内部审计机构对应纳入审计档案的材料(以下简称审计档案材料)进行收集、整理、立卷、移交、保管和利用的活动。

第四条 本准则适用于各类组织的内部审计机构、内部审计人员及其从事的内部审计活动。其他单位或人员接受委托、聘用,承办或者参与内部审计项目,形成的审计档案材料应当交回组织,并遵守本准则。

第二章 一般原则

第五条 内部审计人员在审计项目实施结束后,应当及时收集审计档案材料,按照立卷原则和方法进行归类整理、编目装订、组合成卷和定期归档。

第六条 内部审计人员立卷时,应当遵循按性质分类、按单元排列、按项目组卷原则。

第七条 内部审计人员应当坚持谁审计、谁立卷的原则,做到审结卷成、定期归档。

第八条 内部审计人员应当按审计项目立卷,不同审计项目不得合并立卷。跨年度的审计项目,在审计终结的年度立卷。

第九条 审计档案质量的基本要求是:审计档案材料应当真实、完整、有效、规范,并做到遵循档案材料的形成规律和特点,保持档案材料之间的有机联系,区别档案材料的重要程度,便于保管和利用。

第十条 内部审计机构应当建立审计档案工作管理制度,明确规定审计档案管理人员的要求和责任。

第十一条 内部审计项目负责人应当对审计档案的质量负主要责任。

第三章 审计档案的范围与排列

第十二条 内部审计人员应当及时收集在审计项目实施过程中直接形成的文件材料和与审计项目有关的其他审计档案材料。

第十三条 内部审计人员应当根据审计档案材料的保存价值和相互之间的关联度,以审计报告相关内容的需要为标准,整理鉴别和选用需要立卷的审计档案材料,并归集形成审计档案。

第十四条 审计档案材料主要包括以下几类:

（一）立项类材料:审计委托书、审计通知书、审前调查记录、项目审计方案等;

（二）证明类材料:审计承诺书、审计工作底稿及相应的审计取证单、审计证据等;

（三）结论类材料:审计报告、审计报告征求意见单、被审计对象的反馈意见等;

（四）备查类材料:审计项目回访单、被审计对象整改反馈意见、与审计项目联系紧密且不属于前三类的其他材料等。

第十五条 审计档案材料应当按下列四个单元排列:

（一）结论类材料,按逆审计程序、结合其重要程度予以排列;

（二）证明类材料,按与项目审计方案所列审计事项对应的顺序、结合其重要程度予以排列;

（三）立项类材料,按形成的时间顺序、结合其重要程度予以排列;

（四）备查类材料,按形成的时间顺序、结合其重要程度予以排列。

第十六条 审计档案内每组材料之间的排列要求:

（一）正件在前,附件在后;

（二）定稿在前,修改稿在后;

（三）批复在前,请示在后;

（四）批示在前,报告在后;

（五）重要文件在前，次要文件在后；

（六）汇总性文件在前，原始性文件在后。

第四章　纸质审计档案的编目、装订与移交

第十七条　纸质审计档案主要包括下列要素：

（一）案卷封面；

（二）卷内材料目录；

（三）卷内材料；

（四）案卷备考表。

第十八条　案卷封面应当采用硬卷皮封装。

第十九条　卷内材料目录应当按卷内材料的排列顺序和内容编制。

第二十条　卷内材料应当逐页注明顺序编号。

第二十一条　案卷备考表应当填写立卷人、项目负责人、检查人、立卷时间以及情况说明。

第二十二条　纸质审计档案的装订应当符合下列要求：

（一）拆除卷内材料上的金属物；

（二）破损和褪色的材料应当修补或复制；

（三）卷内材料装订部分过窄或有文字的，用纸加宽装订；

（四）卷内材料字迹难以辨认的，应附抄件加以说明；

（五）卷内材料一般不超过200页装订。

第二十三条　内部审计人员（立卷人）应当将获取的电子证据的名称、来源、内容、时间等完整、清晰地记录于纸质材料中，其证物装入卷内或物品袋内附卷保存。

第二十四条　内部审计人员（立卷人）完成归类整理，经项目负责人审核、档案管理人员检查后，按规定进行编目和归档，向组织内部档案管理部门（以下简称档案管理部门）办理移交手续。

第五章　电子审计档案的建立、移交与接收

第二十五条　内部审计机构在条件允许的情况下，可以为审计项

目建立电子审计档案。

第二十六条 内部审计机构应当确保电子审计档案的真实、完整、可用和安全。

第二十七条 电子审计档案应当采用符合国家标准的文件存储格式,确保能够长期有效读取。主要包括以下内容:

(一)用文字处理技术形成的文字型电子文件;

(二)用扫描仪、数码相机等设备获得的图像电子文件;

(三)用视频或多媒体设备获得的多媒体电子文件;

(四)用音频设备获得的声音电子文件;

(五)其他电子文件。

第二十八条 内部审计机构在审计项目完成后,应当以审计项目为单位,按照归档要求,向档案管理部门办理电子审计档案的移交手续,并符合以下基本要求:

(一)元数据应当与电子审计档案一起移交,一般采用基于 XML 的封装方式组织档案数据;

(二)电子审计档案的文件有相应纸质、缩微制品等载体的,应当在元数据中著录相关信息;

(三)采用技术手段加密的电子审计档案应当解密后移交,压缩的电子审计档案应当解压缩后移交;特殊格式的电子审计档案应当与其读取平台一起移交;

(四)内部审计机构应当将已移交的电子审计档案在本部门至少保存 5 年,其中的涉密信息必须符合保密存储要求。

第二十九条 电子审计档案移交的主要流程包括:组织和迁移转换电子审计档案数据、检验电子审计档案数据和移交电子审计档案数据等步骤。

第三十条 电子审计档案的移交可采用离线或在线方式进行。离线方式是指内部审计机构一般采用光盘移交电子审计档案;在线方式是指内部审计机构通过与管理要求相适应的网络传输电子审计档案。

第三十一条 档案管理部门可以建立电子审计档案接收平台,进行电子审计档案数据的接收、检验、迁移、转换、存储等工作。

第三十二条　电子审计档案检验合格后办理交接手续,由交接双方签字;也可采用电子形式并以电子签名方式予以确认。

第六章　审计档案的保管和利用

第三十三条　审计档案应当归组织所有,一般情况下,由档案管理部门负责保管,档案管理部门应当安排对审计档案业务熟悉的人员对接收的纸质和电子审计档案进行必要的检查。

第三十四条　归档与纸质文件相同的电子文件时,应当在彼此之间建立准确、可靠的标识关系,并注明含义、保持一致。

第三十五条　内部审计机构和档案管理部门应当按照国家法律法规和组织内部管理规定,结合自身实际需要合理确定审计档案的保管期限。

第三十六条　审计档案的密级和保密期限应当根据审计工作保密事项范围和有关部门保密事项范围合理确定。

第三十七条　内部审计机构和档案管理部门应当定期开展保管期满审计档案的鉴定工作,对不具有保存价值的审计档案进行登记造册,经双方负责人签字,并报组织负责人批准后,予以销毁。

第三十八条　内部审计机构应当建立健全审计档案利用制度。借阅审计档案,一般限定在内部审计机构内部。

内部审计机构以外或组织以外的单位查阅或者要求出具审计档案证明的,必须经内部审计机构负责人或者组织的主管领导批准,国家有关部门依法进行查阅的除外。

第三十九条　损毁、丢失、涂改、伪造、出卖、转卖、擅自提供审计档案的,由组织依照有关规定追究相关人员的责任;构成犯罪的,移送司法机关依法追究刑事责任。

第七章　附　则

第四十条　本准则由中国内部审计协会发布并负责解释。

第四十一条　本准则自 2016 年 3 月 1 日起施行。

审计署关于内部审计工作的规定

(中华人民共和国审计署令第4号)

第一条 为了加强内部审计工作,建立健全内部审计制度,根据《中华人民共和国审计法》等有关法律,制定本规定。

第二条 内部审计是独立监督和评价本单位及所属单位财政收支、财务收支、经济活动的真实、合法和效益的行为,以促进加强经济管理和实现经济目标。

第三条 国家机关、金融机构、企业事业组织、社会团体以及其他单位,应当按照国家有关规定建立健全内部审计制度。

法律、行政法规规定设立内部审计机构的单位,必须设立独立的内部审计机构。

法律、行政法规没有明确规定设立内部审计机构的单位,可以根据需要设立内部审计机构,配备内部审计人员。

有内部审计工作需要且不具有设立独立的内部审计机构条件和人员编制的国家机关,可以授权本单位内设机构履行内部审计职责。

设立内部审计机构的单位,可以根据需要设立审计委员会,配备总审计师。

第四条 内部审计机构在本单位主要负责人或者权力机构的领导下开展工作。

第五条 内部审计人员实行岗位资格和后续教育制度,本单位应当予以支持和保障。

第六条 单位主要负责人或者权力机构应当保护内部审计人员依法履行职责,任何单位和个人不得打击报复。

第七条 内部审计人员办理审计事项,应当严格遵守内部审计职业规范,忠于职守,做到独立、客观、公正、保密。

第八条 内部审计机构履行职责所必需的经费,应当列入财务预算,由本单位予以保证。

第九条 内部审计机构按照本单位主要负责人或者权力机构的要求,履行下列职责:

(一)对本单位及所属单位(含占控股地位或者主导地位的单位,下同)的财政收支、财务收支及其有关的经济活动进行审计;

(二)对本单位及所属单位预算内、预算外资金的管理和使用情况进行审计;

(三)对本单位内设机构及所属单位领导人员的任期经济责任进行审计;

(四)对本单位及所属单位固定资产投资项目进行审计;

(五)对本单位及所属单位内部控制制度的健全性和有效性以及风险管理进行评审;

(六)对本单位及所属单位经济管理和效益情况进行审计;

(七)法律、法规规定和本单位主要负责人或者权力机构要求办理的其他审计事项。

第十条 内部审计机构每年应当向本单位主要负责人或者权力机构提出内部审计工作报告。

第十一条 单位主要负责人或者权力机构应当制定相应规定,确保内部审计机构具有履行职责所必需的权限,主要是:

(一)要求被审计单位按时报送生产、经营、财务收支计划、预算执行情况、决算、会计报表和其他有关文件、资料;

(二)参加本单位有关会议,召开与审计事项有关的会议;

(三)参与研究制定有关的规章制度,提出内部审计规章制度,由单位审定公布后施行;

(四)检查有关生产、经营和财务活动的资料、文件和现场勘察实物;

(五)检查有关的计算机系统及其电子数据和资料;

(六)对与审计事项有关的问题向有关单位和个人进行调查,并取得证明材料;

（七）对正在进行的严重违法违规、严重损失浪费行为，作出临时制止决定；

（八）对可能转移、隐匿、篡改、毁弃会计凭证、会计账簿、会计报表以及与经济活动有关的资料，经本单位主要负责人或者权力机构批准，有权予以暂时封存；

（九）提出纠正、处理违法违规行为的意见以及改进经济管理、提高经济效益的建议；

（十）对违法违规和造成损失浪费的单位和人员，给予通报批评或者提出追究责任的建议。

第十二条　单位主要负责人或者权力机构在管理权限范围内，授予内部审计机构必要的处理、处罚权。

第十三条　内部审计机构对本单位有关部门及所属单位严格遵守财经法规、经济效益显著、贡献突出的集体和个人，可以向单位主要负责人或者权力机构提出表扬和奖励的建议。

第十四条　内部审计机构应当遵守内部审计准则、规定，按照单位主要负责人或者权力机构的要求实施审计。

第十五条　内部审计协会是内部审计行业的自律性组织，是社会团体法人。全国设立中国内部审计协会，地方根据需要和法定程序设立具有独立法人资格的地方内部审计协会。

第十六条　内部审计协会依照法律和章程履行职责，并接受审计机关的指导、监督和管理。

第十七条　内部审计机构应当不断提高内部审计业务质量，并依法接受审计机关对内部审计业务质量的检查和评估。

第十八条　被审计单位不配合内部审计工作、拒绝审计或者提供资料、提供虚假资料、拒不执行审计结论或者报复陷害内部审计人员的，单位主要负责人或者权力机构应当及时予以处理；构成犯罪的，移交司法机关追究刑事责任。

第十九条　对认真履行职责、忠于职守、坚持原则、做出显著成绩的内部审计人员，由所在单位给予精神或者物质奖励。

对滥用职权、徇私舞弊、玩忽职守、泄露秘密的内部审计人员,由所在单位依照有关规定予以处理;构成犯罪的,移交司法机关追究刑事责任。

第二十条 本规定由审计署负责解释。

第二十一条 本规定自 2003 年 5 月 1 日起施行。审计署于 1995 年 7 月 14 日发布的《审计署关于内部审计工作的规定》(审计署令 1995 年第 1 号)同时废止。

国务院关于加强审计工作的意见

国发〔2014〕48号

各省、自治区、直辖市人民政府，国务院各部委、各直属机构：

为切实加强审计工作，推动国家重大决策部署和有关政策措施的贯彻落实，更好地服务改革发展，维护经济秩序，促进经济社会持续健康发展，现提出以下意见：

一、总体要求

（一）指导思想。坚持以邓小平理论、"三个代表"重要思想、科学发展观为指导，深入贯彻落实党的十八大和十八届二中、三中全会精神，依法履行审计职责，加大审计力度，创新审计方式，提高审计效率，对稳增长、促改革、调结构、惠民生、防风险等政策措施落实情况，以及公共资金、国有资产、国有资源、领导干部经济责任履行情况进行审计，实现审计监督全覆盖，促进国家治理现代化和国民经济健康发展。

（二）基本原则。

——围绕中心，服务大局。紧紧围绕国家中心工作，服务改革发展，服务改善民生，促进社会公正，为建设廉洁政府、俭朴政府、法治政府提供有力支持。

——发现问题，完善机制。发现国家政策措施执行中存在的主要问题和重大违法违纪案件线索，维护财经法纪，促进廉政建设；发现经济社会运行中的突出矛盾和风险隐患，维护国家经济安全；发现经济运行中好的做法、经验和问题，注重从体制机制制度层面分析原因和提出建议，促进深化改革和创新体制机制。

——依法审计，秉公用权。依法履行宪法和法律赋予的职责，敢于碰硬，勇于担当，严格遵守审计工作纪律和各项廉政、保密规定，注意工作方法，切实做到依法审计、文明审计、廉洁审计。

二、发挥审计促进国家重大决策部署落实的保障作用

（三）推动政策措施贯彻落实。持续组织对国家重大政策措施和宏观调控部署落实情况的跟踪审计，着力监督检查各地区、各部门落实稳增长、促改革、调结构、惠民生、防风险等政策措施的具体部署、执行进度、实际效果等情况，特别是重大项目落地、重点资金保障，以及简政放权推进情况，及时发现和纠正有令不行、有禁不止行为，反映好的做法、经验和新情况、新问题，促进政策落地生根和不断完善。

（四）促进公共资金安全高效使用。要看好公共资金，严防贪污、浪费等违法违规行为，确保公共资金安全。把绩效理念贯穿审计工作始终，加强预算执行和其他财政收支审计，密切关注财政资金的存量和增量，促进减少财政资金沉淀，盘活存量资金，推动财政资金合理配置、高效使用，把钱用在刀刃上。围绕中央八项规定精神和国务院"约法三章"要求，加强"三公"经费、会议费使用和楼堂馆所建设等方面审计，促进厉行节约和规范管理，推动俭朴政府建设。

（五）维护国家经济安全。要加大对经济运行中风险隐患的审计力度，密切关注财政、金融、民生、国有资产、能源、资源和环境保护等方面存在的薄弱环节和风险隐患，以及可能引发的社会不稳定因素，特别是地方政府性债务、区域性金融稳定等情况，注意发现和反映苗头性、倾向性问题，积极提出解决问题和化解风险的建议。

（六）促进改善民生和生态文明建设。加强对"三农"、社会保障、教育、文化、医疗、扶贫、救灾、保障性安居工程等重点民生资金和项目的审计，加强对土地、矿产等自然资源，以及大气、水、固体废物等污染治理和环境保护情况的审计，探索实行自然资源资产离任审计，深入分析财政投入与项目进展、事业发展等情况，推动惠民和资源、环保政策落实到位。

（七）推动深化改革。密切关注各项改革措施的协调配合情况，促进增强改革的系统性、整体性和协调性。正确把握改革和发展中出现的新情况，对不合时宜、制约发展、阻碍改革的制度规定，及时予以反

映,推动改进和完善。

三、强化审计的监督作用

(八)促进依法行政、依法办事。要加大对依法行政情况的审计力度,注意发现有法不依、执法不严等问题,促进法治政府建设,切实维护法律尊严。要着力反映严重损害群众利益、妨害公平竞争等问题,维护市场经济秩序和社会公平正义。

(九)推进廉政建设。对审计发现的重大违法违纪问题,要查深查透查实。重点关注财政资金分配、重大投资决策和项目审批、重大物资采购和招标投标、贷款发放和证券交易、国有资产和股权转让、土地和矿产资源交易等重点领域和关键环节,揭露以权谋私、失职渎职、贪污受贿、内幕交易等问题,促进廉洁政府建设。

(十)推动履职尽责。深化领导干部经济责任审计,着力检查领导干部守法守纪守规尽责情况,促进各级领导干部主动作为、有效作为,切实履职尽责。依法依纪反映不作为、慢作为、乱作为问题,促进健全责任追究和问责机制。

四、完善审计工作机制

(十一)依法接受审计监督。凡是涉及管理、分配、使用公共资金、国有资产、国有资源的部门、单位和个人,都要自觉接受审计、配合审计,不得设置障碍。有关部门和单位要依法、及时、全面提供审计所需的财务会计、业务和管理等资料,不得制定限制向审计机关提供资料和开放计算机信息系统查询权限的规定,已经制定的应予修订或废止。对获取的资料,审计机关要严格保密。

(十二)提供完整准确真实的电子数据。有关部门、金融机构和国有企事业单位应根据审计工作需要,依法向审计机关提供与本单位、本系统履行职责相关的电子数据信息和必要的技术文档;在确保数据信息安全的前提下,协助审计机关开展联网审计。在现场审计阶段,被审计单位要为审计机关进行电子数据分析提供必要的工作环境。

(十三)积极协助审计工作。审计机关履行职责需要协助时,有关部门、单位要积极予以协助和支持,并对有关审计情况严格保密。要建立健全审计与纪检监察、公安、检察以及其他有关主管单位的工作协调机制,对审计移送的违法违纪问题线索,有关部门要认真查处,及时向审计机关反馈查处结果。审计机关要跟踪审计移送事项的查处结果,适时向社会公告。

五、狠抓审计发现问题的整改落实

(十四)健全整改责任制。被审计单位的主要负责人作为整改第一责任人,要切实抓好审计发现问题的整改工作,对重大问题要亲自管、亲自抓。对审计发现的问题和提出的审计建议,被审计单位要及时整改和认真研究,整改结果在书面告知审计机关的同时,要向同级政府或主管部门报告,并向社会公告。

(十五)加强整改督促检查。各级政府每年要专题研究国家重大决策部署和有关政策措施落实情况审计,以及本级预算执行和其他财政收支审计查出问题的整改工作,将整改纳入督查督办事项。对审计反映的问题,被审计单位主管部门要及时督促整改。审计机关要建立整改检查跟踪机制,必要时可提请有关部门协助落实整改意见。

(十六)严肃整改问责。各地区、各部门要把审计结果及其整改情况作为考核、奖惩的重要依据。对审计发现的重大问题,要依法依纪作出处理,严肃追究有关人员责任。对审计反映的典型性、普遍性、倾向性问题,要及时研究,完善制度规定。对整改不到位的,要与被审计单位主要负责人进行约谈。对整改不力、屡审屡犯的,要严格追责问责。

六、提升审计能力

(十七)强化审计队伍建设。着力提高审计队伍的专业化水平,推进审计职业化建设,建立审计人员职业保障制度,实行审计专业技术资格制度,完善审计职业教育培训体系,努力建设一支具有较高政治素质和业务素质、作风过硬的审计队伍。审计机关负责人原则上应具备经济、法律、管理等工作背景。招录审计人员可加试审计工作必需的专业知识和技能,部分专业性强的职位可实行聘任制。

(十八)推动审计方式创新。加强审计机关审计计划的统筹协调,优化审计资源配置,开展好涉及全局的重大项目审计,探索预算执行项目分阶段组织实施审计的办法,对重大政策措施、重大投资项目、重点专项资金和重大突发事件等可以开展全过程跟踪审计。根据审计项目实施需要,探索向社会购买审计服务。加强上级审计机关对下级审计机关的领导,建立健全工作报告等制度,地方各级审计机关将审计结果和重大案件线索向同级政府报告的同时,必须向上一级审计机关报告。

（十九）加快推进审计信息化。推进有关部门、金融机构和国有企事业单位等与审计机关实现信息共享,加大数据集中力度,构建国家审计数据系统。探索在审计实践中运用大数据技术的途径,加大数据综合利用力度,提高运用信息化技术查核问题、评价判断、宏观分析的能力。创新电子审计技术,提高审计工作能力、质量和效率。推进对各部门、单位计算机信息系统安全性、可靠性和经济性的审计。

（二十）保证履行审计职责必需的力量和经费。根据审计任务日益增加的实际,合理配置审计力量。按照科学核算、确保必需的原则,在年度财政预算中切实保障本级审计机关履行职责所需经费,为审计机关提供相应的工作条件。加强内部审计工作,充分发挥内部审计作用。

七、加强组织领导

（二十一）健全审计工作领导机制。地方各级政府主要负责人要依法直接领导本级审计机关,支持审计机关工作,定期听取审计工作汇报,及时研究解决审计工作中遇到的突出问题,把审计结果作为相关决策的重要依据。要加强政府监督检查机关间的沟通交流,充分利用已有的检查结果等信息,避免重复检查。

（二十二）维护审计的独立性。地方各级政府要保障审计机关依法审计、依法查处问题、依法向社会公告审计结果,不受其他行政机关、社会团体和个人的干涉,定期组织开展对审计法律法规执行情况的监督检查。对拒不接受审计监督,阻挠、干扰和不配合审计工作,或威胁、恐吓、报复审计人员的,要依法依纪查处。

国务院

2014 年 10 月 9 日

教育部关于加强直属高等学校内部审计工作的意见

教财〔2015〕2号

部属各高等学校:

根据《中华人民共和国审计法》以及《国务院关于加强审计工作的意见》和《审计署关于内部审计工作的规定》等有关文件,为进一步加强直属高等学校内部审计工作,现提出以下意见:

一、高度重视,切实加强组织领导

1. 进一步提高对内部审计工作重要性的认识。内部审计是规范权力运行的重要手段,是强化过程监管的重要方式,是提高资源绩效的重要保障。加强内部审计工作,是完善学校内部治理结构和健全权力约束机制的重要措施,对促进高校科学发展具有重要意义。要高度重视内部审计工作,切实发挥内部审计"免疫系统"作用,通过内部审计规范学校经济管理,落实领导干部经济责任,提高资源绩效。

2. 健全内部审计工作领导机制。学校主要负责人应直接领导内部审计工作,定期听取审计工作报告,及时研究解决审计工作中遇到的问题和困难,把审计结果作为相关决策的重要依据。要加强内部监督管理部门间的沟通交流,综合利用监督成果。

3. 充分保障内部审计机构独立性。应设置独立内部审计部门,足额配备专职审计人员。要保障内部审计部门依法审计、依法查处问题、依法公告审计结果,不受其他机构和个人的干涉。对拒不接受审计监督,阻挠、干扰和不配合审计工作,或威胁、恐吓、报复审计人员的,要依规查处。

4. 切实加强内部审计队伍专业化建设。要按照加大审计力度、提高审计能力的要求,强化审计队伍专业化建设。内部审计部门负责人应具备经济、管理类专业知识,具有从事财经、审计等方面工作经验。内部审计队伍应由具备经济、管理、法律、建设工程、信息系统等专业背景和专业资格的人员组成。应组织内部审计人员参加后续教育,不断提高审计队伍的专业化水平。

二、强化预算管理审计,促进提高资金使用效益

5. 加强预算编制管理审计。学校预算的编制和调整,应安排内部审计部门提前介入,列席有关决策会议。重点对预算依据充分性、预算编制完整性、预算安排合理性、预算调整规范性等进行审计。通过审计,进一步规范预算编制,提高预算的科学性,优化资源配置。

6. 加强预算执行过程审计。要重点对收支规模大、经济活动频繁的内部机构和下属单位预算执行情况和重点项目预算执行情况进行审计。关注预算执行的真实性、合法性和控制机制的健全性、有效性。通过审计,加大预算执行力度,强化预算刚性约束,推动预算执行更加及时、规范。

7. 开展预算执行绩效审计。在预算年度结束后,应对高校预算执行结果进行审计,评价执行效果,提出改进建议。要对重点项目进行绩效审计,评价项目绩效,促进提高项目资金使用效益。

三、推动内部控制审计,切实加强风险防控

8. 将内部控制纳入内部审计范围。要结合内部控制制度建设工作,逐步建立健全内部控制监督评价制度,将内部控制审计列为内部审计日常工作。通过组织开展内部控制审计,推动内部控制建设,切实防范风险。

9. 组织开展单位层面内部控制审计。应对单位层面内部控制进行全面调查,了解控制环境、风险评估、控制活动、信息与沟通、内部监督等内部控制要素。定期或不定期组织内部审计部门检查单位层面内部控制情况。内部审计部门可以结合学校经济活动风险评估,根据风险评估情况,对单位层面内部控制进行评价。重点评价内部控制工作的组织情况、内部管理制度和机制的建立与执行情况、内部控制关键岗位及人员的设置情况。要根据内部控制审计评价意见,及时改进,规范运行。

10. 组织开展业务层面内部控制审计。要对学校各业务层面管理

制度和机制的建立与执行情况,以及关键岗位及人员的设置情况等进行审计调查,对业务层面内部控制进行审计评价。重点审计预算业务、收支业务、政府采购业务、资产业务、建设项目和合同业务的内部控制情况。

四、深化经济责任审计,推动领导人员履职尽责

11. 建立健全经济责任审计工作联席会议机制。应建立健全纪检监察、组织人事、内部审计等职能部门组成的经济责任审计工作联席会议制度。联席会议要审议经济责任审计工作计划,听取审计结果报告,及时研究审计工作的重大问题,讨论审计处理意见,督促审计意见落实。

12. 健全和完善经济责任审计工作制度体系。要制定和完善学校内部经济责任审计制度,明确审计对象和审计内容,规范审计程序和行为。要建立健全经济责任审计工作联席会议议事规则和工作制度,加强协作配合,形成制度健全、管理规范、运转有序、工作高效的运行机制。

13. 建立任中经济责任审计制度。要坚持任中审计与离任审计相结合,适时开展任中经济责任审计。对承担重要经济责任的领导人员,任期内至少审计一次。

14. 强化经济责任审计结果运用。加强审计整改和责任追究,逐步建立健全经济责任审计情况通报、责任追究、整改落实、结果公告等制度。根据审计内容和审计发现的问题,按照权责一致原则,依法依规对被审计领导人员进行责任认定。对审计发现的重大违法违纪案件线索,要依法移送纪检监察和司法机关。要将审计结果作为考核、任免、奖惩被审计领导人员的重要依据。及时总结研究审计结果反映的典型性、普遍性、倾向性问题,作为采取有关措施、完善有关制度规定的参考依据。

五、加强重点领域审计,维护资金资产安全

15. 加强公务支出和公款消费审计。严格按照中央八项规定精神,加强公务接待、公务用车配置和使用、因公出国(境)、行政会议和培

训支出等公务支出和公款消费的审计监督，推动厉行节约、反对浪费长效机制建设。

16. 加强科研经费管理审计。以规范科研经费预算编制与执行、完善管控机制、提高使用效益、落实管理责任为重点，加强科研经费管理审计。重点关注外协经费划拨、劳务费的发放、经费开支范围和标准等是否合规。对重大科研项目、重要业务环节进行重点审计，促进落实项目负责人的直接责任，项目单位和相关管理部门的管理责任。

17. 加强建设工程管理审计。以促进控制工程造价、规范工程管理、落实管理责任为重点，加强建设工程管理审计。注重审计控制与审计评价相结合，对工程造价管理、财务管理中的控制缺陷及时出具审计报告和审计意见，并督促整改落实。要对重大建设项目的立项、设计、招标、施工、竣工等环节进行全过程跟踪审计。建设工程项目未经审计不得办理竣工结算。

18. 加强学校资产管理审计。以规范学校资产管理、提高资产使用效益、落实管理责任为重点，加强学校资产管理审计。重点审计资产的配置、使用、处置和对外投资是否合规；校办企业国有资产监管职责是否履行到位；校办企业国有资产清产核资、评估备案和产权登记等程序是否符合规定。通过审计，促进资产管理与预算管理、财务管理有效结合，防范学校资产特别是校办企业国有资产流失。

六、拓宽内部审计范围，更好服务改革发展

19. 探索开展重大项目、重要政策跟踪审计。可组织对教育部和学校的重大改革项目、重要方针政策的落实情况进行跟踪审计，着力监督检查内部机构和下属单位的具体部署、执行进度、实际效果等情况。及时发现和纠正有令不行、有禁不止行为，促进改革目标完成和政策落地生根。

20. 适时开展专项审计调查。可根据改革发展和内部管理需要，配合党风廉政建设工作，适时开展专项审计调查。针对改革发展过程中出现的新情况、内部管理中遇到的新问题，利用审计反映制约发展、阻碍改革的措施规定，揭示内部管理存在的风险漏洞，及时研究解决，推动改进完善。

七、加强审计整改和责任追究,推进结果公开

21. 加强审计整改。被审计单位、项目的主要负责人是审计整改工作的第一责任人,对于审计揭示的问题,提出的意见,应负责组织制定整改方案,督促限期整改落实。内部审计部门应加强对整改工作的检查,对整改情况进行后续审计。

22. 落实责任追究。加强纪检监察、组织人事、内部审计等职能部门的协调配合,切实落实审计问题责任追究。根据审计发现问题,内部审计部门要依法依规认定责任,提出责任追究建议;纪检监察部门和组织人事部门要根据审计结果和案件查处情况,依法依规追究相关责任人责任,并及时向内部审计部门反馈责任追究结果。

23. 推进结果公开。建立经济责任审计结果通报制度。将经济责任审计结果,通过印发经济责任审计情况通报等方式,在学校内部进行公开。其他审计结果和审计调查结果,要按照有利于问题整改和解决的原则,在校内进行通报。在此基础上,要依照法律法规,结合学校实际,逐步向社会公开审计结果。

教育部

2015 年 2 月 9 日

党政主要领导干部和国有企业领导人员经济责任审计规定

中办发〔2010〕32号

目 录

第一章　总则
第二章　组织协调
第三章　审计内容
第四章　审计实施
第五章　审计评价与结果运用
第六章　附则

第一章　总　则

第一条　为健全和完善经济责任审计制度,加强对党政主要领导干部和国有企业领导人员（以下简称领导干部）的管理监督,推进党风廉政建设,根据《中华人民共和国审计法》和其他有关法律法规,以及干部管理监督的有关规定,制定本规定。

第二条　党政主要领导干部经济责任审计的对象包括：

（一）地方各级党委、政府、审判机关、检察机关的正职领导干部或者主持工作一年以上的副职领导干部；

（二）中央和地方各级党政工作部门、事业单位和人民团体等单位的正职领导干部或者主持工作一年以上的副职领导干部；上级领导干部兼任部门、单位的正职领导干部,且不实际履行经济责任时,实际负责本部门、本单位常务工作的副职领导干部。

第三条　国有企业领导人员经济责任审计的对象包括国有和国有控股企业（含国有和国有控股金融企业）的法定代表人。

第四条 本规定所称经济责任,是指领导干部在任职期间因其所任职务,依法对本地区、本部门(系统)、本单位的财政收支、财务收支以及有关经济活动应当履行的职责、义务。

第五条 领导干部履行经济责任的情况,应当依法接受审计监督。

根据干部管理监督的需要,可以在领导干部任职期间进行任中经济责任审计,也可以在领导干部不再担任所任职务时进行离任经济责任审计。

第六条 领导干部的经济责任审计依照干部管理权限确定。

地方审计机关主要领导干部的经济责任审计,由本级党委与上一级审计机关协商后,由上一级审计机关组织实施。

审计署审计长的经济责任审计,报请国务院总理批准后实施。

第七条 审计机关依法独立实施经济责任审计,任何组织和个人不得拒绝、阻碍、干涉,不得打击报复审计人员。

第八条 审计机关和审计人员对经济责任审计工作中知悉的国家秘密、商业秘密,负有保密义务。

第九条 各级党委和政府应当保证审计机关履行经济责任审计职责所必需的机构、人员和经费。

第二章 组织协调

第十条 各级党委和政府应当加强对经济责任审计工作的领导,建立经济责任审计工作联席会议(以下简称联席会议)制度。联席会议由纪检、组织、审计、监察、人力资源社会保障和国有资产监督管理等部门组成。

联席会议下设办公室,与同级审计机关内设的经济责任审计机构合署办公,负责日常工作。联席会议办公室主任为同级审计机关的副职领导或者同职级领导。

第十一条 联席会议的主要职责是研究制定有关经济责任审计的政策和制度,监督检查、交流通报经济责任审计工作开展情况,协调解决工作中出现的问题。

第十二条　联席会议办公室的主要职责是研究起草有关经济责任审计的法规、制度和文件，研究提出年度经济责任审计计划草案，总结推广经济责任审计工作经验，督促落实联席会议决定的有关事项。

第十三条　经济责任审计应当有计划地进行。组织部门每年提出下一年度经济责任审计委托建议，经联席会议办公室研究后提出经济责任审计计划草案，由审计机关报请本级政府行政首长审定后，纳入审计机关年度审计工作计划并组织实施。

第三章　审计内容

第十四条　经济责任审计应当以促进领导干部推动本地区、本部门（系统）、本单位科学发展为目标，以领导干部守法、守纪、守规、尽责情况为重点，以领导干部任职期间本地区、本部门（系统）、本单位财政收支、财务收支以及有关经济活动的真实、合法和效益为基础，严格依法界定审计内容。

第十五条　地方各级党委和政府主要领导干部经济责任审计的主要内容是：本地区财政收支的真实、合法和效益情况；国有资产的管理和使用情况；政府债务的举借、管理和使用情况；政府投资和以政府投资为主的重要项目的建设和管理情况；对直接分管部门预算执行和其他财政收支、财务收支以及有关经济活动的管理和监督情况。

第十六条　党政工作部门、审判机关、检察机关、事业单位和人民团体等单位主要领导干部经济责任审计的主要内容是：本部门（系统）、本单位预算执行和其他财政收支、财务收支的真实、合法和效益情况；重要投资项目的建设和管理情况；重要经济事项管理制度的建立和执行情况；对下属单位财政收支、财务收支以及有关经济活动的管理和监督情况。

第十七条　国有企业领导人员经济责任审计的主要内容是：本企业财务收支的真实、合法和效益情况；有关内部控制制度的建立和执行情况；履行国有资产出资人经济管理和监督职责情况。

第十八条　在审计以上主要内容时，应当关注领导干部在履行经济责任过程中的下列情况：贯彻落实科学发展观,推动经济社会科学发展情况；遵守有关经济法律法规、贯彻执行党和国家有关经济工作的方针政策和决策部署情况；制定和执行重大经济决策情况；与领导干部履行经济责任有关的管理、决策等活动的经济效益、社会效益和环境效益情况；遵守有关廉洁从政(从业)规定情况等。

第十九条 有关部门和单位、地方党委和政府的主要领导干部由上级领导干部兼任,且实际履行经济责任的,对其进行经济责任审计时,审计内容仅限于该领导干部所兼任职务应当履行的经济责任。

第四章 审计实施

第二十条 审计机关应当根据年度经济责任审计计划,组成审计组并实施审计。

第二十一条 审计机关应当在实施经济责任审计3日前,向被审计领导干部及其所在单位或者原任职单位(以下简称所在单位)送达审计通知书。遇有特殊情况,经本级政府批准,审计机关可以直接持审计通知书实施经济责任审计。

第二十二条 审计机关实施经济责任审计时,应当召开有审计组主要成员、被审计领导干部及其所在单位有关人员参加的会议,安排审计工作有关事项。联席会议有关成员单位根据工作需要可以派人参加。

审计机关实施经济责任审计,应当进行审计公示。

第二十三条 审计机关在经济责任审计过程中,应当听取本级党委、政府和被审计领导干部所在单位有关领导同志,以及本级联席会议有关成员单位的意见。

第二十四条 审计机关在进行经济责任审计时,被审计领导干部及其所在单位,以及其他有关单位应当提供与被审计领导干部履行经济责任有关的下列资料：

(一)财政收支、财务收支相关资料；

(二)工作计划、工作总结、会议记录、会议纪要、经济合同、考核检查结果、业务档案等资料；

（三）被审计领导干部履行经济责任情况的述职报告；

（四）其他有关资料。

第二十五条　被审计领导干部及其所在单位应当对所提供资料的真实性、完整性负责，并作出书面承诺。

第二十六条　审计机关履行经济责任审计职责时，可以依法提请有关部门和单位予以协助，有关部门和单位应当予以配合。

第二十七条　审计组实施审计后，应当将审计组的审计报告书面征求被审计领导干部及其所在单位的意见。根据工作需要可以征求本级党委、政府有关领导同志，以及本级联席会议有关成员单位的意见。

被审计领导干部及其所在单位应当自接到审计组的审计报告之日起10日内提出书面意见；10日内未提出书面意见的，视同无异议。

第二十八条　审计机关按照《中华人民共和国审计法》及相关法律法规规定的程序，对审计组的审计报告进行审议，出具审计机关的经济责任审计报告和审计结果报告。

第二十九条　审计机关应当将经济责任审计报告送达被审计领导干部及其所在单位。

第三十条　审计机关应当将经济责任审计结果报告等结论性文书报送本级政府行政首长，必要时报送本级党委主要负责同志；提交委托审计的组织部门；抄送联席会议有关成员单位。

第三十一条　被审计领导干部所在单位存在违反国家规定的财政收支、财务收支行为，依法应当给予处理、处罚的，由审计机关在法定职权范围内作出审计决定。

审计机关在经济责任审计中发现的应当由其他部门处理的问题，依法移送有关部门处理。

第三十二条　被审计领导干部对审计机关出具的经济责任审计报告有异议的，可以自收到审计报告之日起30日内向出具审计报告的审计机关申诉，审计机关应当自收到申诉之日起30日内作出复查决定；被审计领导干部对复查决定仍有异议的，可以自收到复查决定之日起

30日内向上一级审计机关申请复核,上一级审计机关应当自收到复核申请之日起60日内作出复核决定。

上一级审计机关的复核决定和审计署的复查决定为审计机关的最终决定。

第五章 审计评价与结果运用

第三十三条 审计机关应当根据审计查证或者认定的事实,依照法律法规、国家有关规定和政策,以及责任制考核目标和行业标准等,在法定职权范围内,对被审计领导干部履行经济责任情况作出客观公正、实事求是的评价。审计评价应当与审计内容相统一,评价结论应当有充分的审计证据支持。

第三十四条 审计机关对被审计领导干部履行经济责任过程中存在问题所应当承担的直接责任、主管责任、领导责任,应当区别不同情况作出界定。

第三十五条 本规定所称直接责任,是指领导干部对履行经济责任过程中的下列行为应当承担的责任:

(一)直接违反法律法规、国家有关规定和单位内部管理规定的行为;

(二)授意、指使、强令、纵容、包庇下属人员违反法律法规、国家有关规定和单位内部管理规定的行为;

(三)未经民主决策、相关会议讨论而直接决定、批准、组织实施重大经济事项,并造成重大经济损失浪费、国有资产(资金、资源)流失等严重后果的行为;

(四)主持相关会议讨论或者以其他方式研究,但是在多数人不同意的情况下直接决定、批准、组织实施重大经济事项,由于决策不当或者决策失误造成重大经济损失浪费、国有资产(资金、资源)流失等严重后果的行为;

(五)其他应当承担直接责任的行为。

第三十六条 本规定所称主管责任,是指领导干部对履行经济责任过程中的下列行为应当承担的责任：

（一）除直接责任外，领导干部对其直接分管的工作不履行或者不正确履行经济责任的行为；

（二）主持相关会议讨论或者以其他方式研究，并且在多数人同意的情况下决定、批准、组织实施重大经济事项，由于决策不当或者决策失误造成重大经济损失浪费、国有资产（资金、资源）流失等严重后果的行为。

第三十七条　本规定所称领导责任，是指除直接责任和主管责任外，领导干部对其不履行或者不正确履行经济责任的其他行为应当承担的责任。

第三十八条　各级党委和政府应当建立健全经济责任审计情况通报、审计整改以及责任追究等结果运用制度，逐步探索和推行经济责任审计结果公告制度。

第三十九条　有关部门和单位应当根据干部管理监督的相关要求运用经济责任审计结果，将其作为考核、任免、奖惩被审计领导干部的重要依据，并以适当方式将审计结果运用情况反馈审计机关。经济责任审计结果报告应当归入被审计领导干部本人档案。

第六章　附　则

第四十条　审计机关和审计人员、被审计领导干部及其所在单位，以及其他有关单位和个人在经济责任审计中的职责、权限、法律责任等，本规定未作规定的，依照《中华人民共和国审计法》、《中华人民共和国审计法实施条例》和其他法律法规的有关规定执行。

第四十一条　审计机关开展领导干部经济责任审计适用本规定。有关机构依法履行国有资产监督管理职责时，按照干部管理权限开展的经济责任审计，参照本规定组织实施。部门和单位可以根据本规定，制定内部管理领导干部经济责任审计的规定。

第四十二条　中央经济责任审计工作联席会议应当根据本规定，制定实施细则或者贯彻实施意见。

第四十三条 本规定由审计署负责解释。

第四十四条 本规定自印发之日起施行。1999年5月中共中央办公厅、国务院办公厅印发的《县级以下党政领导干部任期经济责任审计暂行规定》和《国有企业及国有控股企业领导人员任期经济责任审计暂行规定》(中办发〔1999〕20号)同时废止。

党政主要领导干部和国有企业领导人员经济责任审计规定实施细则

各省、自治区、直辖市纪委、党委组织部、编办、监察厅(局)、人力资源社会保障厅(局)、审计厅(局)、国资委(局),中央和国家机关各部委纪检机构、人事(干部)部门、监察机构、审计部门:

《党政主要领导干部和国有企业领导人员经济责任审计规定实施细则》已经中央经济责任审计工作部际联席会议审议通过,现印发给你们,请遵照执行。

中央纪委机关　中央组织部　中央编办　监察部
人力资源社会保障部　审计署　国资委
2014年7月27日

目　录

第一章　总则

第二章　审计对象

第三章　审计内容

第四章　审计评价

第五章　审计报告

第六章　审计结果运用

第七章　组织领导和审计实施

第八章　附则

第一章　总　则

第一条　为健全和完善经济责任审计制度,规范经济责任审计行为,根据《中华人民共和国审计法》《中华人民共和国审计法实施条例》、《党政主要领导干部和国有企业领导人员经济责任审计规定》(中办发〔2010〕32号,以下简称两办《规定》)和有关法律法规,以及干部管理监督的有关规定,制定本细则。

第二条 本细则所称经济责任审计,是指审计机关依法依规对党政主要领导干部和国有企业领导人员经济责任履行情况进行监督、评价和鉴证的行为。

第三条 经济责任审计应当以促进领导干部推动本地区、本部门(系统)、本单位科学发展为目标,以领导干部任职期间本地区、本部门(系统)、本单位财政收支、财务收支以及有关经济活动的真实、合法和效益为基础,重点检查领导干部守法、守纪、守规、尽责情况,加强对领导干部行使权力的制约和监督,推进党风廉政建设和反腐败工作,推进国家治理体系和治理能力现代化。

第四条 领导干部履行经济责任的情况,应当依法依规接受审计监督。经济责任审计应当坚持任中审计与离任审计相结合,对重点地区(部门、单位)、关键岗位的领导干部任期内至少审计一次。

第二章 审计对象

第五条 两办《规定》第二条所称党政主要领导干部,是指地方各级党委、政府、审判机关、检察机关,中央和地方各级党政工作部门、事业单位和人民团体等单位的党委(含党组、党工委,以下统称党委)正职领导干部和行政正职领导干部,包括主持工作一年以上的副职领导干部。

第六条 两办《规定》第二条所称地方各级党委和政府主要领导干部经济责任审计的对象包括:

(一)省、自治区、直辖市和新疆生产建设兵团,自治州、设区的市,县、自治县、不设区的市、市辖区,以及乡、民族乡、镇的主要领导干部;

(二)行政公署、街道办事处、区公所等履行政府职能的政府派出机关的主要领导干部;

(三)政府设立的开发区、新区等的主要领导干部。

第七条 两办《规定》第二条所称地方各级审判机关、检察机关主要领导干部经济责任审计的对象包括地方各级人民法院、人民检察院的党政主要领导干部。

第八条 两办《规定》第二条所称党政工作部门、事业单位和人民团体等单位党政主要领导干部经济责任审计的对象包括：

（一）中央党政工作部门、事业单位和人民团体等单位的主要领导干部；

（二）地方各级党委和政府的工作部门、事业单位和人民团体等单位的主要领导干部；

（三）履行政府职能的政府派出机关的工作部门、事业单位、人民团体等单位的主要领导干部；

（四）政府设立的开发区、新区等的工作部门、事业单位、人民团体等单位的主要领导干部；

（五）上级领导干部兼任有关部门、单位的正职领导干部，且不实际履行经济责任时，实际负责本部门、本单位常务工作的副职领导干部；

（六）党委、政府设立的超过一年以上有独立经济活动的临时机构的主要领导干部。

第九条 两办《规定》第三条所称国有企业领导人员经济责任审计的对象包括国有和国有资本占控股地位或者主导地位的企业（含金融企业，下同）的法定代表人。

根据党委和政府、干部管理监督部门的要求，审计机关可以对上述企业中不担任法定代表人但实际行使相应职权的董事长、总经理、党委书记等企业主要领导人员进行经济责任审计。

第十条 领导干部经济责任审计的对象范围依照干部管理权限确定。遇有干部管理权限与财政财务隶属关系、国有资产监督管理关系不一致时，由对领导干部具有干部管理权限的组织部门与同级审计机关共同确定实施审计的审计机关。

第十一条 部门、单位（含垂直管理系统）内部管理领导干部的经济责任审计,由部门、单位负责组织实施。

第三章 审计内容

第十二条 审计机关应当根据领导干部职责权限和履行经济责任的情况,结合地区、部门(系统)、单位的实际,依法依规确定审计内容。

审计机关在实施审计时,应当充分考虑审计目标、干部管理监督需要、审计资源与审计效果等因素,准确把握审计重点。

第十三条 地方各级党委主要领导干部经济责任审计的主要内容:

(一)贯彻执行党和国家、上级党委和政府重大经济方针政策及决策部署情况;

(二)遵守有关法律法规和财经纪律情况;

(三)领导本地区经济工作,统筹本地区经济社会发展战略和规划,以及政策措施制定情况及效果;

(四)重大经济决策情况;

(五)本地区财政收支总量和结构、预算安排和重大调整等情况;

(六)地方政府性债务的举借、用途和风险管控等情况;

(七)自然资源资产的开发利用和保护、生态环境保护以及民生改善等情况;

(八)政府投资和以政府投资为主的重大项目的研究决策情况;

(九)对党委有关工作部门管理和使用的重大专项资金的监管情况,以及厉行节约反对浪费情况;

(十)履行有关党风廉政建设第一责任人职责情况,以及本人遵守有关廉洁从政规定情况;

(十一)对以往审计中发现问题的督促整改情况;

(十二)其他需要审计的内容。

第十四条 地方各级政府主要领导干部经济责任审计的主要内容:

(一)贯彻执行党和国家、上级党委和政府、本级党委重大经济方针政策及决策部署情况；

（二）遵守有关法律法规和财经纪律情况；

（三）本地区经济社会发展战略、规划的执行情况，以及重大经济和社会发展事项的推动和管理情况及其效果；

（四）有关目标责任制完成情况；

（五）重大经济决策情况；

（六）本地区财政管理，以及财政收支的真实、合法、效益情况；

（七）地方政府性债务的举借、管理、使用、偿还和风险管控情况；

（八）国有资产的管理和使用情况；

（九）自然资源资产的开发利用和保护、生态环境保护以及民生改善等情况；

（十）政府投资和以政府投资为主的重大项目的研究、决策及建设管理等情况；

（十一）对直接分管部门预算执行和其他财政收支、财务收支及有关经济活动的管理和监督情况，厉行节约反对浪费情况，以及依照宪法、审计法规定分管审计工作情况；

（十二）机构设置、编制使用以及有关规定的执行情况；

（十三）履行有关党风廉政建设第一责任人职责情况，以及本人遵守有关廉洁从政规定情况；

（十四）对以往审计中发现问题的整改情况；

（十五）其他需要审计的内容。

第十五条 党政工作部门、审判机关、检察机关、事业单位和人民团体等单位主要领导干部经济责任审计的主要内容：

（一）贯彻执行党和国家有关经济方针政策和决策部署，履行本部门（系统）、单位有关职责，推动本部门（系统）、单位事业科学发展情况；

（二）遵守有关法律法规和财经纪律情况；

（三）有关目标责任制完成情况；

（四）重大经济决策情况；

（五）本部门（系统）、单位预算执行和其他财政收支、财务收支的真实、合法和效益情况；

（六）国有资产的采购、管理、使用和处置情况；

（七）重要项目的投资、建设和管理情况；

（八）有关财务管理、业务管理、内部审计等内部管理制度的制定和执行情况，以及厉行节约反对浪费情况；

（九）机构设置、编制使用以及有关规定的执行情况；

（十）对下属单位有关经济活动的管理和监督情况；

（十一）履行有关党风廉政建设第一责任人职责情况，以及本人遵守有关廉洁从政规定情况；

（十二）对以往审计中发现问题的整改情况；

（十三）其他需要审计的内容。

第十六条 国有企业领导人员经济责任审计的主要内容：

（一）贯彻执行党和国家有关经济方针政策和决策部署，推动企业可持续发展情况；

（二）遵守有关法律法规和财经纪律情况；

（三）企业发展战略的制定和执行情况及其效果；

（四）有关目标责任制完成情况；

（五）重大经济决策情况；

（六）企业财务收支的真实、合法和效益情况，以及资产负债损益情况；

（七）国有资本保值增值和收益上缴情况；

（八）重要项目的投资、建设、管理及效益情况；

（九）企业法人治理结构的健全和运转情况，以及财务管理、业务管理、风险管理、内部审计等内部管理制度的制定和执行情况，厉行节约反对浪费和职务消费等情况，对所属单位的监管情况；

（十）履行有关党风廉政建设第一责任人职责情况，以及本人遵守有关廉洁从业规定情况；

（十一）对以往审计中发现问题的整改情况；

（十二）其他需要审计的内容。

第四章　审计评价

第十七条　审计机关应当依照法律法规、国家有关政策以及干部考核评价等规定,结合地区、部门(系统)、单位的实际情况,根据审计查证或者认定的事实,客观公正、实事求是地进行审计评价。

审计评价应当有充分的审计证据支持,对审计中未涉及、审计证据不适当或者不充分的事项不作评价。

第十八条　审计评价应当与审计内容相统一。一般包括领导干部任职期间履行经济责任的业绩、主要问题以及应当承担的责任。

第十九条　审计评价应当重点关注经济、社会、事业发展的质量、效益和可持续性,关注与领导干部履行经济责任有关的管理和决策等活动的经济效益、社会效益和环境效益,关注任期内举借债务、自然资源资产管理、环境保护、民生改善、科技创新等重要事项,关注领导干部应承担直接责任的问题。

第二十条　审计评价可以综合运用多种方法,包括进行纵向和横向的业绩比较、运用与领导干部履行经济责任有关的指标量化分析、将领导干部履行经济责任的行为或事项置于相关经济社会环境中加以分析等。

第二十一条　审计评价的依据一般包括:

(一)法律、法规、规章和规范性文件,中国共产党党内法规和规范性文件;

(二)各级人民代表大会审议通过的政府工作报告、年度国民经济和社会发展计划报告、年度财政预算报告等;

(三)中央和地方党委、政府有关经济方针政策和决策部署;

(四)有关发展规划、年度计划和责任制考核目标;

(五)领导干部所在单位的"三定"规定和有关领导的职责分工文件,有关会议记录、纪要、决议和决定,有关预算、决算和合同,有关内部管理制度和绩效目标;

(六)国家统一的财政财务管理制度;

（七）国家和行业的有关标准；

（八）有关职能部门、主管部门发布或者认可的统计数据、考核结果和评价意见；

（九）专业机构的意见；

（十）公认的业务惯例或者良好实务；

（十一）其他依据。

第二十二条　审计机关可以根据审计内容和审计评价的需要，选择设定评价指标，将定性评价与定量指标相结合。评价指标应当简明实用、易于操作。

第二十三条　审计机关可以根据本细则第二十一条所列审计评价依据，结合实际情况，选择确定评价标准，衡量领导干部履行经济责任的程度。对同一类别、同一层级领导干部履行经济责任情况的评价标准，应当具有一致性和可比性。

第二十四条　对领导干部履行经济责任过程中存在的问题，审计机关应当按照权责一致原则，根据领导干部的职责分工，充分考虑相关事项的历史背景、决策程序等要求和实际决策过程，以及是否签批文件、是否分管、是否参与特定事项的管理等情况，依法依规认定其应当承担的直接责任、主管责任和领导责任。

对领导干部应当承担责任的问题或者事项，可以提出责任追究建议。

第二十五条　被审计领导干部对审计发现的问题应当承担直接责任的，具体包括以下情形：

（一）本人或者与他人共同违反有关法律法规、国家有关规定、单位内部管理规定的；

（二）授意、指使、强令、纵容、包庇下属人员违反有关法律法规、国家有关规定和单位内部管理规定的；

（三）未经民主决策、相关会议讨论或者文件传签等规定的程序，直接决定、批准、组织实施重大经济事项，并造成国家利益重大损失、公共资金或国有资产（资源）严重损失浪费、生态环境严重破坏以及严重

损害公共利益等后果的;

（四）主持相关会议讨论或者以文件传签等其他方式研究,在多数人不同意的情况下,直接决定、批准、组织实施重大经济事项,由于决策不当或者决策失误造成国家利益重大损失、公共资金或国有资产（资源）严重损失浪费、生态环境严重破坏以及严重损害公共利益等后果的;

（五）对有关法律法规和文件制度规定的被审计领导干部作为第一责任人(负总责)的事项、签订的有关目标责任事项或者应当履行的其他重要职责,由于授权(委托)其他领导干部决策且决策不当或者决策失误造成国家利益重大损失、公共资金或国有资产（资源）严重损失浪费、生态环境严重破坏以及严重损害公共利益等后果的;

（六）其他失职、渎职或者应当承担直接责任的。

第二十六条 被审计领导干部对审计发现的问题应当承担主管责任的,具体包括以下情形:

（一）除直接责任外,领导干部对其直接分管或者主管的工作,不履行或者不正确履行经济责任的;

（二）除直接责任外,主持相关会议讨论或者以文件传签等其他方式研究,并且在多数人同意的情况下,决定、批准、组织实施重大经济事项,由于决策不当或者决策失误造成国家利益损失、公共资金或国有资产（资源）损失浪费、生态环境破坏以及损害公共利益等后果的;

（三）疏于监管,致使所管辖地区、分管部门和单位发生重大违纪违法问题或者造成重大损失浪费等后果的;

（四）其他应当承担主管责任的情形。

第二十七条 两办《规定》第三十七条所称领导责任,是指除直接责任和主管责任外,被审计领导干部对其职责范围内不履行或者不正确履行经济责任的其他行为应当承担的责任。

第二十八条 被审计领导干部以外的其他人员对有关问题应当承担的责任,审计机关可以以适当方式向干部管理监督部门等提供相关情况。

第五章　审计报告

第二十九条　审计机关实施经济责任审计项目后,应当按照相关规定,出具经济责任审计报告和审计结果报告。

第三十条　两办《规定》第二十七条所称审计组的审计报告,是指审计组具体实施经济责任审计后,向派出审计组的审计机关提交的审计报告。

第三十一条　审计组的审计报告按照规定程序审批后,应当以审计机关的名义书面征求被审计领导干部及其所在单位的意见。根据工作需要可以征求本级党委、政府有关领导同志,以及本级经济责任审计工作领导小组(以下简称领导小组)或者经济责任审计工作联席会议(以下简称联席会议)有关成员单位的意见。

审计报告中涉及的重大经济案件调查等特殊事项,经审计机关主要负责人批准,可以不征求被审计领导干部及其所在单位的意见。

第三十二条　审计组应当针对被审计领导干部及其所在单位提出的书面意见,进一步核实情况,对审计组的审计报告作出必要的修改,连同被审计领导干部及其所在单位的书面意见一并报送审计机关。

第三十三条　审计机关按照规定程序对审计组的审计报告进行审定,经审计机关负责人签发后,向被审计领导干部及其所在单位出具审计机关的经济责任审计报告。

第三十四条　经济责任审计报告的内容主要包括:

(一)基本情况,包括审计依据、实施审计的基本情况、被审计领导干部所任职地区(部门或者单位)的基本情况、被审计领导干部的任职及分工情况等;

(二)被审计领导干部履行经济责任的主要情况,其中包括以往审计决定执行情况和审计建议采纳情况等;

(三)审计发现的主要问题和责任认定,其中包括审计发现问题的事实、定性、被审计领导干部应当承担的责任以及有关依据,审计期间被审计领导干部、被审计单位对审计发现问题已经整改的,可以包括有关整改情况；

（四）审计处理意见和建议；

（五）其他必要的内容。

审计发现的有关重大事项，可以直接报送本级党委、政府或者相关部门，不在审计报告中反映。

第三十五条　两办《规定》第二十八条所称审计结果报告，是指审计机关在经济责任审计报告的基础上，精简提炼形成的提交干部管理监督部门的反映审计结果的报告。审计结果报告重点反映被审计领导干部履行经济责任的主要情况、审计发现的主要问题和责任认定、审计处理方式和建议。

审计机关可以根据实际情况，参照本细则第三十四条规定，确定审计结果报告的主要内容。

第三十六条　审计机关应当将审计结果报告等经济责任审计结论性文书报送本级党委、政府主要负责同志；提交委托审计的组织部门；抄送领导小组（联席会议）有关成员单位；必要时，可以将涉及其他有关主管部门的情况抄送该部门。

第六章　审计结果运用

第三十七条　经济责任审计结果应当作为干部考核、任免和奖惩的重要依据。

各级领导小组（联席会议）和相关部门应当逐步健全经济责任审计情况通报、责任追究、整改落实、结果公告等制度。

第三十八条　纪检监察机关在审计结果运用中的主要职责：

（一）依纪依法受理审计移送的案件线索；

（二）依纪依法查处经济责任审计中发现的违纪违法行为；

（三）对审计结果反映的典型性、普遍性、倾向性问题适时进行研究；

（四）以适当方式将审计结果运用情况反馈审计机关。

第三十九条　组织部门在审计结果运用中的主要职责：

（一）根据干部管理工作的有关要求，将经济责任审计纳入干部管理监督体系；

（二）根据审计结果和有关规定对被审计领导干部及其他有关人员作出处理；

（三）将经济责任审计结果报告存入被审计领导干部本人档案，作为考核、任免、奖惩被审计领导干部的重要依据；

（四）要求被审计领导干部将经济责任履行情况和审计发现问题的整改情况，作为所在单位领导班子民主生活会和述职述廉的重要内容；

（五）对审计结果反映的典型性、普遍性、倾向性问题及时进行研究，并将其作为采取有关措施、完善有关制度规定的参考依据；

（六）以适当方式及时将审计结果运用情况反馈审计机关。

第四十条 审计机关在审计结果运用中的主要职责：

（一）对审计中发现的相关单位违反国家规定的财政收支、财务收支行为，依法依规作出处理处罚；对审计中发现的需要移送处理的事项，应当区分情况依法依规移送有关部门处理处罚；

（二）根据干部管理监督部门、巡视机构等的要求，以适当方式向其提供审计结果以及与审计项目有关的其他情况；

（三）协助和配合干部管理监督等部门落实、查处与审计项目有关的问题和事项；

（四）按照有关规定，在一定范围内通报审计结果，或者以适当方式向社会公告审计结果；

（五）对审计发现问题的整改情况进行监督检查；

（六）对审计发现的典型性、普遍性、倾向性问题和有关建议，以综合报告、专题报告等形式报送本级党委、政府和上级审计机关，提交有关部门。

第四十一条 人力资源社会保障部门在审计结果运用中的主要职责：

（一）根据有关规定，在职责范围内办理对被审计领导干部和有关人员的考核、任免、奖惩等相关事宜；

（二）对审计结果反映的典型性、普遍性、倾向性问题及时进行研究，并将其作为采取有关措施、完善有关制度规定的参考依据；

（三）以适当方式及时将审计结果运用情况反馈审计机关。

第四十二条 国有资产监督管理部门在审计结果运用中的主要职责：

（一）根据国有企业领导人员管理的有关要求，将经济责任审计纳入国有企业领导人员管理监督体系；

（二）将审计结果作为企业经营业绩考评和被审计领导人员考核、奖惩、任免的重要依据；

（三）在对国有企业管理监督、国有企业改革和国有资产处置过程中，有效运用审计结果；

（四）督促有关企业落实审计决定和整改要求；

（五）对审计发现的典型性、普遍性、倾向性问题及时进行研究，并将其作为采取有关措施、完善有关制度规定的参考依据；

（六）以适当方式及时将审计结果运用情况反馈审计机关。

第四十三条 有关主管部门在审计结果运用中的主要职责：

（一）对审计移送的违法违规问题，在职责范围内依法依规作出处理处罚；

（二）督促有关部门、单位落实审计决定和整改要求，在对相关行业、单位管理和监督中有效运用审计结果；

（三）对审计结果反映的典型性、普遍性、倾向性问题及时进行研究，并将其作为采取有关措施、完善有关制度规定的参考依据；

（四）以适当方式及时将审计结果运用情况反馈审计机关。

第四十四条 被审计领导干部及其所在单位根据审计结果，应当采取以下整改措施：

（一）在党政领导班子或者董事会内部通报审计结果和整改要求，及时制定整改方案，认真进行整改，及时将整改结果书面报告审计机关和有关干部管理监督部门；

（二）按照有关要求公告整改结果；

（三）对审计处理、处罚决定，应当在法定期限内执行完毕，并将执行情况书面报告审计机关；

（四）根据审计结果反映出的问题，落实有关责任人员的责任，采取相应的处理措施；

（五）根据审计建议，采取措施，健全制度，加强管理。

第七章 组织领导和审计实施

第四十五条 各地应当建立健全领导小组或者联席会议制度，领导本地区经济责任审计工作。领导小组组长可以由同级党委或者政府的主要负责同志担任。

第四十六条 领导小组或者联席会议应当设立办公室。同时设立领导小组和联席会议的地方，应当合并成立一个办公室。办公室与同级审计机关内设的经济责任审计机构合署办公，负责日常工作。办公室主任应当由同级审计机关的副职领导或者同职级领导担任。

第四十七条 领导小组或者联席会议应当建立健全议事规则和工作规则，各成员单位应当加强协作配合，形成制度健全、管理规范、运转有序、工作高效的运行机制。

第四十八条 各地可以根据干部管理监督的需要和审计机关的实际情况，按照领导干部工作岗位性质、经济责任的重要程度等因素，对审计对象实行分类管理，科学合理地制定经济责任审计年度计划和中长期计划。

第四十九条 审计机关应当向组织部门等提出下一年度经济责任审计计划的初步建议。组织部门等根据审计机关的初步建议，提出下一年度的委托审计建议。

第五十条 领导小组（联席会议）办公室对委托审计建议进行研究讨论，共同议定并提出经济责任审计计划草案，由审计机关报本级政府行政首长批准后，纳入审计机关年度审计工作计划并组织实施。

第五十一条 经济责任审计计划一经本级政府行政首长批准不得

随意变更。确需调整的,应当按照本细则第四十九条、第五十条规定的程序进行调整。

第五十二条　对地方党委与政府的主要领导干部,党政工作部门、高等院校等单位的党委与行政主要领导干部,企业法定代表人与不担任法定代表人的董事长、总经理、党委书记等企业主要负责人的经济责任审计,可以同步组织实施,分别认定责任,分别出具审计报告和审计结果报告。

各地可以根据实际情况,研究制定同步实施经济责任审计的操作办法。

第五十三条　审计机关应当探索和推行经济责任审计与其他专业审计相结合的组织方式,统筹安排审计力量,逐步实现对审计计划、审计项目实施、审计文书报送、审计结果利用等的统一管理。

审计机关组织实施经济责任审计时,应当有效利用以往审计成果和有关部门的监督检查结果。

第五十四条　审计机关实施经济责任审计时,可以提请有关部门和单位协助,有关部门和单位应当予以支持,并及时提供有关资料和信息。

审计机关提请领导小组(联席会议)成员单位协助时,应当由领导小组(联席会议)办公室统一负责联系和协调。

第五十五条　在经济责任审计项目实施过程中,遇有被审计领导干部被有关部门依法依规采取强制措施、立案调查或者死亡等特殊情况,以及不宜再继续进行经济责任审计的其他情形的,审计机关报本级政府行政首长批准,或者根据党委、政府、干部管理监督部门的要求,可以中止或者终止审计项目。

第八章　附　则

第五十六条　根据地方党委、政府的要求,审计机关可以对村党组织和村民委员会、社区党组织和社区居民委员会的主要负责人进行经济责任审计。

村党组织和村民委员会主要负责人经济责任审计的内容,应当依照《中华人民共和国村民委员会组织法》第三十五条的规定,结合当地实际情况确定。

社区党组织和社区居民委员会主要负责人经济责任审计的内容,可以参照本细则的相关规定确定。

第五十七条　对本细则未涉及的审计机关和审计人员、被审计领导干部及其所在单位,以及其他有关单位和个人在经济责任审计中的职责、权限、法律责任等,依照《中华人民共和国审计法》、《中华人民共和国审计法实施条例》、两办《规定》和其他法律法规的有关规定执行。

第五十八条　部门和单位可以根据两办《规定》和本细则的规定,制定本部门和单位内部管理领导干部经济责任审计的规定。

第五十九条　本细则由审计署负责解释。

第六十条　本细则自印发之日起施行。审计署 2000 年 12 月印发的《县级以下党政领导干部任期经济责任审计暂行规定实施细则》和《国有企业及国有控股企业领导人员任期经济责任审计暂行规定实施细则》(审办发〔2000〕121 号)同时废止。

教育部关于做好教育系统经济责任审计工作的通知

教财〔2011〕2号

各省、自治区、直辖市教育厅(教委),各计划单列市教育局,部属各高等学校,直属事业单位:

日前,中共中央办公厅、国务院办公厅印发了《党政主要领导干部和国有企业领导人员经济责任审计规定》(中办发〔2010〕32号,以下简称《规定》)。《规定》的发布施行,对于指导经济责任审计工作深入发展,加强经济责任审计法规制度建设具有重要意义。为全面贯彻落实《规定》,进一步做好教育系统经济责任审计工作,现将有关事项通知如下:

一、深入学习,全面贯彻落实《规定》

《规定》是以审计法及其实施条例为依据的专门规定,是指导经济责任审计工作的纲领性文件。要深入学习,提高认识,认真贯彻,不断深化经济责任审计。要充分认识到深化经济责任审计是加强干部管理和监督,推进党的建设科学化的重要途径;是促进领导干部贯彻落实科学发展,推进经济社会又好又快发展的重要保障;是加强权力运行制约和监督,健全社会主义民主法治的重要措施;是规范和完善经济责任审计,健全中国特色社会主义审计监督制度的重要举措。

近年来,教育系统积极开展经济责任审计,取得了一定成效,对促进领导干部正确履行经济责任、加强党风廉政建设等方面发挥了积极作用。要认真总结经验,找出存在的问题和不足,根据《规定》精神,完善和修订有关经济责任审计规章制度。健全经济责任审计工作联席会议制度,建立经济责任审计情况通报、审计整改以及责任追究等结果运用制度,逐步探索和推行经济责任审计结果公告制度,促进经济责任审计工作法制化、规范化、科学化。

二、明确经济责任,加大审计力度

《规定》明确了经济责任的内涵,界定了被审计领导干部在履行经济责任过程中对存在问题所应承担的直接责任、主管责任、领导责任。各级领导干部要了解和掌握经济责任内涵,明确应当履行的与财政收支、财务收支以及有关经济活动相关的责任和义务,牢固树立责任意识。

各地、各高校(单位)要根据《规定》将应审计对象全部纳入审计范围,同时,可以在其任职期间进行任中审计,建立和完善重大项目资金使用全过程审计监督制度,更加有效地发挥经济责任审计的作用。

三、依法界定审计内容

根据《规定》,各地、各高校(单位)要以促进领导干部推动本单位科学发展为目标,以领导干部守法、守纪、守规、尽责情况为重点,以领导干部任职期间本单位财政收支、财务收支以及有关经济活动的真实、合法和效益为基础,严格依法确定审计内容。

审计内容主要包括:预算执行和其他财政收支、财务收支的真实、合法和效益情况;重要投资项目的建设和管理情况;重要经济事项管理制度的建立和执行情况;对下属单位财政收支、财务收支以及有关经济活动的管理和监督情况。同时要在审计内容基础上关注领导干部贯彻落实科学发展观,推动本单位科学发展情况;遵守有关经济法律法规、贯彻执行党和国家有关经济工作的方针政策和决策部署情况;制定和执行重大经济决策情况;与履行经济责任有关的管理、决策等活动的经济效益、社会效益和环境效益情况;遵守有关廉洁从政规定情况等。

四、公布审计结果,严格责任追究

按照《规定》要求,建立健全经济责任审计情况通报、审计整改以及责任追究等结果运用制度,逐步探索和推行经济责任审计结果公告制度等。

从2011年开始,对所属高校、事业单位领导干部的审计结果,视不同情况采取通报、公告和重大问题向党组织汇报等形式,提高审计工作和审计结果透明度,推动审计发现的问题及时得到整改。对审计发现的重大问题责任人,经济责任审计领导小组(或经济责任审计联席会议)要专门研究处理。对违纪违规行为,依据有关规定,做出处理、处罚或移送有关部门处理。要根据干部管理监督的相关要求,将审计结果作为考核、任免、奖罚被审计领导干部的重要依据。

五、加强审计机构和队伍建设

要进一步健全教育审计机构,配备与本单位审计工作需要相适应的审计人员。特别是规模较大、资金量较多的单位要重视和加强审计机构和审计队伍建设,为开展审计工作提供基本保证。

经济责任审计是一项政策性、业务性较强的工作,要加强对审计人员的培养,努力提高审计人员思想素质和专业能力。要建立教育内部审计管理和审计质量控制制度,认真执行中国内部审计准则和教育内部审计规范,保证审计工作质量,推进经济责任审计工作科学发展。

各省、自治区、直辖市教育行政部门要将重大审计情况及时报送我部财务司;部直属高校和事业单位要将半年期的审计情况于当年7月底和次年1月底前报送教育部经济责任审计领导小组。

中华人民共和国教育部
二〇一一年二月十七日

教育部关于做好领导干部经济责任交接工作并将经济责任审计报告作为交接内容的通知

教财〔2007〕2号

部属各高等学校、各事业单位：

为贯彻落实《中共中央办公厅国务院办公厅关于印发〈县级以下党政领导干部任期经济责任审计暂行规定〉和〈国有企业及国有控股企业领导人员任期经济责任审计暂行规定〉的通知》（中办发〔1999〕20号）和《中央纪委、中央组织部、监察部、人事部、审计署关于将党政领导干部经济责任审计范围扩大到地厅级的意见》（审经责发〔2004〕65号）精神，我部制定了领导干部任期经济责任审计制度，全面开展了领导干部任期经济责任审计工作。

领导干部任期经济责任审计在促进党风廉政建设、强化干部管理和监督机制、推动依法治教等方面具有重要的意义。

为了进一步规范直属高校、直属单位领导干部经济责任审计工作，充分发挥经济责任审计的作用，更好地利用审计结果，我部决定将直属高校、直属单位领导干部经济责任审计报告作为直属高校、直属单位领导干部工作交接的内容之一。现将有关事项通知如下：

一、经济责任审计报告交接的目的

1. 促进领导干部认真履行经济责任

经济责任是指领导干部任职期间对其所在学校（单位）财务收支真实性、合法性和效益性，以及有关经济活动应当负有的责任。

经济责任审计报告对领导干部任期内履行经济责任的情况做出了客观公正的审计评价。通过对经济责任审计报告的交接，使领导干部进一步明确自己应当承担的经济责任，牢固树立依法治教、依法治校的观念，增强认真履行经济责任的自觉性。

2. 促进领导干部全面掌握本单位的财经情况

经济责任审计报告真实反映了被审计领导干部所在单位资产状况和财务收支情况、债权和债务情况，客观评价了资金使用的合法和效益情况。通过对经济责任审计报告的交接,使领导干部了解和掌握本单位的财经情况,做到心中有数,家底清楚。

3. 促进落实审计意见、提高管理水平

经济责任审计报告指出了被审计领导干部所在学校(单位)在财务管理和经济活动中存在的问题,并提出了审计建议。通过对经济责任审计报告的交接,学校(单位)能够针对审计提出的问题和审计建议进行整改,提高财经工作管理水平。

二、经济责任审计报告交接的内容

1. 财务收支及有关重要经济活动的真实、合法和效益情况;
2. 重要经济指标的真实性及变化情况;
3. 各类资产的安全、完整情况;
4. 重大经济决策和经济事项决定的程序和效果情况;
5. 贯彻执行国家财经政策,建立内部控制制度情况。

经济责任审计报告对上述等方面的情况做了认真、全面的反映;对被审计学校(单位)财务管理情况做了客观的评价;对被审计学校(单位)违反国家财经法规的问题进行了披露。领导干部交接工作时要对经济责任审计报告中的内容全面进行交接。

三、经济责任审计报告交接的要求

1. 各校、各单位要高度重视、认真组织经济责任审计报告交接工作,将经济责任审计报告作为领导干部工作交接内容的要求落到实处。

2. 各校、各单位在接到教育部办公厅印发的领导干部经济责任审计意见函后,由学校(单位)主要领导主持交接工作,召集领导班子成员参加,必要时可要求有关管理部门负责人参加。

3. 交接经济责任审计报告后,要针对审计中发现的问题,认真分析产生的原因,制订整改措施,落实整改责任人和责任部门,限期整改,并要进一步健全完善学校各项财务规章制度。

中华人民共和国教育部
二〇〇七年一月四日

教育部经济责任审计整改工作办法

教财〔2017〕3号

第一条 为严格落实教育部经济责任审计整改工作责任，强化审计整改工作的严肃性，提升审计整改工作质量和效果，根据《中华人民共和国审计法》《党政主要领导干部和国有企业领导人员经济责任审计规定》《关于完善审计制度若干重大问题的框架意见》《国务院关于加强审计工作的意见》《教育部经济责任审计规定》等，制定本办法。

第二条 教育部经济责任审计整改工作是指接受教育部组织实施的党政领导干部经济责任审计的单位（以下简称被审计单位）在规定期限内，对审计发现的问题采取措施进行纠正和处理的行为。

第三条 经济责任审计整改工作的责任主体是被审计单位，被审计单位现任党政主要负责人为审计整改工作第一责任人，负责领导和组织审计整改工作。离任被审计领导干部应当积极配合原任职单位的审计整改工作。

第四条 被审计单位应当将落实审计整改工作纳入领导班子议事决策范畴，加强对审计整改工作的组织领导，完善审计整改工作机制，制定审计整改工作方案，强化审计整改工作落实，并对审计发现的问题，深入分析原因，健全内部管理机制，完善内部控制制度，提高审计整改实效，促进单位治理体系和治理能力现代化。

第五条 被审计单位自收到审计报告60日内，提交审计整改结果报告。审计整改结果报告同时报送教育部内部审计部门和组织人事部门。对整改结果报告中未完成整改的事项，被审计单位应提出后续整改方案，明确整改期限和阶段性目标，并在整改期限内，向上述有关单位提交后续整改措施和结果。

第六条 审计整改结果报告主要包括以下内容：

（一）审计整改的总体情况；

（二）针对审计建议已采取的整改措施；

（三）对有关责任部门和责任人的责任追究处理情况；

（四）强化内部管理和完善相关制度情况；

（五）正在整改或尚未整改事项的原因分析及计划完成时间；

（六）落实整改的必要证明材料；

（七）其他有关内容。

第七条　教育部内部审计部门开展审计整改跟踪检查，实行"问题清单""整改清单""销号清单"对接机制。内部审计部门在出具审计报告时，提出审计发现问题清单（附件1）；被审计单位在报送审计整改结果报告时，一并报送审计整改结果清单（附件2）；内部审计部门开展审计整改情况跟踪检查时将两个清单对接，实行对账销号，提出审计整改结果检查与对账销号清单（附件3）。对审计查出的问题已经整改到位的，予以销号；对整改不到位的，继续督促被审计单位采取措施进行整改直至销号。

内部审计部门要结合审计整改跟踪检查情况，对被审计单位未落实整改的事项，深入分析原因，提出处理措施。

第八条　教育部经济责任审计工作领导小组办公室（以下简称领导小组办公室）开展审计整改督查。领导小组办公室对照审计报告，对审计整改结果报告、审计整改情况检查报告进行审核和评估，确定审计整改重点督查对象和事项，编制审计整改督查工作计划。

对违纪违规问题严重、屡审屡犯、审计整改不力的，应当列为重点督查对象。

第九条　领导小组办公室根据审计整改督查工作计划组成督查组，在实施督查三日前，向被督查单位送达审计整改落实情况督促检查通知书（附件4）。

督查组由教育部经济责任审计工作领导小组（以下简称领导小组）成员单位、有关部门以及实施审计的相关审计人员组成。

第十条　审计整改督查结束后，领导小组办公室应将督查情况汇总综合，评估整改总体情况，分析存在的问题，提出相应的意见和建议，

形成督查报告,向领导小组报告。审计整改督查报告的主要内容包括:

(一)审计整改督查工作开展情况;

(二)被审计单位整改情况和其他有关单位推动落实整改情况;

(三)正在整改或未整改事项及原因;

(四)正在整改或未整改事项的处理意见;

(五)其他有关内容。

第十一条 教育部内部审计部门、领导小组办公室在审计整改跟踪检查和督查过程中,发现有整改不力造成重大影响的,要提出问责建议。教育部党组或其他有关部门在各自职权范围内,按照有关规定,追究有关人员的责任。

经领导小组审定后,领导小组办公室对整改不力造成重大影响的单位和领导干部在一定范围内进行通报。

第十二条 领导小组完善审计整改会商机制,研究审计整改工作的重要事项,完善整改工作制度,通报整改情况,推进整改工作的有效落实。对审计揭示的普遍性、倾向性、苗头性问题,特别是涉及体制机制问题、历史遗留问题和其他疑难问题进行会商,研究解决措施,提出意见建议。

第十三条 领导小组完善审计整改联动机制,强化审计整改成果运用。各成员单位明确审计整改工作责任,组织人事部门应当推动和促进将经济责任审计结果和审计整改情况,纳入被审计单位领导班子民主生活会及党风廉政建设责任制检查考核的内容,作为领导班子成员述职述廉、年度考核、任职考核的重要依据;巡视部门应当将审计发现的问题列入巡视内容,并在巡视过程中督促被审计单位落实整改;纪检部门应当认真核查处理审计移交的问题线索。各业务主管部门应当对审计结果和审计整改过程中反映的典型性、普遍性、倾向性问题及时进行研究,并将其作为采取有关措施、完善有关制度规定的参考依据。财务部门应当将审计结果、审计整改情况作为加强预算管理和财务管理的重要依据。各有关部门应当将审计整改成果运用情况,及时反馈领导小组办公室。

第十四条 接受审计署组织实施的教育部直属中管高校党政领导干部经济责任审计整改工作,按照审计署有关规定执行。教育部直属高校、直属单位内部实施的党政领导干部经济责任审计整改工作,可以结合本单位实际,参照执行。教育部组织实施的其他专项审计等整改工作,参照执行。

第十五条 本办法由教育部经济责任审计工作领导小组负责解释。

第十六条 本办法自印发之日起施行。

行政事业单位内部控制规范(试行)

第一章 总 则

第一条 为了进一步提高行政事业单位内部管理水平,规范内部控制,加强廉政风险防控机制建设,根据《中华人民共和国会计法》、《中华人民共和国预算法》等法律法规和相关规定,制定本规范。

第二条 本规范适用于各级党的机关、人大机关、行政机关、政协机关、审判机关、检察机关、各民主党派机关、人民团体和事业单位(以下统称单位)经济活动的内部控制。

第三条 本规范所称内部控制,是指单位为实现控制目标,通过制定制度、实施措施和执行程序,对经济活动的风险进行防范和管控。

第四条 单位内部控制的目标主要包括:合理保证单位经济活动合法合规、资产安全和使用有效、财务信息真实完整,有效防范舞弊和预防腐败,提高公共服务的效率和效果。

第五条 单位建立与实施内部控制,应当遵循下列原则:

(一)全面性原则。内部控制应当贯穿单位经济活动的决策、执行和监督全过程,实现对经济活动的全面控制。

(二)重要性原则。在全面控制的基础上,内部控制应当关注单位重要经济活动和经济活动的重大风险。

(三)制衡性原则。内部控制应当在单位内部的部门管理、职责分工、业务流程等方面形成相互制约和相互监督。

(四)适应性原则。内部控制应当符合国家有关规定和单位的实际情况,并随着外部环境的变化、单位经济活动的调整和管理要求的提高,不断修订和完善。

第六条 单位负责人对本单位内部控制的建立健全和有效实施负责。

第七条　单位应当根据本规范建立适合本单位实际情况的内部控制体系,并组织实施。具体工作包括梳理单位各类经济活动的业务流程,明确业务环节,系统分析经济活动风险,确定风险点,选择风险应对策略,在此基础上根据国家有关规定建立健全单位各项内部管理制度并督促相关工作人员认真执行。

第二章　风险评估和控制方法

第八条　单位应当建立经济活动风险定期评估机制,对经济活动存在的风险进行全面、系统和客观评估。

经济活动风险评估至少每年进行一次;外部环境、经济活动或管理要求等发生重大变化的,应及时对经济活动风险进行重估。

第九条　单位开展经济活动风险评估应当成立风险评估工作小组,单位领导担任组长。

经济活动风险评估结果应当形成书面报告并及时提交单位领导班子,作为完善内部控制的依据。

第十条　单位进行单位层面的风险评估时,应当重点关注以下方面:

(一)内部控制工作的组织情况。包括是否确定内部控制职能部门或牵头部门;是否建立单位各部门在内部控制中的沟通协调和联动机制。

(二)内部控制机制的建设情况。包括经济活动的决策、执行、监督是否实现有效分离;权责是否对等;是否建立健全议事决策机制、岗位责任制、内部监督等机制。

(三)内部管理制度的完善情况。包括内部管理制度是否健全;执行是否有效。

(四)内部控制关键岗位工作人员的管理情况。包括是否建立工作人员的培训、评价、轮岗等机制;工作人员是否具备相应的资格和能力。

(五)财务信息的编报情况。包括是否按照国家统一的会计制度对经济业务事项进行账务处理；是否按照国家统一的会计制度编制财务会计报告。

（六）其他情况。

第十一条 单位进行经济活动业务层面的风险评估时，应当重点关注以下方面：

（一）预算管理情况。包括在预算编制过程中单位内部各部门间沟通协调是否充分，预算编制与资产配置是否相结合、与具体工作是否相对应；是否按照批复的额度和开支范围执行预算，进度是否合理，是否存在无预算、超预算支出等问题；决算编报是否真实、完整、准确、及时。

（二）收支管理情况。包括收入是否实现归口管理，是否按照规定及时向财会部门提供收入的有关凭据，是否按照规定保管和使用印章和票据等；发生支出事项时是否按照规定审核各类凭据的真实性、合法性，是否存在使用虚假票据套取资金的情形。

（三）政府采购管理情况。包括是否按照预算和计划组织政府采购业务；是否按照规定组织政府采购活动和执行验收程序；是否按照规定保存政府采购业务相关档案。

（四）资产管理情况。包括是否实现资产归口管理并明确使用责任；是否定期对资产进行清查盘点，对账实不符的情况及时进行处理；是否按照规定处置资产。

（五）建设项目管理情况。包括是否按照概算投资；是否严格履行审核审批程序；是否建立有效的招投标控制机制；是否存在截留、挤占、挪用、套取建设项目资金的情形；是否按照规定保存建设项目相关档案并及时办理移交手续。

（六）合同管理情况。包括是否实现合同归口管理；是否明确应签订合同的经济活动范围和条件；是否有效监控合同履行情况，是否建立合同纠纷协调机制。

（七）其他情况。

第十二条 单位内部控制的控制方法一般包括：

（一）不相容岗位相互分离。合理设置内部控制关键岗位，明确划分职责权限，实施相应的分离措施，形成相互制约、相互监督的工作机制。

（二）内部授权审批控制。明确各岗位办理业务和事项的权限范围、审批程序和相关责任，建立重大事项集体决策和会签制度。相关工作人员应当在授权范围内行使职权、办理业务。

（三）归口管理。根据本单位实际情况，按照权责对等的原则，采取成立联合工作小组并确定牵头部门或牵头人员等方式，对有关经济活动实行统一管理。

（四）预算控制。强化对经济活动的预算约束，使预算管理贯穿于单位经济活动的全过程。

（五）财产保护控制。建立资产日常管理制度和定期清查机制，采取资产记录、实物保管、定期盘点、账实核对等措施，确保资产安全完整。

（六）会计控制。建立健全本单位财会管理制度，加强会计机构建设，提高会计人员业务水平，强化会计人员岗位责任制，规范会计基础工作，加强会计档案管理，明确会计凭证、会计账簿和财务会计报告处理程序。

（七）单据控制。要求单位根据国家有关规定和单位的经济活动业务流程，在内部管理制度中明确界定各项经济活动所涉及的表单和票据，要求相关工作人员按照规定填制、审核、归档、保管单据。

（八）信息内部公开。建立健全经济活动相关信息内部公开制度，根据国家有关规定和单位的实际情况，确定信息内部公开的内容、范围、方式和程序。

第三章 单位层面内部控制

第十三条 单位应当单独设置内部控制职能部门或者确定内部控制牵头部门，负责组织协调内部控制工作。同时，应当充分发挥财会、内部审计、纪检监察、政府采购、基建、资产管理等部门或岗位在内部控制中的作用。

第十四条 单位经济活动的决策、执行和监督应当相互分离。单位应当建立健全集体研究、专家论证和技术咨询相结合的议事决策机制。

重大经济事项的内部决策,应当由单位领导班子集体研究决定。重大经济事项的认定标准应当根据有关规定和本单位实际情况确定,一经确定,不得随意变更。

第十五条 单位应当建立健全内部控制关键岗位责任制,明确岗位职责及分工,确保不相容岗位相互分离、相互制约和相互监督。单位应当实行内部控制关键岗位工作人员的轮岗制度,明确轮岗周期。不具备轮岗条件的单位应当采取专项审计等控制措施。

内部控制关键岗位主要包括预算业务管理、收支业务管理、政府采购业务管理、资产管理、建设项目管理、合同管理以及内部监督等经济活动的关键岗位。

第十六条 内部控制关键岗位工作人员应当具备与其工作岗位相适应的资格和能力。

单位应当加强内部控制关键岗位工作人员业务培训和职业道德教育,不断提升其业务水平和综合素质。

第十七条 单位应当根据《中华人民共和国会计法》的规定建立会计机构,配备具有相应资格和能力的会计人员。单位应当根据实际发生的经济业务事项按照国家统一的会计制度及时进行账务处理、编制财务会计报告,确保财务信息真实、完整。

第十八条 单位应当充分运用现代科学技术手段加强内部控制。对信息系统建设实施归口管理,将经济活动及其内部控制流程嵌入单位信息系统中,减少或消除人为操纵因素,保护信息安全。

第四章 业务层面内部控制

第一节 预算业务控制

第十九条 单位应当建立健全预算编制、审批、执行、决算与评价等预算内部管理制度。

单位应当合理设置岗位,明确相关岗位的职责权限,确保预算编制、审批、执行、评价等不相容岗位相互分离。

第二十条 单位的预算编制应当做到程序规范、方法科学、编制及时、内容完整、项目细化、数据准确。

(一)单位应当正确把握预算编制有关政策,确保预算编制相关人员及时全面掌握相关规定。

(二)单位应当建立内部预算编制、预算执行、资产管理、基建管理、人事管理等部门或岗位的沟通协调机制,按照规定进行项目评审,确保预算编制部门及时取得和有效运用与预算编制相关的信息,根据工作计划细化预算编制,提高预算编制的科学性。

第二十一条 单位应当根据内设部门的职责和分工,对按照法定程序批复的预算在单位内部进行指标分解、审批下达,规范内部预算追加调整程序,发挥预算对经济活动的管控作用。

第二十二条 单位应当根据批复的预算安排各项收支,确保预算严格有效执行。

单位应当建立预算执行分析机制。定期通报各部门预算执行情况,召开预算执行分析会议,研究解决预算执行中存在的问题,提出改进措施,提高预算执行的有效性。

第二十三条 单位应当加强决算管理,确保决算真实、完整、准确、及时,加强决算分析工作,强化决算分析结果运用,建立健全单位预算与决算相互反映、相互促进的机制。

第二十四条 单位应当加强预算绩效管理,建立"预算编制有目标、预算执行有监控、预算完成有评价、评价结果有反馈、反馈结果有应用"的全过程预算绩效管理机制。

第二节 收支业务控制

第二十五条 单位应当建立健全收入内部管理制度。

单位应当合理设置岗位,明确相关岗位的职责权限,确保收款、会计核算等不相容岗位相互分离。

第二十六条 单位的各项收入应当由财会部门归口管理并进行会计核算,严禁设立账外账。

业务部门应当在涉及收入的合同协议签订后及时将合同等有关材料提交财会部门作为账务处理依据,确保各项收入应收尽收,及时入账。财会部门应当定期检查收入金额是否与合同约定相符;对应收未收项目应当查明情况,明确责任主体,落实催收责任。

第二十七条 有政府非税收入收缴职能的单位,应当按照规定项目和标准征收政府非税收入,按照规定开具财政票据,做到收缴分离、票款一致,并及时、足额上缴国库或财政专户,不得以任何形式截留、挪用或者私分。

第二十八条 单位应当建立健全票据管理制度。财政票据、发票等各类票据的申领、启用、核销、销毁均应履行规定手续。单位应当按照规定设置票据专管员,建立票据台账,做好票据的保管和序时登记工作。票据应当按照顺序号使用,不得拆本使用,做好废旧票据管理。负责保管票据的人员要配置单独的保险柜等保管设备,并做到人走柜锁。

单位不得违反规定转让、出借、代开、买卖财政票据、发票等票据,不得擅自扩大票据适用范围。

第二十九条 单位应当建立健全支出内部管理制度,确定单位经济活动的各项支出标准,明确支出报销流程,按照规定办理支出事项。单位应当合理设置岗位,明确相关岗位的职责权限,确保支出申请和内部审批、付款审批和付款执行、业务经办和会计核算等不相容岗位相互分离。

第三十条 单位应当按照支出业务的类型,明确内部审批、审核、支付、核算和归档等支出各关键岗位的职责权限。实行国库集中支付的,应当严格按照财政国库管理制度有关规定执行。

(一)加强支出审批控制。明确支出的内部审批权限、程序、责任和相关控制措施。审批人应当在授权范围内审批,不得越权审批。

(二)加强支出审核控制。全面审核各类单据。重点审核单据来源是否合法,内容是否真实、完整,使用是否准确,是否符合预算,审批手续是否齐全。

支出凭证应当附反映支出明细内容的原始单据，并由经办人员签字或盖章，超出规定标准的支出事项应由经办人员说明原因并附审批依据，确保与经济业务事项相符。

（三）加强支付控制。明确报销业务流程，按照规定办理资金支付手续。签发的支付凭证应当进行登记。使用公务卡结算的，应当按照公务卡使用和管理有关规定办理业务。

（四）加强支出的核算和归档控制。由财会部门根据支出凭证及时准确登记账簿；与支出业务相关的合同等材料应当提交财会部门作为账务处理的依据。

第三十一条　根据国家规定可以举借债务的单位应当建立健全债务内部管理制度，明确债务管理岗位的职责权限，不得由一人办理债务业务的全过程。大额债务的举借和偿还属于重大经济事项，应当进行充分论证，并由单位领导班子集体研究决定。

单位应当做好债务的会计核算和档案保管工作。加强债务的对账和检查控制，定期与债权人核对债务余额，进行债务清理，防范和控制财务风险。

第三节　政府采购业务控制

第三十二条　单位应当建立健全政府采购预算与计划管理、政府采购活动管理、验收管理等政府采购内部管理制度。

第三十三条　单位应当明确相关岗位的职责权限，确保政府采购需求制定与内部审批、招标文件准备与复核、合同签订与验收、验收与保管等不相容岗位相互分离。

第三十四条　单位应当加强对政府采购业务预算与计划的管理。建立预算编制、政府采购和资产管理等部门或岗位之间的沟通协调机制。根据本单位实际需求和相关标准编制政府采购预算，按照已批复的预算安排政府采购计划。

第三十五条　单位应当加强对政府采购活动的管理。对政府采购活动实施归口管理，在政府采购活动中建立政府采购、资产管理、财会、内部审计、纪检监察等部门或岗位相互协调、相互制约的机制。

单位应当加强对政府采购申请的内部审核,按照规定选择政府采购方式、发布政府采购信息。对政府采购进口产品、变更政府采购方式等事项应当加强内部审核,严格履行审批手续。

第三十六条　单位应当加强对政府采购项目验收的管理。根据规定的验收制度和政府采购文件,由指定部门或专人对所购物品的品种、规格、数量、质量和其他相关内容进行验收,并出具验收证明。

第三十七条　单位应当加强对政府采购业务质疑投诉答复的管理。指定牵头部门负责、相关部门参加,按照国家有关规定做好政府采购业务质疑投诉答复工作。

第三十八条　单位应当加强对政府采购业务的记录控制。妥善保管政府采购预算与计划、各类批复文件、招标文件、投标文件、评标文件、合同文本、验收证明等政府采购业务相关资料。定期对政府采购业务信息进行分类统计,并在内部进行通报。

第三十九条　单位应当加强对涉密政府采购项目安全保密的管理。对于涉密政府采购项目,单位应当与相关供应商或采购中介机构签订保密协议或者在合同中设定保密条款。

第四节　资产控制

第四十条　单位应当对资产实行分类管理,建立健全资产内部管理制度。

单位应当合理设置岗位,明确相关岗位的职责权限,确保资产安全和有效使用。

第四十一条　单位应当建立健全货币资金管理岗位责任制,合理设置岗位,不得由一人办理货币资金业务的全过程,确保不相容岗位相互分离。

(一)出纳不得兼管稽核、会计档案保管和收入、支出、债权、债务账目的登记工作。

(二)严禁一人保管收付款项所需的全部印章。财务专用章应当由专人保管,个人名章应当由本人或其授权人员保管。负责保管印章的人员要配置单独的保管设备,并做到人走柜锁。

（三）按照规定应当由有关负责人签字或盖章的,应当严格履行签字或盖章手续。

第四十二条　单位应当加强对银行账户的管理,严格按照规定的审批权限和程序开立、变更和撤销银行账户。

第四十三条　单位应当加强货币资金的核查控制。指定不办理货币资金业务的会计人员定期和不定期抽查盘点库存现金,核对银行存款余额,抽查银行对账单、银行日记账及银行存款余额调节表,核对是否账实相符、账账相符。对调节不符、可能存在重大问题的未达账项应当及时查明原因,并按照相关规定处理。

第四十四条　单位应当加强对实物资产和无形资产的管理,明确相关部门和岗位的职责权限,强化对配置、使用和处置等关键环节的管控。

（一）对资产实施归口管理。明确资产使用和保管责任人,落实资产使用人在资产管理中的责任。贵重资产、危险资产、有保密等特殊要求的资产,应当指定专人保管、专人使用,并规定严格的接触限制条件和审批程序。

（二）按照国有资产管理相关规定,明确资产的调剂、租借、对外投资、处置的程序、审批权限和责任。

（三）建立资产台账,加强资产的实物管理。单位应当定期清查盘点资产,确保账实相符。财会、资产管理、资产使用等部门或岗位应当定期对账,发现不符的,应当及时查明原因,并按照相关规定处理。

（四）建立资产信息管理系统,做好资产的统计、报告、分析工作,实现对资产的动态管理。

第四十五条　单位应当根据国家有关规定加强对对外投资的管理。

（一）合理设置岗位,明确相关岗位的职责权限,确保对外投资的可行性研究与评估、对外投资决策与执行、对外投资处置的审批与执行等不相容岗位相互分离。

（二）单位对外投资，应当由单位领导班子集体研究决定。

（三）加强对投资项目的追踪管理，及时、全面、准确地记录对外投资的价值变动和投资收益情况。

（四）建立责任追究制度。对在对外投资中出现重大决策失误、未履行集体决策程序和不按规定执行对外投资业务的部门及人员，应当追究相应的责任。

第五节 建设项目控制

第四十六条 单位应当建立健全建设项目内部管理制度。

单位应当合理设置岗位，明确内部相关部门和岗位的职责权限，确保项目建议和可行性研究与项目决策、概预算编制与审核、项目实施与价款支付、竣工决算与竣工审计等不相容岗位相互分离。

第四十七条 单位应当建立与建设项目相关的议事决策机制，严禁任何个人单独决策或者擅自改变集体决策意见。决策过程及各方面意见应当形成书面文件，与相关资料一同妥善归档保管。

第四十八条 单位应当建立与建设项目相关的审核机制。项目建议书、可行性研究报告、概预算、竣工决算报告等应当由单位内部的规划、技术、财会、法律等相关工作人员或者根据国家有关规定委托具有相应资质的中介机构进行审核，出具评审意见。

第四十九条 单位应当依据国家有关规定组织建设项目招标工作，并接受有关部门的监督。

单位应当采取签订保密协议、限制接触等必要措施，确保标底编制、评标等工作在严格保密的情况下进行。

第五十条 单位应当按照审批单位下达的投资计划和预算对建设项目资金实行专款专用，严禁截留、挪用和超批复内容使用资金。财会部门应当加强与建设项目承建单位的沟通，准确掌握建设进度，加强价款支付审核，按照规定办理价款结算。实行国库集中支付的建设项目，单位应当按照财政国库管理制度相关规定支付资金。

第五十一条 单位应当加强对建设项目档案的管理。做好相关文件、材料的收集、整理、归档和保管工作。

第五十二条　经批准的投资概算是工程投资的最高限额，如有调整，应当按照国家有关规定报经批准。

单位建设项目工程洽商和设计变更应当按照有关规定履行相应的审批程序。

第五十三条　建设项目竣工后，单位应当按照规定的时限及时办理竣工决算，组织竣工决算审计，并根据批复的竣工决算和有关规定办理建设项目档案和资产移交等工作。

建设项目已实际投入使用但超时限未办理竣工决算的，单位应当根据对建设项目的实际投资暂估入账，转作相关资产管理。

第六节　合同控制

第五十四条　单位应当建立健全合同内部管理制度。

单位应当合理设置岗位，明确合同的授权审批和签署权限，妥善保管和使用合同专用章，严禁未经授权擅自以单位名义对外签订合同，严禁违规签订担保、投资和借贷合同。

单位应当对合同实施归口管理，建立财会部门与合同归口管理部门的沟通协调机制，实现合同管理与预算管理、收支管理相结合。

第五十五条　单位应当加强对合同订立的管理，明确合同订立的范围和条件。对于影响重大、涉及较高专业技术或法律关系复杂的合同，应当组织法律、技术、财会等工作人员参与谈判，必要时可聘请外部专家参与相关工作。谈判过程中的重要事项和参与谈判人员的主要意见，应当予以记录并妥善保管。

第五十六条　单位应当对合同履行情况实施有效监控。合同履行过程中，因对方或单位自身原因导致可能无法按时履行的，应当及时采取应对措施。

单位应当建立合同履行监督审查制度。对合同履行中签订补充合同，或变更、解除合同等应当按照国家有关规定进行审查。

第五十七条　财会部门应当根据合同履行情况办理价款结算和进行账务处理。未按照合同条款履约的，财会部门应当在付款之前向单位有关负责人报告。

第五十八条 合同归口管理部门应当加强对合同登记的管理,定期对合同进行统计、分类和归档,详细登记合同的订立、履行和变更情况,实行对合同的全过程管理。与单位经济活动相关的合同应当同时提交财会部门作为账务处理的依据。

单位应当加强合同信息安全保密工作,未经批准,不得以任何形式泄露合同订立与履行过程中涉及的国家秘密、工作秘密或商业秘密。

第五十九条 单位应当加强对合同纠纷的管理。合同发生纠纷的,单位应当在规定时效内与对方协商谈判。合同纠纷协商一致的,双方应当签订书面协议;合同纠纷经协商无法解决的,经办人员应向单位有关负责人报告,并根据合同约定选择仲裁或诉讼方式解决。

第五章 评价与监督

第六十条 单位应当建立健全内部监督制度,明确各相关部门或岗位在内部监督中的职责权限,规定内部监督的程序和要求,对内部控制建立与实施情况进行内部监督检查和自我评价。

内部监督应当与内部控制的建立和实施保持相对独立。

第六十一条 内部审计部门或岗位应当定期或不定期检查单位内部管理制度和机制的建立与执行情况,以及内部控制关键岗位及人员的设置情况等,及时发现内部控制存在的问题并提出改进建议。

第六十二条 单位应当根据本单位实际情况确定内部监督检查的方法、范围和频率。

第六十三条 单位负责人应当指定专门部门或专人负责对单位内部控制的有效性进行评价并出具单位内部控制自我评价报告。

第六十四条 国务院财政部门及其派出机构和县级以上地方各级人民政府财政部门应当对单位内部控制的建立和实施情况进行监督检查,有针对性地提出检查意见和建议,并督促单位进行整改。

国务院审计机关及其派出机构和县级以上地方各级人民政府审计机关对单位进行审计时,应当调查了解单位内部控制建立和实施的有效性,揭示相关内部控制的缺陷,有针对性地提出审计处理意见和建议,并督促单位进行整改。

第六章 附 则

第六十五条 本规范自 2014 年 1 月 1 日起施行。

教育部直属高校经济活动内部控制指南(试行)

内部控制实施指南

第一章 总 则

第一条 高校内部控制是指学校为实现办学目标,通过制定制度、实施措施和执行程序,对经济活动的风险进行防范和管控。高校内部控制的目标主要包括:保证学校经济活动合法合规、资产安全和使用有效、财务信息真实完整,有效防范舞弊和预防腐败,提高资源配置和使用效益。

第二条 高校内部控制建设要紧紧围绕学校办学目标和事业发展规划,坚持服务于学校人才培养和科学研究。通过规范管理、有效控制、追责问效、防范风险,支持学校的可持续发展。

第三条 高校党政领导班子及其各级领导干部要高度重视内部控制建设,要将建立健全内部控制作为高校健全治理体系和提高治理能力建设的重要组成部分,列入学校长期规划,常抓不懈。

第四条 高校内部控制建设应当遵循下列原则:

(一)全面性原则:内部控制应当贯穿学校经济活动的决策、执行和监督全过程,实现对经济活动的全面控制。

(二)重要性原则:在全面控制的基础上,学校应当关注重要经济活动及其可能产生的重大风险。

(三)制衡性原则:学校应当在岗位设置、职责分工、业务流程等方面形成相互制约和相互监督的工作机制。

(四)适应性原则:内部控制应当符合国家有关法律法规和学校实际情况,并随着外部环境变化、经济活动特点和管理要求提高,不断修订和完善。

第二章 组织架构

第五条 高校党委要发挥在学校内部控制建设中的领导作用；校长是内部控制建设工作的首要责任人，对内部控制的建立健全和有效实施负责；学校领导班子其他成员要抓好各自分管领域的内部控制建设工作；学校内部各部门负责人对本部门的内部控制建设承担具体责任。

第六条 高校要成立由校长担任组长的内部控制建设领导小组，负责领导内部控制建设工作。领导小组的主要职责是：规划和制定学校内部控制建设的基本思路、工作重点、建设计划等；组织全校各部门开展内部控制建设；建立健全学校内部控制建设组织体系，推动内部控制建设常态化。

第七条 高校要成立专门负责内部控制建设的职能部门，或者明确内部控制建设的牵头部门，负责组织协调全校的内部控制建设。其主要职责是：组织梳理学校各类经济活动的业务流程，明确业务环节，系统分析经济活动风险，确定风险点，选择风险应对策略，在此基础上根据国家有关规定建立健全学校各项内部管理制度并督促相关人员认真执行。

第八条 高校要成立由内部审计部门或相关部门牵头组成的内部控制建设监督检查工作小组，负责对全校内部控制建立与实施情况开展内部监督检查，并定期组织编制学校风险评估报告，对学校内部控制的完善性、有效性等做出评价。

第九条 高校应当明确财务、纪检监察、人事、采购、基建、资产、科研管理和审计等部门或岗位在内部控制建设、实施与监督检查中的职责权限，以及内部控制建设、实施与监督的程序和要求，并充分发挥各职能部门在内部控制建设、实施与监督检查中的作用。

第三章 建设任务

第十条 高校应当按照内部控制的要求，在内部控制建设领导小组的领导下通过全面梳理预决算、收支、采购、资产、建设项目、合同等各项经济业务流程,明确业务环节,分析风险隐患,完善风险评估机制,制定风险应对策略;有效运用不相容岗位相互分离、内部授权审批控制、归口管理、预算控制、财产保护控制、会计控制、单据控制、信息内部公开等内部控制基本方法,加强对学校层面和业务层面的内部控制,实现内部控制体系全面、有效实施。

第十一条 高校要按照决策、执行和监督相互分离、相互制约的要求,建立重大事项议事决策机制。要根据确保不相容岗位相互分离、相互制约和相互监督的原则,科学设置机构及岗位,明确各岗位职责权限和权利运行规程,切实做到分事行权、分岗设权、分级授权、定期轮岗。对重点领域的关键岗位,在健全岗位设置、设定任岗条件的基础上,选用适合人员,并建立干部交流和定期轮岗制度,不具备轮岗条件的应当采用专项审计等内控措施。

第十二条 高校应当建立健全内部控制的监督检查和自我评价制度,通过日常监督和专项检查,检查内部控制实施过程中存在的突出问题、管理漏洞和薄弱环节,进一步改进和加强内部控制;通过自我评价,评估内部控制的全面性、重要性、制衡性、适应性和有效性,进一步改进和完善内部控制。同时,高校要将内部控制监督检查、自我评价结果纳入领导干部经济责任审计内容与干部考核体系、将评价结果与个人考核挂钩,实行追责问责,促进内部控制规范有效执行。

第十三条 高校应当积极推进内部控制信息公开,逐步建立健全内部控制自我评价报告公开制度,通过面向学校内部和外部定期公开内部控制相关信息,逐步建立规范有序、及时可靠的内部控制信息公开机制,更好地发挥信息公开对内部控制建设的促进和监督作用。

第十四条 高校应加强对附属单位的监管。学校对不同类型的附属单位可以实行不同的经济监管方式,这些方式包括但不限于会计委派制、会计报表审核、内部审计、委托社会审计等。对于独立的事业法人、企业法人、社团法人等,学校应通过合法有效的形式履行出资人职责、维护出资人权益,规范附属单位经济行为。

内部控制应用指南

第1号——控制环境

第一章 总 则

第一条 本指南所称控制环境,是指高校内部控制存在和发展的空间,是实施内部控制的基础,直接影响、制约着内部控制的建立和执行,主要包括发展规划、内部控制组织架构、运行机制、关键岗位与人员、会计及信息系统等方面。

第二条 高校内部控制应重点关注控制环境中的下列风险:

(一)发展规划不明确,或规划实施不到位,可能导致学校盲目发展,脱离实际,造成资源浪费,难以形成竞争优势,丧失发展机遇和动力。

(二)治理结构不完善,缺乏科学决策、良性运行机制和有效执行,可能导致高校事业发展停滞或缓慢,难以实现发展目标。

(三)内部机构设计不科学,权责分配不合理,可能导致机构重叠、职能交叉或缺失、推诿扯皮,运行效率低下。岗位设置不合理,岗位职责不明确,可能导致关键岗位缺失控制和监督,产生控制风险。

(四)会计与信息系统建设不到位,人力资源政策不合理,缺乏积极向上的大学文化等,可能造成内部控制建设贯彻落实不到位。

第三条 控制环境建设应当全面考虑学校经济活动的决策、执行和监督全过程,关注重要经济活动及其可能产生的重大风险。

第二章 发展规划

第四条 发展规划是指高校结合自身定位,在对现实状况进行综合分析和对未来趋势进行科学预测的基础上,制定并实施的长远发展愿景与发展计划。

第五条 高校应当设立或指定相关机构负责发展规划的制定与落

实工作,明确部门职责、议事规则和岗位要求。

第六条 高校根据发展愿景制定战略规划,发展愿景的制定应在充分调查研究、科学分析预测和广泛征求意见的基础上进行。发展规划应当确定每个发展阶段的具体目标、工作任务和实施路径。

第七条 高校发展规划方案按照学校法定程序批准后实施。需报送教育部审批的,应在报经教育部审批后方可实施。

第八条 学校应当根据发展规划编制年度工作计划;同时完善发展规划贯彻落实的保障制度,确保发展规划的有效实施。

第九条 高校规划管理部门应当加强对规划实施情况的监控,定期收集和分析相关信息,对于明显偏离发展规划的情况应及时报告;确需对发展规划做出调整的,应当按照规定权限和程序调整发展。

第三章 组织架构

第十条 组织架构是指高校按照国家有关法律法规、大学章程,结合高校实际,明确内部各层级机构设置、职责权限、人员编制、工作程序和相关要求的制度安排,包括组织机构和岗位设置等。

第十一条 高校应当按照科学、精简、高效、透明、制衡的原则,综合考虑发展战略、管理要求和学校文化等因素,合理设置组织机构,明确各机构的职责权限、人员任职条件、议事规则和工作程序,避免职能交叉、缺失或权责过于集中。

第十二条 高校党委应切实负起对学校内部控制工作的领导责任,按规定权限集体研究决定经济活动重大事项,支持校长依法自主负责地开展内部控制建设。

第十三条 校长在党委领导下全面负责学校的内部控制各项工作。校长办公会议按规定权限对学校经济活动重要事项进行决策。党政领导班子其他成员按照"一岗双责"的要求,根据分工抓好职责范围内的内部控制工作。

第十四条 高校应对现有治理结构和内部机构设置进行全面梳理,并对内部机构设置的合理性和运行的效率性等定期进行评估,及时进行调整、消除存在的缺陷。

第十五条 高校应将内部控制与组织机构设置有机联系起来,确保组织机构设置科学、机制运行顺畅、控制监督有力。

第十六条 高校应当单独设置内部控制职能部门或确定内部控制牵头部门,负责组织协调内部控制工作,为内部控制的建立与实施工作提供强有力的组织保障。

第十七条 高校应当根据内部控制的总体要求,合理划分校内各部门的职能,厘清各部门在组织层面和业务层面内部控制中的角色和分工,确定具体岗位、职责和工作要求等,明确各个岗位的权限和相互制衡关系。

第十八条 高校在确定岗位职责和分工的过程中,应当体现不相容职务相互分离的要求。不相容职务通常包括:可行性研究与决策审批;决策审批与执行;执行与监督检查等。

第十九条 高校应当制定组织结构图、业务流程图、岗(职)位职责和权限指引等内部管理制度或相关文件,使教职工了解和掌握组织架构设计及权责分配情况,正确履行职责。

第四章 运行机制

第二十条 运行机制是指包括决策机制、执行机制、协同机制、监督机制等在内的保证高校内部控制目标实现的内部运行和制衡机制。

第二十一条 高校的重大经济决策、重大经济事项、大额资金支付业务等,应当按照规定的权限和程序实行集体决策审批或者联签制度,并应以记实方式记录集体决策过程。对于重大事项,任何个人不得单独进行决策或者擅自改变集体决策意见。

重大经济决策、重大经济事项、大额资金支付业务的具体内容或标准由高校根据实际情况自行确定。

第二十二条 高校应建立并完善包括不相容岗位相分离、内部授权审批控制、归口管理、预算控制、资产保护控制、会计控制、单据控制、信息公开控制、信息技术控制等措施在内的内部控制执行机制。

第二十三条　高校应当建立健全"以预算为主线、资金管控为核心"的业务流程协同机制,积极发挥财务、政府采购、基建、资产管理、科研、合同管理等与经济活动相关部门或岗位的作用,保证内部控制在分权的基础上充分高效地运行。

第二十四条　高校应充分发挥内部审计、纪检监察部门的作用,通过内部控制评价和内部审计监督及时发现内部控制建立和实施中的问题和薄弱环节,并及时改进,确保内部控制体系得以有效运行。

第五章　关键岗位与人员

第二十五条　高校内部控制关键岗位主要包括预算业务管理、收支业务管理、政府采购业务管理、资产管理、建设项目管理、合同管理以及内部监督等经济活动的重要岗位。

第二十六条　高校应当明确关键岗位职责权限、任职条件和工作要求,切实做到因事设岗、以岗选人、避免因人设事或设岗。并遵循德才兼备、以德为先和公开、公平、公正的原则,通过公开招聘、竞争上岗等多种方式选聘具备与关键岗位相适应的资格和能力,能够胜任岗位职责要求的优秀人才。

第二十七条　高校应当加强内部控制关键岗位工作人员的职业道德教育和业务培训,不断提高工作人员的职业道德水平和综合素质,不断提升员工的专业技能及业务水平。

第二十八条　高校应当制定关键岗位人员定期轮岗制度,根据学校实际情况明确轮岗范围、轮岗周期、轮岗方式等。对暂不具备轮岗条件的,应当采取专项审计等控制措施替代轮岗制度,确保关键岗位工作人员认真依法履行岗位职责。

第二十九条　高校应当建立健全关键岗位人员退出机制,明确退出的条件和程序,确保退出机制得到有效实施。高校内部控制关键岗位人员离职前,应根据有关法律法规和单位规定进行工作交接、离任审计等。

第三十条　高校应当建立和完善关键岗位人员考核奖惩机制,定期对关键岗位人员履职尽责情况进行考核与评估,并根据考核与评估结果实施奖惩。

第六章 会计与信息系统

第三十一条 高校的会计与信息系统,包括会计系统和信息系统,其中会计系统是指高校会计机构、会计人员和会计工作的有机组合,信息系统是指高校利用计算机和通信技术,对经济活动过程中产生的数据进行集成、转化和提升所形成的信息化管理平台。

第三十二条 高校应当按照《会计法》等法律法规要求,建立健全会计机构,明确会计机构的职责和权限,依法合理设置会计工作岗位,进行岗位授权和职责分工,配备具备资格条件的会计工作人员,加强会计人员专业技能培训,明确学校会计工作的责任主体,为会计管理工作有序运转提供组织和人员保障。

第三十三条 高校应当根据《会计法》等法律法规,结合学校实际建立内部会计管理制度,制定会计工作的基础规范,明确会计管理要求,确保会计工作有章可循、有据可依。

第三十四条 高校应当按照《会计法》等法规的要求,对学校发生的各项经济业务进行记录、归集、分类和编报,完善会计业务处理流程,充分发挥会计系统的控制职能。

第三十五条 高校应当根据内部控制相关要求,结合组织机构、业务过程、技术能力等因素,制定信息系统建设总体规划,健全信息系统管理程序,设置信息系统管理岗位,明确信息系统管理责任,对信息系统实行归口管理。

第三十六条 高校应当充分运用现代科学技术手段加强内部控制,将经济活动及其内部控制流程嵌入信息系统中,并确保各重要信息系统之间的互联互通、信息共享和业务协同。以减少或消除人为操纵因素,提高办事效率和管理水平,促进信息公开和廉政建设,增强经济活动处理过程与结果的透明和公正。

第三十七条 高校要强化信息系统的安全管理,建立用户管理制度、系统数据定期备份制度、信息系统安全保密和泄密责任追究制度等措施,确保重要信息系统安全、可靠,增强信息安全保障能力。

第2号——预决算管理

第一章 总 则

第一条 本指南所称预算,是指高校根据事业发展规划和计划编制的年度财务收支计划。

本指南所称决算,是指高校根据年度预算执行结果编制的年度报告,包括年度决算报表和财务情况说明书。

第二条 高校预决算管理应当重点关注下列风险:

(一)预算与事业发展规划不匹配,预算与资产配置计划相脱节,预算编制资料不充分,编制方法不专业等原因可能导致预算无法获得批准,影响学校年度工作计划的完成,或事业发展目标实现的风险。

(二)预算执行不规范,出现无预算、超预算开支,或者预算执行进度严重滞后等情形,可能造成资金浪费或闲置的风险。

(三)预算调整未按程序执行,可能导致预算控制失效或产生相关舞弊行为的风险。

(四)未开展或实施规范的预算绩效评价工作,可能导致预算资金配置或使用效益低下的风险。

(五)会计决算信息不真实、不完整、不准确、不及时,可能导致财务信息无法客观反映高校实际情况和决策失误的风险。

第三条 高校应建立健全预决算管理体制和运行机制,明确各相关部门的职责权限、授权批准程序和工作协调机制,制订和完善预决算管理各项规章制度。全面梳理和分析预决算管理各环节的风险,并采取合理手段进行有效控制。

第二章 岗位设置和职责

第四条 高校应当建立健全预决算的议事决策机制和监督检查制

度,确定预决算归口管理部门和预算执行主体,明确各自职责、分工和权限。高校预决算机构一般包括决策机构、执行机构和监督机构。

第五条 高校应设立预算管理委员会或类似机构,负责拟定预决算政策,审议年度预算及具体分解方案,协调解决预算编制、调整与执行过程中出现的问题,组织开展预算绩效考核和预决算结果分析评价等工作。

总会计师或分管财务工作的校领导应协助学校主要负责人开展预决算管理工作。

第六条 高校应当合理设置预决算管理岗位,明确相关岗位的职责权限,确保预算编制与预算审批、预算审批与预算执行、预算执行与预算考核、决算编制与审核、决算审核与审批等不相容岗位的分离。

第三章 预算编制

第七条 高校应当在正确评价历年预算执行结果,合理预计当年收支规模的前提下,围绕学校事业发展规划、年度工作计划确定预算编制原则,明确预算绩效目标,并将绩效目标按职能或任务分解、下达到校内各个预算执行部门。

第八条 高校应按照上下结合、分级编制、逐级汇总的程序,综合考虑结转和结余情况,按照上级主管部门要求,采用科学、合理的方法编制预算。

第九条 高校财务部门应综合测算预算年度各项收入,对各单位预算建议数进行审核、汇总,经过充分论证、反复沟通实现收支平衡。

对于基本建设工程、大型修缮工程、信息化项目和大宗物资采购等重大事项,应组织对项目的必要性、方案的可行性以及金额的合理性等进行科学论证,必要时应组织相关专家进行论证。

第十条 高校应当建立健全预算审批管理制度,明确预算审批权限;严格执行"三重一大"程序,逐级审批。学校预算履行审批决策程序后方可上报教育部。

第四章 预算执行与调整

第十一条 高校应将上级批复的预算收入任务和支出指标分解后,下达到预算执行单位。下达任务或指标时应明确每一笔预算资金的经济责任人,确保事权与收入、支出责任相结合。

第十二条 高校应重视并认真做好预算执行工作,加快预算执行进度;加强对结转结余资金管理,制定政策盘活存量资金,建立预算统筹调剂机制。

第十三条 高校应严格按照法律法规组织会计核算和开展会计监督。监督内容包括各预算执行单位是否依法依规组织收入,各类支出是否符合依据、标准、审批权限和使用要求,项目支出预算是否专款专用等。

第十四条 高校应定期提供预算执行情况分析报告,提请预算委员会或类似机构研究预算执行中存在的问题,并提出解决问题的建议方案,按规定程序提交预算决策机构研究审定。

第十五条 高校应建立"先有预算、后有支出"的预算支出机制,保持预算的稳定性和严肃性。同时,高校应当建立健全校内预算调整申请与审批程序。对由于工作任务变动等客观因素导致确需增加、减少或取消预算的,应当严格按有关规定履行相应的预算调整审批程序。

第五章 决 算

第十六条 高校应建立决算编制审核制度,明确报表编制和资料提供的责任主体、审批权限和时间要求等,确保决算真实、完整、准确、及时,符合有关法律法规要求。

第十七条 高校在编制年度财务报告前,应当进行必要的固定资产盘查、债权债务核实、对外投资核对、费用清算、收入催缴等工作,确保财务信息真实完整,全面、如实反映学校年度财务状况和收支情况。

第十八条 高校应当加强对汇总报表资料来源单位的财务管理和监督,确保其会计资料和财务报表的真实性、准确性。

第十九条　高校应当加强决算数据分析和分析结果运用工作,科学设置财务分析指标,对学校财务状况、学校与校内各部门财务收支等进行横向与纵向比较,为学校决策提供依据。

第二十条　高校应按规定编制决算报表附注和说明,做到内容完整、数据准确、分析到位。

第二十一条　高校决算报告编制完成后,应按规定进程序审批后报教育部批准。经教育部批复后的决算应及时整理归档,永久保存。

第六章　预算绩效管理

第二十二条　高校应当加强预算绩效管理,建立"预算编制有目标、预算执行有监控、预算完成有评价、评价结果有反馈、反馈结果有应用"的全过程预算绩效管理机制。

第二十三条　高校在预算编制时对项目支出和整体支出设置绩效目标。项目支出绩效目标由业务职能部门根据专项发展规划目标设定,整体支出绩效目标由学校根据发展规划目标和年度目标设定。

绩效目标应能清晰反映预算资金的预期产出和效益。绩效指标应尽量进行定量表述,不能以量化形式表述的,可采用定性表述,但应具有可衡量性。

第二十四条　预算执行结束后,高校应根据主管部门要求对照确定的绩效目标开展绩效自评,形成相应的自评结果,作为学校预、决算的组成内容和以后年度预算申请、安排的重要基础。

高校应建立对预算绩效目标完成情况的考核机制,并将评价结果与年度考核挂钩,与以后年度预算分配挂钩。

第七章　预算监督

第二十五条　高校应组织对年度预算收支执行情况进行审计,并将预算收支审计和绩效评价结果纳入校内各部门主要负责人年度考核和经济责任审计范畴。

第二十六条　高校应通过教代会、校园网等多种渠道向校内公开预决算信息,接受内部监督;应按照教育部规定主动公开预决算报表及说明,接受社会监督。

第 3 号——资产管理

第一章 总则

第一条 本指南所称资产是指高校占有或者使用的能以货币计量的经济资源,包括各种财产、债权和其他权利。高校的资产主要包括流动资产、固定资产、在建工程、无形资产和对外投资等。在建工程中基建工程、修缮工程管理由《应用指南第 9 号——工程项目管理》规范,购置的需安装的设备管理由《应用指南第 8 号——采购管理》规范。

第二条 高校资产管理应当重点关注下列风险:

(一)内部控制不完善,货币资金可能被挪用或贪污等对高校造成损失。

(二)实物资产配置不合理、验收盘点不及时或手续不全、使用不当、维护不力、出租出借管理不规范和处置程序不合规等,可能导致资产价值贬损、使用效能低下、资产遗失、出现安全隐患或者资源浪费。

(三)无形资产缺乏核心技术、权属不清、技术落后、存在重大技术安全隐患,可能导致法律纠纷、缺乏可持续发展能力。

(四)对外投资论证不足,投资科学性、合理性受限,可能导致投资权属存在隐患,投资无效益或负效益,资产的安全、完整无法保障。

(五)应计提折旧的固定资产未按规定计提折旧或无形资产未按规定摊销,导致财务信息不真实、不完整。

第三条 高校应当加强各项资产管理,全面梳理资产管理流程,及时发现资产管理中的薄弱环节,采取切实有效措施加以改进,不断提高资产管理水平。

第二章 岗位设置和职责

第四条 高校应当合理设置资产管理岗位,确保关键岗位人员合理配置,切实做到资产业务不相容岗位相互分离、制约和相互监督。

第五条 高校应当合理设置资产管理业务涉及的货币资金、固定资产、存货、无形资产和对外投资控制环节中相关部门和岗位,明确其各自的职责范围、审批权限、工作要求等,并严格落实岗位责任制。

第六条 货币资金业务的不相容岗位至少包括:货币资金支付的审批与执行;货币资金的保管与盘点清查;货币资金的会计记录与审计监督。

实物资产业务不相容岗位至少包括:实物资产的预算编制、审批与执行;实物资产的采购、验收与款项支付;实物资产的保管与会计记录;实物资产的处置审批与执行。

无形资产业务的不相容岗位至少包括:无形资产的预算编制、审批与执行;无形资产的取得、验收与款项支付。

对外投资业务不相容岗位至少包括:对外投资项目可行性研究与评估;对外投资的决策与执行;对外投资处置的审批与执行。

第三章 货币资金

第七条 高校应当按照规定的程序办理货币资金支付业务。

(一)支付申请。单位有关部门或个人用款时,应当提前向审批人提交货币资金支付申请,注明款项的用途、金额、预算、支付方式等内容,并附有效经济合同或相关证明。

(二)支付审批。审批人根据其职责、权限和相应程序对支付申请进行审批。属于"三重一大"事项的,还应实行集体决策和审批。

(三)支付复核。复核人应当对批准后的货币资金支付申请进行复核,复核货币资金支付申请的批准范围、权限、程序是否正确,手续及相关单证是否齐备,金额计算是否准确,支付方式、支付单位是否妥当等。复核无误后,交由出纳人员办理支付手续。

(四)办理支付。出纳人员应当根据复核无误的支付申请,按规定办理货币资金支付手续,及时登记现金和银行存款日记账。

第八条 高校应当加强现金库存管理,超过库存限额的现金应及时存入银行。合理确定现金开支范围,不属于现金开支范围的业务应当通过银行办理转账结算。现金收入及时存入银行,不得坐收坐支。借出款项必须执行严格的授权批准程序,严禁擅自挪用、借出货币资金。

高校应当定期和不定期地进行现金盘点,确保现金账面余额与实际库存相符。发现不符,应查明原因,及时做出处理。

第九条 高校应当加强银行账户的管理,开立、变更或撤销银行账户要严格按照规定报批、备案。指定专人定期核对银行账户,每月至少核对一次,编制银行存款余额调节表,做到银行存款账面余额与银行对账单调节相符。如调节不符,应查明原因,及时处理。

第十条 高校取得的货币资金收入必须及时入账,不得私设"小金库",不得账外设账,严禁收款不入账。

第十一条 高校应当加强与取得货币资金相关的票据的管理,明确各种票据的购买、保管、领用、背书转让、注销等环节的职责权限和程序,并专设登记簿进行记录,防止空白票据的遗失和被盗用。

第十二条 高校应当加强银行预留印鉴的管理。财务专用章应由专人保管,个人名章必须由本人或其授权人员保管。严禁一人保管支付款项所需的全部印章。实行电子支付的高校必须确保系统安全,且建立健全支付权限管理制度,加强分级支付额度管理,银行网银盾和用于财务系统支付的专用密钥及密码必须由本人保管。

第四章　固定资产

第十三条 高校应当加强固定资产购置预算编制与支出管理。资产管理部门应根据学校事业发展规划,会同其他相关部门对需购置资产品名、规格、数量等进行充分论证,按规定程序批准后纳入年度预算。贵重仪器及大型设备的购置还应组织专家进行充分论证。

第十四条 高校应当加强固定资产采购和审批管理。固定资产申请购置部门、资产管理部门、采购管理部门、财务部门、主管校领导等需严格履行资产购置流程并经相关部门审批。符合政府采购条件的,应当执行政府采购。

第十五条 高校应当建立严格的固定资产交付使用验收制度,验收工作由基本建设、资产管理、监察审计、使用单位等相关部门共同实施。

第十六条 高校应当建立健全固定资产账簿登记制度和资产卡片管理制度,完善资产信息管理系统,做好资产的统计、报告、分析工作,确保资产账账、账实、账卡相符,并实现对资产的动态管理。财务部门、资产管理和使用部门应当定期核对相关账簿、记录、文件和实物,发现问题应及时报告和处理。

贵重资产、危险资产及有保密等特殊要求的资产,应当指定专人保管、专人使用,并规定严格的接触限制条件和审批制度。

第十七条 高校应当建立固定资产维修保养制度,保证资产正常运行,控制资产维修保养费用,提高资产使用效率。

固定资产使用部门负责固定资产日常维修、保养、定期检查,及时消除风险。固定资产需要大修的,应由资产管理部门、使用部门共同组织评估,提出维修方案,经单位负责人或其授权人员批准后实施。

第十八条 高校应当建立健全固定资产出租出借管理制度,明确归口管理部门,建立严格的出租出借审批程序。凡需报上级主管部门备案或审批的,应按规定及时办理备案或报批手续。

第十九条 高校应当建立固定资产定期盘点制度,明确资产盘点的范围、期限和组织程序,定期或不定期地进行盘点。发现账实不符的,应编制资产盘盈、盘亏表并查明原因,追究责任,妥善处理。

第二十条 高校应当加强固定资产处置控制。组织相关部门或专业人员对固定资产的处置依据、处置方式、处置价格等进行审核,处置价款应当及时、足额地收取并及时入账。处置价款扣除相应税金、费用等后,应当及时上缴中央国库,实行"收支两条线"管理。

第五章 无形资产

第二十一条 高校应当加强对品牌、商标、专利、专有技术、土地使用权等无形资产的管理,分类制定无形资产管理办法,落实无形资产管理责任制,促进无形资产有效利用,充分发挥无形资产对提升高校核心竞争力的作用。

第二十二条　高校应当全面梳理外购、自行研发以及其他方式取得的各类无形资产的权属关系,加强无形资产权益保护,防范侵权行为和法律风险。无形资产具有保密性质的,应当采取严格保密措施,严防泄露商业秘密。高校购入或者以支付土地出让金等方式取得的土地使用权,应当取得土地使用权有效证明文件。

第二十三条　高校应当定期对专利、专有技术等无形资产及校名、校誉的使用情况进行清查和规范,切实维护和提升高校的社会认可度。

第六章　对外投资

第二十四条　高校应当加强对外投资立项与决策环节的控制,审慎选择对外投资项目,组织相关部门或人员对投资建议项目进行分析与论证,对投资项目进行可行性研究及评估,实行集体决策并书面记录。严禁任何个人擅自决定对外投资或者改变集体决策意见。

第二十五条　高校应当加强对外投资执行控制。制定对外投资实施方案,明确出资时间、金额、出资方式及责任人员等内容。对外投资实施方案及方案的变更,应当经学校最高决策机构审查批准,由其授权人员执行。按规定应当报教育部审批或备案的,应当履行相应程序。

加强对外投资项目的追踪管理,及时、全面、准确地记录对外投资的价值变动和投资收益。同时加强投资收益的控制,对外投资获取的股利、股息以及其他收益,均应纳入学校财务核算,严禁设置账外账。

第二十六条　高校应当加强对外投资处置控制。对外投资的收回、转让与核销,应经集体审议批准并按规定权限报批报备。对应收回的对外投资资产,要及时足额收取;转让对外投资应进行评估以合理确定转让价格,并报授权批准部门批准;核销对外投资,应取得因被投资单位破产等原因不能收回投资的法律文书和证明文件。对外投资按规定应当报教育部审批或备案的,应当履行相应程序;处置收入应当上缴国家的,应当及时上缴国库。

第二十七条　高校应当加强对外投资监管。建立对外投资内部控制的监督检查制度,明确监督检查机构或人员的职责权限,定期或不定期地进行检查。对监督检查过程中发现的问题,应当及时报告,查明原因,采取措施加以纠正和完善。

第二十八条　高校应当建立对外投资责任追究制度。对在对外投资中出现重大决策失误、未履行集体决策程序和不按规定执行对外投资业务的部门及人员,追究相应的责任。

第七章　其他资产

第二十九条　高校原则上应将耗用数量多、价值大的原材料、办公用品、低值易耗品、大宗物资等作为存货管理。明确相关部门和岗位的职责,做到不相容岗位相互分离。规范存货出入库管理流程,防范存货管理风险。

第三十条　高校应加强应收及预付款的管理,建立严格的授权审批程序,明确相关部门和人员的职责。财务部门应加强应收及预付款项的账龄分析,及时提醒相关部门履行职责。对于逾期三年以上,有确凿证据无法收回的应收及预付款项,按规定的权限和程序报批后予以核销。建立责任追究制度,对到期无法收回的应收及预付款项,严格按制度追究责任。

第4号——债务管理

第一章　总　则

第一条　本指南所指债务,是指高校向银行等金融机构借入的各类款项,以及高校利用学校资产向非银行金融机构开展融资等活动取得的款项。

高校所承担的能以货币计量,需要以资产或劳务偿还的应付及预收款项、应缴款项、代管款项等其他债务,以及高校财务账上未反映的、且在未来需支付的工程款项等,不纳入本指南范围。

第二条 高校债务管理应当重点关注下列风险:

(一)债务的举借和偿还未进行充分论证和风险评估,未经学校领导班子集体研究决定,可能导致筹资决策不当、筹资成本过高或偿债压力过大。

(二)债务的举借和偿还与高校事业发展规划、中期财务规划不衔接,资金未按审批用途使用,可能融资成本过高或资金使用效益低下。

(三)债务管理岗位职责不明确,未能定期核对和检查债务,及时还本付息,可能导致学校承担额外的付款义务。

(四)债务业务未能及时登记入账,无法全面、如实反映高校财务风险。

第三条 高校应当建立健全财务风险控制机制和财务预警系统,妥善处理存量债务和新举债务的关系,严格履行审批程序,严格按照借入资金的拟定用途使用,及时对账、检查和清理,保证各项债务在规定期限内偿还,严防发生债务违约。

第二章　岗位设置和职责

第四条 高校应当建立健全与债务相关的决策机制。拟筹资项目的建设方案(含用款计划)、筹资方案和还本付息方案等需经学校集体决策批准后,按规定程序报教育部和财政部核准。

第五条 高校应当明确债务业务归口管理部门,分别负责拟筹资项目的建设方案(含用款计划)、筹资方案和还本付息方案的起草和可行性论证以及债务的举借和归还。涉及合同签订的,还应按照《应用指南第 7 号——合同管理》执行。

第六条 高校应当设置岗位分别负责债务核算和债务清理,两者为不相容岗位。

第三章　债务的形成

第七条 高校应当在对拟筹资项目的可行性进行充分论证的基础

上,严格审核筹资方案和还本付息方案,评估学校的偿债能力和财务风险控制水平。

第八条　筹资方案发生重大变更的,应当重新进行可行性研究并履行相应审批程序。

第九条　高校应当在批准的筹资方案内,结合建设项目用款需求,确定具体借款时点和金额,严格按照规定使用借款资金。

第十条　高校应当与银行等金融机构进行洽谈,明确相关的权利义务和违约责任等内容,并签署借款合同,依合同办理相关借款业务。

第四章　债务的使用与偿还

第十一条　高校应当及时确认债务,分类登记入账,如实反映债务情况。

第十二条　高校应当严格按照审批用途使用资金,防范和控制资金使用风险。

第十三条　高校应当按照筹资方案或合同约定的本金、利率、期限、汇率及币种,准确计算并按时还本付息。

第十四条　高校应加强债务偿还管理,对偿还本息等作出适当安排,设立还本付息准备金,在贷款期限内每年安排还本付息准备金,用于到期偿还贷款本息。确实无法偿付的,应及时登记入账。

第五章　债务的清理和档案保管

第十五条　高校应当加强债务的对账和检查控制,定期与债权人核对债务余额。

第十六条　高校应当建立债务统计台账,构建债务基本情况动态数据库,实时反映债务信息。

第十七条　高校应当加强对债务业务的记录控制,妥善保管借款合同、收款凭证、还款凭证等资料,及时整理归档。

第5号——收入管理

第一章 总 则

第一条 本指南所指收入,是指高校为开展教学、科研及其他活动依法取得的各项非偿还性资金,包括财政补助收入、事业收入、上级补助收入、附属单位上缴收入、经营收入和其他收入。

第二条 高校收入管理应当重点关注下列风险:

(一)收入业务未归口财务部门统一收取及集中核算,相关收入合同未及时提交财务部门,票据、印章管理制度不严,可能导致高校收入应收未收、收入金额不实、或者存在私设"小金库"的情形。

(二)违反规定擅自增设收费项目、提高收费标准或扩大收费对象,导致发生违规收费收入。

(三)未按规定及时上缴各类非税收入,可能导致违规截留、挤占、挪用各类非税收入。

(四)收入核算不规范,收入长期挂账,未及时、准确地确认为收入,导致学校收入不完整、不真实。

(五)收入业务相关岗位设置不合理,不相容岗位未实现相互分离,可能导致发生错误或产生舞弊。

第三条 高校应加强收入管理,建立健全收入管理制度,严格按照国家有关规定合法合规地组织收入;各项收费应严格执行国家规定的收费范围和标准;各项收入应全部纳入财务部门统一核算与管理;按规定及时足额上缴各类应缴国库或财政专户的资金;应定期或不定期地检查收入实现情况,建立收入管理责任追究制度,确保各项收入应收尽收。

第二章 岗位设置和职责

第四条 高校应当建立健全与收入相关的管理机制和监督检查制度,确定收入归口管理部门和收入执收主体,明确各自职责、分工和权限。

第五条 高校财务部门作为收入归口管理部门,负责收费项目立项与标准核定、收入确认、收入核算与结算分配、收款和票据管理等工作。高校其他业务部门作为收入执收主体,负责根据财务部门批准的收费项目与标准收费,及时向财务部门递交相关收入业务合同,按时完成各项收入预算等。

第六条 高校的收款与收费审查、收入核算、结算分配等岗位,收费审查和监督与收入核算、结算分配等岗位,票据管理与收入核算、结算分配等岗位为不相容岗位,应分别设置并相互分离,以形成相互制衡机制。

第三章 收入的管理

第七条 高校各项收入的取得应符合国家有关法律、法规和政策规定。具体的收入项目、范围与标准,应根据政府部门的文件、项目立项任务书、经济合同等确定。

第八条 高校的各项收入都要纳入学校预算管理,收入款项必须全额进入学校规定的银行账户,实行统一管理,统一核算,做到全面、真实、准确。

第九条 高校应当加强各类非税收入管理。严格按照规定的收费项目和标准收费,按照规定开具财政票据。所收取的各类非税收入,应当及时、足额上缴国库或财政专户,做到收缴分离、票款一致,不得以任何形式截留、挪用或者私分。

第十条 高校各业务部门应当严格按照合同管理要求签订合同,并在签订涉及收入的合同协议后,及时将合同等有关材料提交财务部门作为取得收入及账务处理依据,确保各项收入应收尽收、及时入账。财务部门应当定期检查收入金额是否与合同约定相符;对应收未收项目应查明情况,明确责任主体,落实催收责任。

第十一条 高校应当建立健全收入退付管理制度。将收取的款项退回交款单位或个人时,应当严格执行相应的审批程序。

第十二条 高校不得"以收抵支",严禁设立账外账,严禁以个人名义取得学校收入。

第四章 收入票据管理

第十三条 高校应建立健全收入票据管理制度。明确规定财政票据、税务发票等各类收入票据的使用范围,及其申领、启用、保管、核销、销毁应履行的手续。

第十四条 高校不得违反规定转让、出借、代开、买卖财政票据、税务发票等收入票据,不得擅自扩大票据使用范围,不得开具虚假票据。不得超范围出具票据或重复开具票据。

第十五条 高校应建立健全收入票据管理制度,明确规定收入票据保管、登记、使用和检查的责任。对收入票据实行专人、专账、专柜管理。票据专管人员应配置单独的保险柜等保管设备,并做到人走柜锁,建立票据台账,做好票据的保管和序时登记工作。

第6号——支出管理

第一章 总 则

第一条 本指南所指支出,是指高校开展教学、科研及其他活动发生的资金耗费和损失。

第二条 高校支出管理应当重点关注下列风险:

(一)支出业务未纳入预算或超过预算规定的范围、标准,可能导致经费滥用或无效使用。

(二)支出授权审批制度不完善,重大项目和大额资金支出未履行集体决策程序,可能导致资金损失或浪费。

(三)业务经办人未提供真实、合法票据,或提供的票据与实际业务不符,可能导致资金被套取或浪费。

(四)财务报销审核不严格,支付控制不到位,可能导致资金损失或浪费,或者出现私设"小金库"的情形。

（五）应收或预付款长期挂账未清理，可能导致支出不真实、不完整。

第三条 高校应当建立健全支出管理制度，明确各项支出的开支范围和开支标准；合理设置相关岗位，明确支出审批权限；规范和加强支出管理，确保支出内容真实合规，票据来源合法、使用正确，严格执行国库集中支付制度和政府采购制度等有关规定；防止并及时发现、纠正错误及舞弊行为。

第二章 岗位设置和职责

第四条 高校应当建立健全与支出相关的决策、审批与监督机制。年度支出预算、重大项目和大额资金使用等应按规定权限履行审批程序。

第五条 发生支出业务的部门或项目组为支出归口管理单位，支出归口管理单位负责人对本部门（或项目）经费的使用和管理负责。支出归口管理单位应当根据事业发展规划、项目任务书等编制支出预算；严格按批准的预算使用资金，确保预算执行进度与业务开展进度相匹配；及时报告特殊支出事项，按规定编制经费决算。

第六条 高校财务部门应合理设置审核、复核和出纳等岗位。根据管理需要，也可设置会计稽核岗位。

支出申请和内部审批、付款审批和付款执行、业务经办和会计审核、会计审核和会计复核、会计复核和会计稽核等为不相容岗位。

第三章 审 批

第七条 高校应当建立健全各级单位支出的内部审批权限、程序、责任和相关控制措施。重大财务决策、重要项目资金安排和大额资金的使用，必须实施集体决策。

第八条 各级审批人应当在授权范围内审批，不得越权审批。根据需要可在财务负责人签字批准前设立业务负责人审签制度。在项目负责人为业务负责人或经办人时，实行复签制度。

第九条 高校应当设立大额资金分级审批制度,根据支付金额大小分别由各级财务人员、总会计师(分管财务工作校领导)、校长审批确认。

第四章 审 核

第十条 高校应当全面审核支出业务。重点审核支出事项是否纳入预算,是否与预算相符,是否超出开支范围或开支标准等,是否按规定履行审批程序等。

第十一条 高校应当加强和规范支出业务涉及的各类单据的审核。重点审核单据来源是否合法,内容是否真实、完整,使用是否准确,签章是否齐全、完整,是否能够如实反映经济活动,是否存在使用虚假票据套取资金等情形。发现虚假发票的,应查明原因,根据情节轻重及时报告处理。

第十二条 高校应当对超出规定标准的支出事项进行重点审查,确因业务开展需要必须发生的,应由经办人员书面说明原因并按规定办理审批手续。

第十三条 高校应当明确界定各项经济活动所涉及的表单、票据和合同协议等,要求相关人员按照规定填制、审核、归档和保管,与支出业务相关的合同等材料应当及时提交财务部门作为账务处理依据。

第五章 支 付

第十四条 高校应当完善付款流程,明确付款审核人的责任和权力,加强付款的管理。

第十五条 高校支付款项时应核实使用资金的类型,正确选用支付方式并规范使用。应当严格按规定范围使用现金结算,严格执行公务卡结算制度和国库集中支付制度。

第十六条 高校应当对已经签发的支付凭证及时、准确进行登记。

第十七条 高校应当重视工程、设备采购付款的过程控制和跟踪管理,发现异常情况的,应当拒绝付款,避免出现资金损失。

第六章 核算和归档

第十八条 高校应当按照会计制度将支出事项准确、及时地进行确认和计量。

第十九条 高校应当妥善保管支出业务相关合同或协议、付款凭证等票据,及时整理装订成册归档。

第7号——合同管理

第一章 总 则

第一条 本指南所指合同,是指高校开展教学、科研及其他活动时,与自然人、法人及其他组织等平等主体之间设立、变更、终止民事权利义务关系的协议。

高校与职工签订的劳动合同,不适用本指南。

第二条 高校合同控制应当重点关注下列风险:

(一)合同内部管理制度不健全,归口管理部门不明确,未经授权或未按规定的程序签订合同,合同印章管理不规范,可能导致经济资源无法正常流入或形成额外的支付义务。

(二)合同内容和条款不合法、不合规,或在重大问题上做出不当让步,合同执行期过长,导致学校合法利益受损或承担额外的法律责任。

(三)合同生效后,合同执行主体未严格恰当地履行合同中约定的义务,或未能及时发现合同对方当事人未严格恰当履行约定业务并采取措施,可能导致合同无法正常履行,学校无法取得应有的经济利益。

(四)合同保管不当,泄露合同订立与履行过程中涉及的国家秘密、工作秘密或商业秘密,导致高校乃至国家利益受损。

第三条 高校应当建立健全合同内部管理制度,根据合同类型分类确定归口管理部门和合同执行部门。明确签订合同的业务和事项范围以及合同授权签署权限。明确合同拟定、审批、执行、登记保管等环节的程序和要求。完善合同信息管理系统,加强对合同履行情况的监控。定期检查和评价合同管理中的薄弱环节,加强合同信息安全保密工作,切实维护高校的合法权益。

第二章　岗位设置和职责

第四条　高校应设置专门岗位分别负责合同的起草、审核、审批、签订、执行、核算、保管和入档,并落实岗位责任制。

第五条　合同专用章应当由专人妥善保管和使用。合同签订、合同执行和付款审批,合同签订和合同专用章保管分别为不相容岗位。不得由同一人办理合同签订、收付款业务。

第三章　合同订立

第六条　高校对外发生经济行为,除即时结清方式或按规定可不签订合同外,应当订立书面合同,明确双方权利义务。

高校不得签订经济担保合同,未经批准不得签订投资合同和借贷合同,严禁未经授权擅自以学校名义对外签订合同。

第七条　高校在合同订立前应当充分了解合同对方的主体资格、资质证明、信用状况、生产能力等有关内容,确保对方当事人具备履约能力。

第八条　对于影响重大、专业技术或法律关系复杂的合同,高校应当组织法律、技术、财务等专业人员参与谈判,必要时可聘请外部专家参与相关工作。

协商或谈判过程中的重要事项和参与谈判人员的主要意见,应当予以记录并妥善保存。

第九条　合同文本一般由业务承办部门起草、法律部门审核,重大合同或法律关系复杂的特殊合同应当由法律部门参与起草,并实行会审制度。

国家或行业有合同标准文本的,应当优先选用,但对涉及权利义务关系的条款应当进行认真审查,并根据实际情况进行适当修改。

学校可根据管理需要确定制式合同的范围、内容等，经法律部门审核后使用，如无修改，可不再重复审核。

合同文本须报经国家有关主管部门审查或备案的，应当履行相应程序。

第十条 高校应当加强合同印章的管理，并只为经编号、审批及法定代表人或由其授权的代理人签署的合同文本加盖合同印章。

第四章 合同的履行

第十一条 高校应当建立合同履行监督审查制度，对合同履行实施有效监控，敦促对方积极执行合同，确保合同全面有效履行。

第十二条 合同生效后，高校对履行中的合同签订补充合同，或变更、解除合同等应当按照国家有关规定进行审查。

第十三条 在合同履行过程中发现有显失公平、条款有误或对方有欺诈行为等情形，或因政策调整、市场变化等客观因素，已经或可能导致学校利益受损，学校相关合同执行主体应当立即采取相应措施，按规定程序及时报告，按照规定权限和程序办理合同补充、变更或解除事宜，将损失降到最低。

变更或补充后的合同视同新合同，需重新履行相应的合同管理程序。

第十四条 高校财务部门办理结算业务并进行账务处理时应审核合同有关付款条款，按照合同约定付款。未按合同条款履约或应签订书面合同而未签订的，财务部门有权拒绝付款，并及时向学校有关负责人报告。

第十五条 高校应当建立合同纠纷处理的有效机制，加强合同纠纷管理。合同纠纷经协商无法解决的，应当根据合同约定选择仲裁或诉讼方式解决。

高校处理合同纠纷时应书面授权有关部门或个人办理，未经授权不得向对方做出实质性答复或承诺。

第五章 合同归档

第十六条 高校应当加强合同信息安全保密工作，未经批准，任何人不得以任何形式泄露合同订立与履行过程中涉及的国家机密、工作秘密或商业秘密。

第十七条 高校合同归口管理部门应当加强合同登记管理，充分利用信息化手段，建立合同文本统一分类和连续编号制度，定期对合同进行统计、分类和归档，合同终结应及时办理销号和归档手续。

第十八条 高校合同归口管理部门应当规范合同管理人员职责，明确合同流转、借阅和归还的职责权限和审批程序等有关要求，实施合同管理的责任追究制度，并对合同保管情况进行定期和不定期的检查。

第十九条 高校应当建立合同履行情况评估制度，至少于每年年末对合同履行的总体情况和重大合同履行的具体情况进行分析评估，对分析评估中发现合同履行中存在的不足，应当及时加以改进。

第8号——采购管理

第一章 总 则

第一条 本指南所称采购管理，是指高校利用纳入预算管理的资金购买货物、服务及支付采购款项等相关活动。

第二条 高校采购管理应当重点关注下列风险：

（一）采购申请审查不严，无采购计划、无预算，或采购计划和预算编制不合理，可能导致资源的重复购置或闲置浪费。

（二）采购方式不合规，招投标或定价机制不科学，供应商选择不当，授权审批程序不规范，可能导致采购货物和服务质次价高，出现舞弊或遭受欺诈。

（三）合同对方的主体资格和履约能力等未达要求，采购合同存在重大疏漏或欺诈,可能导致高校合法权益受损。

(四)政府采购验收不规范,付款审核不严,可能导致采购货物、资金损失或信用受损。

(五)采购结束后售后服务不到位,与采购相关的档案保管不当或丢失,可能导致学校无法享受应有的权利或支付额外费用,造成学校利益受损。

第三条　高校应当结合实际,全面梳理采购业务流程,完善采购业务相关管理制度,统筹安排采购计划,明确预算、审批、采购、验收、付款等环节的职责和审批权限,按照规定的审批权限和程序办理采购业务,定期检查和评价采购过程中的薄弱环节,采取有效控制措施,确保货物和服务的采购满足学校各项工作需要。

第二章　岗位设置和职责

第四条　高校应当设置专门的采购管理机构或明确归口管理部门,统一管理学校的采购业务活动。并建立采购管理、资产管理、财务、审计、纪检监察等部门或岗位相互协调、相互制约的机制。

第五条　高校应当设置采购计划编制、采购预算审批、采购执行、合同审查、验收、付款、档案管理、采购监督等采购业务管理岗位,并明确采购业务管理中相关岗位的职责与权限。

第六条　高校应当确保采购计划制定与预算审批、招标文件准备与复核、合同签订与验收、预算审批与付款、验收与保管、采购执行与采购监督等不相容岗位相互分离。

第三章　计划与预算

第七条　高校应当建立健全采购申请审批制度,明确相应的请购和审批程序。

第八条　高校采购管理部门应当根据实际需求和相关标准,统筹安排采购计划,合理确定采购批次,提高采购业务效率,降低采购成本。对贵重资产的购置应当组织专家组进行论证,不得超出实际需求超标准配置。

第九条 高校财务部门应当加强对采购计划的预算审查,重点关注采购计划是否经归口管理部门确认,是否列入预算范围内等。

第四章 采 购

第十条 高校采购管理部门应当根据法律法规,选择公开招标、邀请招标、竞争性谈判、竞争性磋商采购、单一来源采购、询价等政府采购方式。对于变更政府采购方式的事项,应当加强内部审核,严格履行审批手续。

第十一条 高校对大宗货物和服务采购应当采用公开招标方式。高校采购管理部门要加强对单一来源采购方式的审查,严格程序,将采购项目信息和唯一供应商名称在指定的媒体公示。

第十二条 高校应当建立科学的供应商准入和评估制度,建立与完善供应商管理信息系统,对供应商提供物资或劳务的质量、价格、交货及时性、供货条件及其资信、经营状况等进行实时管理和综合评价,根据评价结果对供应商进行合理选择和动态调整。

第十三条 高校采购管理部门应当科学合理确定采购业务的价格选择机制和招标评标方法。对技术、服务等标准统一的货物和服务项目,应当采用最低价评标价法;对技术、服务相对复杂、要求高的货物和服务,可采取综合评分法。

第十四条 高校应当根据《应用指南第 7 号——合同管理》要求,加强对采购合同的审查管理,对拟签订合同的供应商的主体资格、信用状况等进行风险评估,按照规定权限签署采购合同。对于影响重大、涉及较高专业技术或法律关系复杂的合同,应当组织法律、技术、财务等专业人员参与谈判。

第十五条 高校对涉密的采购业务项目,应当加强安全保密管理,与相关供应商或采购中介机构签订保密协议或者在合同中设定保密条款。

第十六条 高校应当按照法律法规严格对采购进口产品进行审查

并严格履行审批手续。

第五章 验 收

第十七条 高校应当建立严格的采购验收制度。大型或者复杂的采购项目,应当邀请国家认可的质量检测机构参加验收工作。

第十八条 对于验收过程中发现的异常情况,验收机构应当查明原因并及时处理。对于不合格货物,相关部门依据检验结果办理退货、索赔等事宜。对延迟交货造成教学科研等损失的,采购管理部门要按照合同约定索赔。

第六章 付 款

第十九条 高校应当加强采购付款的管理,完善付款流程,严格审核采购预算、合同、相关单据凭证、审批程序等相关内容,特别是采购发票等票据的真实性、合法性和有效性,审核无误后按照合同规定付款。

第二十条 高校应当重视采购付款的过程控制和跟踪管理,涉及大额或长期的预付款项,应当定期进行追踪核查,及时办理核销手续。发现有疑问的预付款项,应当及时采取措施,尽快收回款项;发现其他异常情况,应当拒绝向供应商付款,避免出现资金损失。

第七章 归 档

第二十一条 高校应当加强对采购业务的记录控制,制订学校采购业务档案管理制度,明确相关采购业务的归档范围和保管期限,确保采购过程的可追溯性。

第二十二条 高校应当妥善保管采购预算与计划、各类批复文件、招投标文件、评标文件、合同文本、验收证明等采购业务相关资料,不得伪造、隐匿或者销毁。

第9号——工程项目管理

第一章 总 则

第一条 本指南所称工程项目是指高校自行或者委托其他单位所进行的建筑物和构筑物的新建、改建、扩建及相关的装修、拆除、修缮、安装等基本建设、大型修缮以及基础设施建设和改造工程。

第二条 实施工程项目应当重点关注下列风险：

（一）校园建设总体规划、整体修建性规划未获批，立项缺乏可行性研究或者可行性研究流于形式，工程项目仓促上马，可能导致工程项目更改、失败或难以实现预期目标和效益。

（二）工程项目设计方案不合理，技术方案未能有效落实，施工图不够准确、完整，概预算脱离实际，可能导致工程项目质量存在隐患，投资失控。

（三）工程项目招标存在串通、暗箱操作或商业贿赂等，可能导致中标人实质上难以承担工程项目、中标价格失实及相关人员有舞弊行为。

（四）项目资金不落实，资金使用混乱，结算管理不严格，可能导致工程进度延迟或中断、资金损失。

（五）工程项目施工管理、工程监理不到位，工程变更频繁，可能导致工程质量低劣、预算超支、投资失控、工期延误。

（六）工程项目竣工验收不规范，把关不严，可能导致工程交付使用后存在重大安全隐患。

（七）工程项目未及时办理竣工决算；决算时虚报项目投资完成额或者隐匿结余资金，竣工决算内容不准确，可能导致竣工决算失真。

（八）竣工项目未及时办理产权登记，资产未及时结转入账，形成账外资产，可能导致国有资产流失。

（九）竣工项目建设档案不及时整理和移交，导致工程项目后续维护维修困难。

第三条 高校应当建立健全工程项目的各项管理制度,全面梳理各个环节可能存在的风险点,规范立项、招标、造价、建设、验收等环节的工作流程,明确相关部门和岗位的职责权限,做到不相容职务相互分离。强化工程建设全过程的监控,确保工程项目的质量、进度和资金安全。

第二章　岗位设置与职责

第四条 高校应建立和完善与工程项目相关的决策、执行与监督相互分离、相互制约机制。工程项目立项、概预算等与工程项目相关的重要事项,应按照规定的权限和程序由学校领导班子集体决策。决策过程应有完整的书面记录。任何个人不得单独决策或者擅自改变集体决策意见。

第五条 高校应当明确基建和修缮工程归口管理部门和岗位的职责权限,按照不相容岗位分离原则合理设置岗位。工程项目不相容岗位包括:项目建议和可行性研究与项目决策、概预算编制与审核、项目实施与招标、项目实施与价款支付、竣工决算与竣工审计等。

第三章　项目管理

第六条 高校应当委托有相应资质的单位编制校园建设总体规划,并将其作为开展工程项目建设的基本依据。校园总体规划的编制应当经过科学论证、集体决策,并依照有关规定经相关部门批准后报教育部备案。

第七条 高校基本建设工程应当严格履行教育部规定的基本建设程序,在项目实施前委托具有相应资质的专业机构,对项目实施的必要性与可行性进行研究与论证,形成项目可行性研究报告报教育部审批。并根据教育部批复的可行性研究报告编制项目设计任务书、设计方案和项目概预算。高校应当在获得立项批复后才能实施基本建设工程。

第八条 高校的大型修缮以及基础设施建设和改造工程在实施前

应根据相关规定,组织相关专家开展必要的可行性研究与论证,制定具体实施方案,并按规定经学校或有关政府部门批准后方可实施。

第九条 高校应加强工程项目招标管理。凡达到招标金额规定的工程项目必须按规定公开招标,择优选择具有相应资质的工程项目勘察、设计、施工、监理等单位。招标应按招投标法和工程项目招投标相关的规定组织实施。

第十条 高校应按照《应用指南第7号——合同管理》加强工程项目的合同管理。高校应在规定的期限内与中标人订立书面合同,明确双方的权利、义务和违约责任。合同应涉及合同主体、质量标准、安全、进度、结算、变更、工程价款、履约担保、索赔、保修等核心条款。

第十一条 高校应当加强工程造价管理,明确初步设计概算和施工图预算的编制方法,按照规定的权限和程序进行审核批准,确保概预算科学合理。

高校应组织工程、技术、财会等部门的相关专业人员或者委托具有相应资质的中介机构对工程项目的概预算进行审核,重点审查编制依据、项目内容、工程量的计算、定额套用等是否真实、完整和准确。工程项目概预算按照规定的权限和程序审核批准后执行。

第十二条 高校应当严格按照批复文件实施工程项目,依法委托具有相应资质的监理单位对工程项目进行监理,并加强对工程监理单位的监督。

高校应严格控制项目变更,确需变更的,应按照规定的权限和程序进行审批。重大的工程变更应按照项目决策和概预算控制的有关程序和要求重新履行审批手续。

第十三条 高校应当及时组织工程项目竣工验收。对符合竣工验收条件的工程项目,组织施工、设计、使用单位、监理单位及校内相关职能部门进行竣工验收。根据有关规定需要进行专项验收的,应配合相关部门做好专项验收工作。

第十四条 工程项目竣工验收后,高校应当按照规定的时限及时办理竣工决算,组织竣工决算审计,并根据批复的竣工决算和有关规定办理工程项目档案和资产移交等工作。

工程项目已实际投入使用但超时限未办理竣工决算的,高校应根据项目的实际投资暂估入账,转作相关资产管理。

第十五条 高校应当建立完工项目后评价制度。根据有关规定要求,结合实际情况,对项目建成后所达到的实际效果进行绩效评价,并以此作为绩效考核和责任追究的依据。

第四章 资金管理

第十六条 高校应实行严格的工程投资控制与概预算管理。经批准的项目概算是项目投资的最高限额,不得随意突破。如必须调整,应按照规定报批。

第十七条 高校应加强建设项目资金管理,所有工程项目资金纳入学校预算管理,资金实行专款专用,严禁截留、挪用和超批复内容使用资金。

第十八条 高校应建立健全工程款支付管理办法和审批程序,实行工程款项支付"两支笔"会签制度。并根据合同条款规定和项目实施进度,按照规定的审批权限和程序及时办理价款结算。实行国库集中支付的建设项目,应按照财政国库管理制度规定支付资金。

第十九条 因工程项目实施内容变更等原因造成价款支付方式及金额发生变动的,应当严格执行国家有关管理规定,及时签订工程项目合同价款补充协议,并对工程变更价款的支付进行严格审核。

第10号——科研项目管理

第一章 总 则

第一条 本指南所称科研项目是指高校承担的各级政府项目,承接的企事业单位技术开发、技术咨询和服务等科学研究和技术服务项目。

第二条 高校科研项目管理应当重点关注下列风险:

(一)管理制度不健全,责任落实不到位,管理混乱,可能导致科研项目经费流失,或被滥用、挪用的风险。

(二)申报立项论证不充分,项目重复申报立项,可能造成项目无法完成,形成资金浪费。

(三)科研项目合同签订不规范、信息虚假、合同条款存在缺陷,可能产生经济损失和法律纠纷。

(四)科研经费到款不及时,影响科研工作进度,可能无法按时完成科研任务,造成后续科研经费不能按合同约定到位。

(五)未按批复的项目预算,或未按合同约定的使用科研项目经费,支出审核不严,项目无法通过验收,可能造成科研经费被收回或减少后续拨款,导致学校信誉受损。

(六)对技术成果及档案保护措施不力,高校合法权益被侵害。

第三条　高校应当全面梳理科研项目的申请、立项、执行、验收、结题结账、成果保护等关键环节可能存在的风险点,建立架构清晰、职责分明的科研项目管理的内部控制,明确相关部门和岗位的职责权限。

第二章　岗位设置与职责

第四条　高校应当建立健全"统一领导、分级管理、责任到人"的科研管理体制,明确学校、院(系)、项目负责人在科研项目管理方面各自的职责和权限。

第五条　高校应当建立健全科研项目归口管理制度,科研项目申报、科研项目任务书或科技合同的签订等应由学校科研管理部门归口管理,科研经费应由学校财务部门归口管理。

第六条　高校应当合理设置科研项目管理岗位,确保项目申请、论证、立项审批、合同管理、经费管理等不相容岗位相互分离。

第三章　项目管理

第七条　高校应围绕学校事业发展规划,结合学校科研保障条件和科研能力,组织开展科研项目申报和科研合作。在选择具体科研项目时,应组织必要的可行性论证,确保科研方向准确、技术可行、预算合理、目标可实现,并要确保申请材料内容真实、准确。

第八条 高校应按照《应用指南第 7 号——合同管理》加强科研项目的合同管理。科研项目任务书和科研合同应由科研管理部门归口审核与签订。重大科研项目合同或条款应组织财务、资产、法律等部门进行会审。

第九条 高校应加强对科研项目研究过程的管理,学校要依据项目合同(任务书)的预期目标和要求,督促科研人员按进度完成研究内容。对于涉及项目实施过程中研究目标、研究内容、研究进度和执行期、主要研究人员、合作单位等重大事项的变更,要组织专家论证,并按规定办理审批手续。

第十条 高校应建立和完善项目检查和验收制度,应按有关规定或合同的要求,督促项目负责人按时提交验收或结题申请,认真审核验收材料,按时组织开展科研项目结项验收,保证按期完成结题验收工作。

第十一条 高校应规范科研项目资料档案管理。确保科研项目资料档案的完整性、准确性和系统性。并在符合国家相关规定的前提下,建立科研档案资料的共享机制。

第十二条 高校应注重成果与知识产权管理,积极创造条件,鼓励科研项目成果的保护、转化、应用及申报知识产权。建立健全知识产权申报、转让、使用信息登记制度,保障学校和研究人员的合法权益。

第十三条 高校应建立健全科研绩效评价制度。要建立以创新质量和贡献为导向的科研项目考核、评价和奖励制度,并通过合理运用绩效评价结果,激发科研人员的热情,提高科研经费使用效益。

第四章 资金管理

第十四条 高校所有科研项目资金应按《应用指南第 5 号——收入管理》的要求,作为学校收入纳入预算,由财务部门归口管理与核算。科研管理部门应及时将已批复或已签订的科研项目任务书或合同交财务处,以确保项目经费按时全额到位。项目负责人必须确保已开具收入票据的各类科研项目资金,及时拨入学校指定的银行账户。

第十五条 高校应加强科研项目预算编制、执行与调整的管理。科研项目申报前应按照目标相关性、政策相符性和经济合理性的原则，科学、合理、真实地编制项目预算。

对于重大科研项目，学校应建立预算评审制度，组织校内相关职能部门、咨询专家或中介机构对项目预算进行评审，提出预算审核建议。

科研项目立项后，高校应严格执行批复的项目预算。对于确需调整预算的科研项目，学校在规定权限范围内应按规定明确项目预算调整范围、金额和审批流程及审批权限。

第十六条 高校应按《应用指南第6号——支出管理》的要求，完善与强化科研项目资金支出管理。严格执行科研项目支出预算，明确各类科研支出审批流程与权限。严格履行支出申请、审批、招标采购、资产验收等程序，按照经费开支范围和标准使用科研项目资金。

第十七条 高校应加强科研项目资金外拨业务的管理。应对科研合作单位资质进行审查，并按《应用指南第7号——合同管理》的要求，与通过资质审查的合作单位签订书面合作研究合同。科研项目外拨资金应当以合作（外协）项目合同为依据，严格按照合同约定的外拨经费额度、拨付方式、开户银行和账号等条款办理。

第十八条 高校应加强科研项目结转结余资金的管理。科研项目未结项验收前，其资金收支余额应作为项目结转资金继续使用。项目验收结项后，高校应及时办理科研项目资金决算与结账手续，科研项目的结余资金应按规定及时处理。

第十九条 高校应建立健全科研经费的监督检查机制。健全包括审计、监察、财政、科技等学校职能部门，主管部门和社会中介机构在内的科研经费监督体系，建立科研项目的财务审计与财务验收制度。

第11号——财政专项项目管理

第一章 总 则

第一条 本指南所称财政专项项目，是指高校用中央高校改善基本办学条件、中央高校教育教学改革专项、中央高校基本科研业务费、中央高校建设世界一流大学(学科)和特色发展引导专项等财政专项资金开展的各类项目。高校承担的、纳入中央财政专项的其他科学研究项目,由《应用指南第10号——科研项目管理》规范。

第二条 高校财政专项项目管理应当重点关注下列风险:

(一)在项目立项阶段,因立项程序不合规,项目论证、预算评审不充分,决策程序不合规等因素,导致项目重复立项,资金重复配置,或应纳入财政专项资金支持的项目未及时列入,无法实现项目的预期建设目标。

(二)在项目执行阶段,因违反制度规定,擅自变更项目内容、未按规定管理与使用专项资金或挪用资金,导致检查与验收不合格的风险;因项目执行不利,进度缓慢,导致项目资金不能按期使用的风险。

(三)在项目验收阶段,因项目验收与绩效评价操作不规范、不严格,可能导致未达到绩效目标的风险。

第三条 高校应当建立健全各类财政专项项目的管理体制与制度,全面梳理各个环节可能存在的风险点,规范项目立项、项目建设,项目验收与项目绩效评价等环节的工作流程,强化项目全过程监控,确保项目建设取得成效。

第二章 岗位设置与职责

第四条 高校应当建立健全财政专项项目决策、执行与监督相互分工,相互制约的管理体制。按照不同类项目的特点与建设要求,明确各类项目的归口管理部门及其管理范围和职责。

第五条 高校应当建立健全项目关键岗位管理制度,按照不相容岗位分离原则合理设置岗位。项目管理的不相容岗位包括:项目立项与决策、预算编制与审核、项目招标与采购、项目实施与价款支付、项目验收与评价等。

第三章　项目立项

第六条　高校应当建立健全项目立项管理制度。根据学校事业发展规划,结合各类项财政专项资金投入方向,科学规范项目设置,避免重复立项与重复建设。应明确各类项目建设内容、建设重点,明确项目申请、评审、立项和审批程序。

第七条　高校应当建立项目评审制度,项目归口管理部门应当组织校内外专家,或委托具有相应资质的专业机构对拟立项项目进行论证与评审,并以此作为项目决策的重要依据。

第八条　高校应当健全与项目相关的议事决策机制,按照规定的权限和程序对项目进行授权决策,重大项目的立项,由学校集体研究决策。

严禁任何人单独决策或者擅自改变集体决策意见。项目决策失误应当实行责任追究制度。

第九条　高校应当建立项目库管理制度,经立项、评审、决策的项目应当按要求纳入项目库,项目库实行动态管理,建立项目清理与退出机制。各高校应根据年度工作计划,按轻重缓急、择优遴选,进行合理排序。

第四章　项目实施

第十条　高校应当加强对项目实施过程的监控,各归口管理部门应加强人员配备,保障资金,落实责任,积极跟踪和推进项目实施进度,确保项目按时实现预定建设目标。

第十一条　高校财务管理部门应当按照项目批复及时下达预算,加强项目预算控制,确保支出内容与项目内容的一致性。防止截留、挪用和超预算、超批复内容使用资金。

第十二条　高校应当建立健全项目管理机制,在项目实施过程中,如发生项目变更、终止的,必须按照规定的程序报批,并根据批复进行相应的调整。

重大的项目变更应当按照项目决策和预算管理的有关程序和要求重新履行审批手续。

第五章 项目绩效评价

第十三条 高校应当按规定制定项目绩效评价实施办法,做好项目绩效评价工作,并注重对评价结果的应用,建立追责问效和奖惩机制。

第十四条 高校应当制定项目绩效评价结果的信息公开制度,将项目绩效评价结果在一定范围内公开。

第六章 监督检查与验收

第十五条 高校应当建立健全项目的监督检查和验收制度,对项目实施的全过程和完成结果进行监督、检查与验收。

第十六条 高校应按规定建立项目档案管理制度,及时收集、整理项目立项、论证、中期检查与项目验收、绩效评价等各环节的文件资料,保障项目档案的完整性、规范性。

第 12 号——经济活动信息化管理

第一章 总 则

第一条 本指南所称经济活动信息化,是指高校运用现代信息技术手段,将经济活动的主要流程、关键环节嵌入学校管理信息系统,减少或消除人为操纵因素,实现对经济业务和与经济业务相关事项的风险进行更有效控制的过程。

第二条 高校经济活动的信息化应当重点关注下列风险:

(一)与经济活动相关的各信息系统间缺乏统一规划和归口管理,缺乏有效整合,存在重复建设或真空区域,导致管理效率低下。

(二)与经济活动相关的各业务信息系统的实施与内部控制流程结合不紧密,权限设置与授权管理不当,可能导致无法利用信息技术实现对经济活动的有效控制。

（三）与经济活动相关的各信息系统间业务协同程度低、缺乏基础数据的标准化，造成数据无法共享，影响数据分析的准确性，可能导致决策失误、相关管理措施难以落实。

（四）信息系统的安全保障不到位，可能导致信息泄漏或毁损，系统无法正常运行，影响高校经济活动的正常开展。

第三条 高校经济活动信息化应根据事业发展需要，全面评估经济活动各环节的信息化程度，统筹规划，有序开发，将经济活动及其内部控制流程全面嵌入信息系统；制定符合内部控制要求的标准化规范，促进业务协同，确保内部控制环节健全，内部控制流程通畅。

第二章　岗位设置和职责

第四条 高校经济活动信息化建设应纳入学校管理信息系统的统一规划，对各类经济活动涉及的信息系统实施归口管理。归口管理部门应在学校信息化总体规划的框架下，负责完成不同经济活动信息系统间的协同建设、对接与整合工作。

第五条 高校应设立专门的信息化技术支撑部门，具体负责与经济活动相关的各类信息系统的开发、运行、维护和安全保障。负责建立统一规范的数据共享平台，负责统一与经济活动相关信息系统间的数据标准，实现各系统间数据共享。

第六条 高校经济活动涉及的财务、人事、教务、科研、资产等主要业务管理部门具体负责本部门信息系统建设、实施和维护；并负责将本部门信息系统纳入归口管理部门的统一管理与协调之内；负责本部门涉及的数据和接口符合标准化要求。

第七条 高校在经济活动信息化建设中，应明确不相容部门的职责，建立归口管理部门、技术支撑部门、业务管理部门相互合作与制约的工作机制。

第八条 高校经济活动信息化建设工作中，信息系统规划论证与审批，运行维护与系统监控，系统设计开发与系统验收等为不相容岗位。

第三章 标准化建设

第九条 高校应当规范各类经济活动的业务流程,理清业务流程所涉及的岗位职责,同时兼顾成本与效益原则,将业务流程的关键环节合理地嵌入信息系统中。

第十条 高校信息系统归口管理部门应当制定统一的数据共享与交互标准。各经济活动信息系统应当按统一标准建设以实现数据共享与交互。对于时效性要求较高的数据,应当采用实时共享或交互模式,并加强其准确性管理,发生错误时应及时有效地纠正。

第十一条 高校经济活动信息化过程中,相关部门及人员应当在业务流程中严格按照自身岗位操作规范要求,遵守相关业务流程标准及数据标准,并承担相应的责任。

第四章 系统规划与设计开发

第十二条 高校应当从全局角度对经济活动(包括资产、财务、审计、采购、基建、工程、合同等)的信息化建设进行整体规划,充分考虑经济活动内部控制环节及未来业务发展变化,在整体框架下,进一步优化已有信息系统,及时开发业务需要的新系统,实现不同系统间的信息共享,提高工作效率,防范风险。

第十三条 高校开发经济活动信息系统,可以采取部门自行开发、校内多部门联合开发、直接外购商业软件、委托外单位定制开发等方式。高校应当充分评估选定方式的开发及维护风险,并做好风险处理预案。

选定外购商业软件、委托外单位定制开发方式的,应当按规定择优确定供应商或开发单位。

第十四条 高校应当建立信息系统验收及上线运行机制。

高校应组织专家评审小组联合经济活动相关业务部门对信息系统进行测试、评估、验收。涉及新旧系统切换的,应制定详细的数据迁移计划,建立应急预案,确保新旧系统顺利切换和平稳衔接。

经济活动相关业务部门应对经办人员进行全面的培训,以保证数据录入的真实性、及时性和完整性,避免人为操作风险。

第五章 系统运行与维护

第十五条 高校应根据业务性质、重要性程度、涉密情况等确定信息系统的安全等级,建立不同等级信息的授权使用制度,实行严格的授权管理、授权申请及审批。各岗位权限应合理控制并相互制约,严禁设置全功能的超级用户,严格控制系统维护的临时用户。所有操作人员应在权限范围内进行操作,并对本人的账号、密码严格保密。

第十六条 高校应建立技术支撑部门和业务管理部门两级维护机制,对信息系统进行定期维护。

技术支撑部门负责信息系统的一般维护,及时对计算机硬件和通讯设备进行检修,积极采取预防性措施,确保系统运行环境的稳定性。业务管理部门负责系统数据的更新和检查,确保数据的及时性、准确性和完备性。要有定期维护制度,并做好运行维护记录和应急事故处理记录。

第十七条 高校经济活动信息化建设应根据学校经济活动实际管理和相关部门业务变更等要求及时进行升级改造。升级改造需注重实用性和兼容性,避免出现各部门重复建设的浪费现象。

第十八条 高校应运用信息化管理工具对系统的合理性,数据的准确性,操作的规范性进行监控和反馈。系统升级改造、数据更新和有关经济活动关键环节的系统操作应当自动保存不可删除的可追溯的记录。

第六章 安全保障

第十九条 高校应当建立服务器托管机制,设立统一集成的服务器管理中心,由技术支撑部门负责统一管理和维护。经济活动相关的各业务部门负责维护本部门的客户端机器及相关设备,确保相关物理环境能够达到要求,并指定专人负责检查和及时处理异常情况。

第二十条　高校应明确数据备份范围、频度、方法、责任人、存放地点、有效性检查等内容,根据各类经济活动的业务要求选择适当的备份频度备份系统数据,备份周期最长不得超过一个月。备份数据应当做到异地存放,责任人应当定期检查备份数据是否正常可用。

第二十一条　高校应适当建立局域网运行环境安全管理机制。保密要求较高的信息系统,应当通过相对独立的局域网运行,严格管理局域网内的服务器、客户端、网络设备等相关硬件,不得安装接入与信息系统无关的软硬件设备,并定期检测局域网内病毒等恶意软件。

第二十二条　高校应当建立有效的网络安全机制。可以利用防火墙、路由器等网络设备,使用访问授权控制等方式,加强网络安全。在符合保密规定前提下,可以引入拥有相关资质的第三方专业机构对高校网络安全进行定期检测。

对于通过网络传输的涉密或关键数据,高校应当通过加密验证等方式,加强各部门间数据共享接口的安全管理,防止相关数据接口被非法访问,确保信息传递的保密性、准确性和完整性。

第 13 号——所属企业管理

第一章　总　则

第一条　本指南所称所属企业,是指高校投资设立的国有独资企业、国有独资公司、国有资本控股公司和国有资本参股公司及其各级子企业。

第二条　高校对于所属企业经济活动的内部控制应当重点关注以下风险:

(一)所属企业的内部控制体系不健全或者存在重大缺陷,可能导致所属企业内部管理混乱,影响所属企业正常运行,高校因此遭受经济损失,无法实现国有资产的保值增值,以及由此可能承担监管或连带责任。

（二）所属企业在资产、资金使用、工程项目、合同管理、采购等业务方面的内部控制体系不健全或者存在重大缺陷，可能发生腐败和舞弊问题，高校因此承担监管责任或承受经济损失。

（三）高校未采取切实有效措施对所属企业经济活动进行控制，或者未切实履行出资人职责，可能导致未及时发现所属企业经济活动中存在的问题，由此而承担监管责任或连带责任。

第三条 高校应当建立健全对所属企业的管理体制和制度，明确归口管理部门及其职责，并依照有关法律、法规、公司章程或投资协议的规定，采取切实有效措施履行出资人职责，维护出资人权益。

第二章 岗位设置与职责

第四条 学校应当按照《应用指南第3号——资产管理》的规定，加强对学校对外投资行为的管理，建立健全学校对外投资管理决策、执行和监督相互分离，相互制约的管理体制。

第五条 学校应当设立国有资产管理委员会或类似机构代表学校对所属企业行使出资人职能。应明确管理所属企业的归口管理部门及其职责与权限。应合理设置归口管理部门的岗位，确保相关不相容岗位相互分离、相互制约。

第三章 管理内容

第六条 高校应加强对所属企业负责人履职待遇和薪酬管理，建立健全对所属企业的经营考核机制，将投资的保值增值、内部控制的健全有效等作为考核的重要内容，并在业绩考核的基础上确定所属企业主要负责人的薪酬水平。

第七条 高校对所属企业内部控制应重点关注下列工作：

（一）所属企业应按法律、法规的规定建立公司章程，并按章程设立股东大会、董事会、监事会等公司治理结构，确保公司按章程运转。

（二）所属企业董事会、监事会和经理层的产生应当合法合规，其人员构成、知识结构、能力素质应当满足履职的要求。学校应向独资或控股所属企业推荐或任命符合任职条件的人选。

（三）所属企业的重大决策、重大事项、重要人事任免及大额资金支付业务等，需按章程或协议规定经董事会或股东大会决议通过方可实施。

（四）所属企业应根据《中华人民共和国会计法》的规定建立会计机构，配备具有相应资格和能力的会计人员。内部控制关键岗位工作人员应当具备与其工作岗位相适应的资格和能力。

（五）所属企业应根据《企业内部控制基本规范》、《企业内部控制应用指引》、《企业内部控制评价指引》等企业内部控制规范性文件的要求，在所属企业内部全面开展内部控制规范建设。

第 14 号——教育基金会管理

第一章 总 则

第一条 本指南所称教育基金会（以下简称基金会）是指高校经批准筹资成立，并在国家民政部门备案的法人团体。除按国家法律法规接受监督检查外，基金会还应接受主办高校的管理和监督。

第二条 高校对基金会管理应当重点关注下列风险：

（一）基金会缺乏科学决策和良性运行机制，导致既定的发展目标难以实现。基金会内部权责分配不合理，可能导致机构重叠、职能交叉、运行效率低下。

（二）资金投融资活动中决策失误，引发盲目扩展或丧失发展机遇，可能导致投资效益低下、流动性不足或资金链断裂；资金管控不严可能导致资金被挪用、侵占或抽逃。

（三）缺乏与学校目标一致的发展战略或因主观原因频繁变动，导致基金会发展方向偏离基金会章程规定，或出现重大失误。

第二章 组织机构及运行

第三条 基金会应根据国家有关法律法规制定基金会章程，设理事会和秘书处，由学校提名理事长，并推荐理事、监事，明确其职责。

第四条 基金会应设立单独的财务机构，配备具有专业资格的财务人员。接受业务主管单位和学校财务审计部门的业务指导和监督。

第五条 基金会所属的分支机构、代表机构、专项基金以及各项业务活动应统一管理。

第六条 基金会的重大决策、重大事项、重要人事任免及大额资金支付业务等，应实行集体决策审批或联签制度；严格执行不相容职务的分离制度，确保可行性研究与决策审批、决策审批与执行、执行与监督检查的分离，有效控制各类风险。

第七条 学校在职人员担任基金会理事、监事或在基金会任职的，履职情况和效果应当纳入学校人员绩效考评范围。

第三章　筹资业务

第八条 基金会应当根据基金会战略目标和发展规划制定筹资方案。接受的捐赠收入必须确保其公益性，严格区分交换交易收入和捐赠收入。严禁将属于高校的教学科研等事业收入转为基金会捐赠收入。

第九条 基金会获得的各类收入应当及时足额地纳入账户核算。基金会接受现金捐赠，收款人和开票人应当由两人以上分别承担，所收取的现金应及时入账；取得的非现金资产，应配备专人进行登记和管理，做到账实相符、账表相符。

第十条 基金会接受捐赠过程中，如果涉及学校建筑、设施、场所的冠名事项以及学校内部机构冠名事项，应当获得学校批准。

第四章　投资业务

第十一条 基金会应当建立规范的投资决策议事规则，投资计划必须经过理事会决策，投资结果必须向理事会汇报，投资责任由理事会承担。

第十二条 基金会应当建立健全重大投资项目审批制度，关注投资风险,合理确定投资规模和投资结构。

第十三条 基金会应指定专人对投资项目进行跟踪管理,关注被投资方的财务状况、经营成果以及投资合同的履行情况,发现异常情况应及时报告并妥善处理。

第五章 信息公开与监督

第十四条 基金会应建立健全审计制度,每年必须接受外部审计,并根据审计意见调整内部控制制度。

第十五条 基金会应推动分支机构、代表机构的内部控制制度建设,确保内部控制体系的健全性和有效性。

第十六条 基金会应按规定向理事会和学校报送并向社会公开经过审计鉴证的年度财务报告。

第十七条 基金会在接受社会审计过程中发现的重大问题,应当及时向理事会和学校报告,并进行整改。

第 15 号——其他附属单位管理

第一章 总 则

第一条 本指南所称其他附属单位(以下简称附属单位)是指除高校所属企业和教育基金会之外的,其他附属于高校的具有独立法人资格的单位,包括附属医院、研究院、独立学院和附属中小学等。

高校对所属企业和教育基金会的内部控制分别由《应用指南第 13 号——所属企业》和《应用指南第 14 号——教育基金会》规范。

第二条 高校对附属单位经济活动的内部控制应当重点关注下列风险:

(一)附属单位在内部治理体系、组织架构、关键岗位设置与权责分配、经济活动决策与运行机制等单位层面的内部控制体系不健全或者存在重大缺陷,可能导致附属单位内部管理混乱,影响附属单位正常运行,高校因此遭受经济损失,承担监管或连带责任。

（二）附属单位在资产、财务收支、工程项目、合同管理、采购等业务方面的内部控制体系不健全或者存在重大缺陷，可能导致附属单位发生腐败和舞弊问题，高校因此承担监管责任。

（三）高校未采取切实有效措施对附属单位经济活动进行控制，可能导致未及时发现附属单位经济活动中存在的问题，由此而承担监管责任或连带责任。

第三条　高校应当依照有关法律、法规和合作协议的规定，通过建立健全附属单位内部治理体系，任命其主要负责人，督促其建立健全内部控制，对其重大经济事项实施审批与监管，建立附属单位财务信息定期报送制度，定期对其财务状况和收支情况进行审计和监督等措施加强对附属单位经济活动的控制，切实维护高校权益。

第四条　附属单位开展经济活动时不仅应遵守国家的相关法律法规，而且同时还应主动接受其所属高校的管理和监督。

第二章　对附属医院的内部控制

第五条　高校对附属医院经济活动的内部控制应当重点关注下列风险：

（一）附属医院在资产、财务收支、工程项目、合同管理、采购等业务方面的内部控制体系不健全或者存在重大缺陷，可能导致附属医院发生腐败和舞弊问题，高校因此承担监管责任。

（二）附属医院重大经济事项未履行相关决策程序，可能导致因决策失误造成国有资产损失，高校因此承担监管或连带责任。

（三）附属医院收费管理混乱，超范围、超标准收费，存在私设"小金库"现象，可能导致高校因此承担监管责任。

（四）附属医院的重大对外投资活动事先未经充分论证，投资过程管理混乱，可能因投资失败导致损失，高校因此承担连带责任。

第六条　高校对其附属医院经济活动的内部控制应重点关注下列工作：

（一）附属医院应当按照规定设立专门的财务机构并配备专职人

员,三级医院须设置总会计师。医院的财务活动应在医院负责人及总会计师领导下,由医院财务部门实施集中管理。

(二)附属医院应当建立健全本单位内部控制体系并组织有效实施,接受高校对其内部控制的建立及实施情况进行的监督检查。

(三)附属医院的重大决策、重大事项、重要人事任免及大额资金支付业务等,应实行集体决策或联签制度,并按规定报其所属高校审批或备案。

(四)附属医院财务预决算等财务信息应经医院规定的决策机构审议通过后上报主管部门,并报所属高校备案。

(五)附属医院应严格执行国家物价政策,建立健全各项收费管理制度。附属医院的各项收入应当及时全额纳入规定账户管理。

(六)附属医院应在保证正常运转和事业发展的前提下,严格控制对外投资。投资范围仅限于医疗服务相关领域。投资必须经过充分的可行性论证,并报主管部门和财政部门批准,同时报其所属高校备案。

附属医院应遵循适当投资回报、严格防范风险、全程跟踪管理等原则,对投资效益、收益与分配等情况进行监督管理,确保国有资产的保值增值。

第三章　对研究院的内部控制

第七条　高校对研究院经济活动的内部控制应当重点关注下列风险:

(一)对设立研究院的必要性、可行性和科学性事先未经充分论证,可能导致其对学校教学、科研事业发展未起到促进作用,学校由此承担监管责任。

(二)研究院章程未明确合作各方的出资额,或对合作各方权利义务的规定出现缺陷或重大差错,导致产生合同纠纷,难以保障高校合法经济利益。

(三)研究院存续期间,由于内部管理不善,外部监管不力,导致占用、浪费学校资源,并且未实现预期目标。

(四)研究院未按照国家法律法规和章程要求开展研究活动,或超范围开展其他业务,可能导致学校声誉受损或牵涉法律纠纷。

第八条 高校对研究院经济活动的内部控制应重点关注下列工作:

(一)研究院应按相关规定建立其章程,并按章程设立理事会等机构作为研究院的决策机构。

(二)研究院的重大决策、重大事项、重要人事任免及大额资金支付业务等,应按章程规定程序决策,按规定报其所属高校备案。

(三)研究院应设立独立的财务机构,配备具有专业资格的财务人员,按照国家财经法律法规的规定开展财务工作。必要时,可以由所属高校委派会计或会计主管。

(四)研究院应当严格控制对外投资,不得举借债务。在保证研究院正常运转和事业发展的前提下,投资活动须经理事会决议通过,并按国家法规和章程要求履行相关审批程序,按规定报所属高校审批。

(五)研究院应当加强和完善会计基础工作,建立财务信息定期报送制度。在每个会计年度结束时,年度财务报告应按时报送其所属高校备案。

第四章 对独立学院的内部控制

第九条 高校对独立学院经济活动的内部控制应当重点关注下列风险:

(一)高校投入办学的固定资产或无形资产未经评估作价,可能导致国有资产流失。

(二)办学协议履行不到位,或在办学协议中未明确出资数额及各方权利义务,出现合同纠纷,可能导致高校合法经济利益受损。

(三)未按照国家法律法规和章程要求开展教学科研活动,或超范围开展其他业务,可能导致高校声誉受损或牵涉法律纠纷。

（四）未按规定设置专门的财务机构，未配备具有专业资格的财务人员，财务制度不健全，管理混乱，可能出现腐败和职务犯罪，高校因此承担监管责任。

第十条 高校对独立学院经济活动的内部控制应着重关注下列工作：

（一）参与举办独立学院的高校与社会组织或者个人，应当签订合作办学协议。合作办学协议应明确办学宗旨、培养目标、出资数额和方式、各方权利义务、合作期限、争议解决办法等内容。

（二）独立学院存续期间，举办者不得抽逃办学资金，不得挪用办学经费。举办者的出资须经依法验资，并按规定时间过户到独立学院名下。高校投入办学的无形资产，应当依法评估作价。

（三）独立学院应建立学院章程，并按章程设立理事会或董事会作为决策机构。

（四）独立学院应实行"统一领导、集中管理"的财务管理体制。以董事会或理事会授权为前提，法定代表人对独立学院财务工作应承担全部经济责任。

独立学院应设立独立的财务机构，并配备具有专业资格的财会人员，在法定代表人的统一领导下，按照国家财经法律法规的规定开展财务工作。

（五）独立学院的重大决策、重大事项、重要人事任免及大额资金支付业务等，须经理事会或董事会决议通过，必要时报其所属高校备案。

（六）独立学院应当定期向主管部门和所属高校财务部门报送财务报告及相关财务资料，年度预决算和重大经济事项应及时上报所属高校备案。

第五章　对附属中小学的内部控制

第十一条 高校对附属中小学经济活动的内部控制应当重点关注下列风险：

（一）附属中小学超标准、超范围收费，或收费未按规定上交财务部门入账，存在私设"小金库"现象，可能导致其所属高校因此承担监管责任。

（二）附属中小学未按规定用途使用专项资金，预算执行未到达预期目标，可能导致高校因此承担监管责任。

（三）附属中小学资产转让、出租、出借及对外投资、对外举借债务未经集体决策或审批、备案，可能导致出现资产流失、投资损失、无力偿还债务等问题，造成经济损失，可能导致高校因此承担监管责任或连带责任。

（四）附属中小学未按规定设置专门的财务机构，未配备具有专业资格的财务人员，财务制度不健全，管理混乱，可能出现腐败和职务犯罪，高校因此承担监管责任。

第十二条 高校对附属中小学经济活动的内部控制应着重关注下列工作：

（一）附属中小学财务管理实行校长负责制，应单独设置财务机构并配备具有专业资格的财务人员，建立和完善会计人员岗位责任制。学校的财务活动在校长的领导下，由财务部门统一管理。

（二）附属中小学应当建立健全内部控制体系并组织实施，接受所属高校对其内部控制的建立及实施情况进行的监督检查。

（三）附属中小学的重大决策、重大事项、重要人事任免及大额资金支付业务等，应实行集体决策或联签制度，并报其所属高校备案。

（四）附属中小学组织收入应当合法合规，各项收费应当严格执行国家规定的收费范围、收费项目和收费标准，使用符合国家规定的合法票据。各项收入应全部纳入学校预算，统一核算，统一管理。严禁设立"小金库"，严禁账外设账，严禁公款私存。

（五）附属中小学应当严格控制对外投资，不得违反规定举借债务，不得提供担保。在保证学校正常运转和事业发展的前提下，按照国家有关规定可以对外投资的，应当履行相关审批程序，并报所属高校备案。

义务教育阶段学校不得对外投资,严禁举借债务。

(六)附属中小学应当定期向主管部门和所属高校财务部门报送财务报告及相关财务资料,年度预决算应及时上报所属高校审定或备案。

内部控制评价指南

第一章 总 则

第一条 为规范高校内部控制评价与监督,促进高校内部控制不断完善并有效实施,根据《行政事业单位内部控制规范(试行)》和有关法律法规,制定本指南。

第二条 本指南所称内部控制评价,是指高校自行对自身内部控制建立和执行的有效性进行评价,形成评价结论,并出具评价报告的过程。

本指南所称内部控制监督,是指教育、财政、审计、纪检监察及高校内部审计与监察部门,对高校内部控制建立和实施情况进行的监督。

第三条 高校应统筹安排内部控制评价与监督工作,充分发挥内部控制评价报告和内部控制监督意见、建议的作用,不断完善高校内部控制体系,提高内部控制建立与实施的有效性。

第四条 高校应当根据《内部控制实施指南》和《内部控制应用指南》,结合学校风险评估情况,制定内部控制评价办法,规定评价的原则、内容、程序、方法和报告形式等,明确相关机构或岗位的职责权限,落实责任制,有序开展内部控制评价工作。

第五条 高校内部控制评价与监督工作应由内部审计部门及纪检监察部门负责组织。高校可以委托具备资质的中介机构实施内部控制评价。

为保证评价与监督的独立性,负责内部控制建设和评价监督的校内负责部门应适当分离,为学校提供内部控制建设或内部控制审计服务的中介机构,不得同时为学校提供内部控制评价服务。

第二章 内部控制评价内容

第六条 高校内部控制建立的有效性评价应主要考虑以下方面:

(一)合法合规性。内部控制的建立是否符合《行政事业单位内部控制规范(试行)》《内部控制实施指南》《内部控制应用指南》及国家相关法律、法规的规定。

(二)全面性。内部控制的建立是否覆盖了学校及所属单位所有的经济活动、经济活动的全过程、所有内部控制关键岗位、各相关部门及工作人员和相关工作任务。

(三)重要性。内部控制的建立对重要经济活动和经济活动的重大风险是否给予足够关注,并建立相应的控制措施。是否重点关注了学校的各关键部门和岗位、重大政策落实、重点专项执行和高风险领域。

(四)适应性。内部控制的建立是否根据国家相关政策、学校经济活动的调整和自身条件的变化,适时调整内部控制的关键控制点和控制措施。

第七条 高校内部控制执行的有效性评价应主要考虑以下四方面:

(一)各项经济业务控制在评价期内是否按规定运行。

(二)各项经济业务控制是否得到持续、一致的执行。

(三)相关内部控制机制、内部管理制度、岗位责任制、内部控制措施是否得到有效执行。

(四)执行业务控制的相关人员是否具备必要的权限、资格和能力。

第三章 内部控制评价方法

第八条 负责内部控制评价工作的部门或具有资质的中介机构,应当对校内被评价部门进行现场调查,综合运用个别访谈、调查问卷、专题讨论、实地查验、抽样和比较分析等方法，充分收集被评价部门内部控制设计和运行是否有效的证据，按照评价的具体内容，如实填写评价工作底稿，研究分析内部控制风险。

第九条 负责内部控制评价工作的部门或具有资质的中介机构，应当根据现场调查获取的证据，对内部控制风险进行初步认定，按影响程度分为重大风险、重要风险和一般风险。

重大风险，是指一个或多个控制风险的组合，可能导致学校严重偏离控制目标，严重影响学校的事业发展。重要风险，是指一个或多个控制风险的组合，其严重程度和经济后果低于重大风险，但仍有可能导致学校偏离控制目标，影响学校事业发展。一般风险，是指除重大风险、重要风险之外的其他风险。

第十条 负责内部控制评价工作的部门或具有资质的中介机构，应当编制内部控制风险认定汇总表，对内部控制风险及其成因、表现形式和影响程度进行综合分析和全面复核后提出认定意见。

对内部控制风险的认定，应当以日常监督和专项监督为基础，结合年度内部控制评估，由内部控制评价部门进行综合分析，按照规定的权限和程序进行审核后予以最终认定。

第十一条 负责内部控制评价的部门或机构在完成评价工作后，应出具内部控制评价报告。内部控制评价报告至少应当包括真实性声明、评价工作总体情况、评价依据、评价范围、评价程序和方法、风险及其认定、风险整改及对重大风险拟采取的控制措施、评价结论等内容。

第十二条 评价报告应提交给学校负责人和内部控制归口管理部门。高校的内部控制归口管理及相关部门应根据评价报告及时进行整改。

第十三条 高校应当以每年的12月31日作为年度内部控制评价报告的基准日，并于六个月内形成内部控制评价报告。

第十四条 高校应当建立内部控制评价工作档案管理制度。内部控制评价的有关文件资料、工作底稿和证明材料等应当妥善保管、及时归档。

第四章　内部控制监督

第十五条　高校应加强内部控制的监督工作,主动接受校内外监督部门的检查,确保内部控制制度有效实施。

第十六条　高校负责内部监督的部门或岗位应定期或不定期检查学校内部控制体系的完善与内部控制规范的执行情况,以及内部控制关键岗位及人员的设置情况等,及时发现内部控制中存在的问题并提出改进建议。

第十七条　高校应当根据学校实际情况确定内部监督检查的方法、范围和频率,日常监督可以选择重点业务、重要经济事项,全面监督检查原则上一年不能少于一次。

第十八条　高校应依法接受教育、财政、审计、纪检监察等部门对学校内部控制建立和实施情况进行的监督检查。

第十九条　高校应当高度重视外部监督部门审计检查中发现的内部控制风险和提出的整改意见建议,积极进行整改落实,提高内部控制体系的健全性和有效性,促进高校持续健康发展。

参考文献

［1］教育部财务司.教育内部审计规范.北京:人民教育出版社,2010.
［2］复旦大学审计处.复旦大学中层领导干部经济责任审计宣传读本（2015版）.
［3］沪港国际咨询集团.经济责任审计与跨界领导力百问百答.
［4］李勋.我国经济责任审计发展历程研究.鸡西大学学报（综合版），2012,12(2):59—60.

图书在版编目(CIP)数据

经济责任审计知识读本/复旦大学审计处编. —上海：复旦大学出版社，2018.1(2021.4 重印)
(高等学校内部审计知识系列丛书)
ISBN 978-7-309-13364-6

Ⅰ. 经… Ⅱ. 复… Ⅲ. 高等学校-领导干部-经济责任审计-中国 Ⅳ. F239.47

中国版本图书馆 CIP 数据核字(2017)第 266814 号

经济责任审计知识读本
复旦大学审计处 编
责任编辑/陆俊杰

复旦大学出版社有限公司出版发行
上海市国权路 579 号 邮编：200433
网址：fupnet@fudanpress.com   http://www.fudanpress.com
门市零售：86-21-65102580   团体订购：86-21-65104505
出版部电话：86-21-65642845
上海崇明裕安印刷厂

开本 787×1092 1/16 印张 28.25 字数 374 千
2021 年 4 月第 1 版第 3 次印刷

ISBN 978-7-309-13364-6/F·2414
定价：60.00 元

如有印装质量问题，请向复旦大学出版社有限公司出版部调换。
版权所有　　侵权必究